2013/14

世界经济运行报告

SHI JIE JING JI
YUN XING BAO GAO

国家统计局国际统计信息中心　编

中国统计出版社
China Statistics Press

（京）新登字 041 号

图书在版编目（CIP）数据

世界经济运行报告. 2013～2014 / 国家统计局国际统计信息中心编. -- 北京 ：中国统计出版社，2014.5
ISBN 978-7-5037-7087-6

Ⅰ. ①世… Ⅱ. ①国… Ⅲ. ①世界经济-统计资料-研究报告-2013～2014 Ⅳ. ①F11-66

中国版本图书馆 CIP 数据核字（2014）第 101702 号

世界经济运行报告 2013/14

作　　者/国家统计局国际统计信息中心
责任编辑/郭　栋
封面设计/李雪燕
出版发行/中国统计出版社
通信地址/北京市丰台区西三环南路甲 6 号　邮政编码/100073
电　　话/邮购（010）63376909　书店（010）68783171
网　　址/http://csp.stats.gov.cn
印　　刷/三河市利兴印刷有限公司
经　　销/新华书店
开　　本/710×1000mm　1/16
字　　数/260 千字
印　　张/17.75
版　　别/2014 年 5 月第 1 版
版　　次/2014 年 5 月第 1 次印刷
定　　价/65.00 元

《世界经济运行报告 2013/14》

编者的话

2013年,世界经济形势依然错综复杂。全球工业生产和贸易增长疲弱,价格水平回落,金融市场持续波动,经济增长较上年度放慢。一方面,发达国家增长动力稍有增强。美国经济加快复苏,日本经济暂时见好,欧元区摆脱了二战以来持续时间最长的经济衰退,实现经济艰难复苏。另一方面,发展中国家困难增多。5月下旬至9月初,由于美联储释放提前退出量化宽松货币政策(QE)的巨大外溢效应导致多数新兴经济体特别是"脆弱五国"资本大量外流、本币走弱、输入型通胀压力增大,加上自身经济发展中积累的矛盾逐步暴露,发展中国家经济发展遭遇新的困难和挑战。此外,世界经济全球化进程中又增添了一些不和谐因素,发达国家加快推进由其主导的区域贸易自由化进程,全球贸易保护措施明显增多。

中国经济已和世界经济深度融合。始于五年多以前的此次国际经济危机给我国经济社会发展带来了巨大挑战,我国经济的运行表现及危机应对、促进国内经济平稳协调发展的举措从未像现在这样受到国际社会的强烈关注。国际统计信息中心作为国家统计局开展国际统计业务交流与合作的窗口,负有分析监测国际经济运行的重要职责。一年来,我们立足专业特长和资源优势,大力开发利用大量国际统计数据,敏锐观察世界经济的最新发展趋势，及时捕捉世界经济运行中不断变换的热点和焦点，并以国际视角定期进行了深入、系统的专题分析和中外对比研究。《世界经济运行报告 2013/14》，汇集了国际统计信息中心近一年来分析研究的主要成果，内容涵盖了世界经济月度监测报告、世界经济年度分析、国际比较研究、热点问题探索、统计数据等五大部分。

需要说明的是，本书使用的数据均来自国际组织、有关国家官方统计机构及研究咨询机构。由于数据来源、汇总方法以及时效性不同，加之数据修订等原因，同一指标在不同的出处可能不一致，敬请读者注意。有关国际组织公布的中国统计数据如果与我国官方统计数据有出入，我们在数据表中均注明了数据来源，以便读者正确理解和使用。

受时间和研究水平所限，书中难免存在不足，恳请指正。

编　者

2014 年 5 月

目 录

六、专栏

一、世界经济月度监测

世界经济继续低速增长

——2013 年 1-2 月份世界经济形势分析

释经组①

近期，世界经济继续保持低速增长，全球贸易有所改善，国际金融市场趋稳。但国际市场能源及金属和矿产价格上涨，全球消费者价格指数回升，景气指标小幅回落，失业问题有所加剧，汇率战、贸易战隐忧存在，使世界经济复苏依然面临诸多挑战。

一、世界经济低速增长

(一) 工业生产低速运行

2013 年 1 月份，美国工业生产同比增长 2.4%，增幅与上月持平；欧元区工业生产下降 1.3%，连续 15 个月同比下降；日本工业生产下降 5.1%，连续 8 个月负增长。

2012 年 12 月份，世界和发展中国家工业生产分别增长 0.9% 和 5.6%，而发达国家工业生产下降 0.8%，连续 5 个月负增长。

2012 年，世界工业生产增长 2.4%，发达国家和发展中国家工业生产分别增长 0.5% 和 4.9%。

(二) 世界贸易小幅回升

全球贸易小幅回升。 2012 年四季度，全球贸易量环比增长 0.9%，增速比三季度加快 0.8 个百分点。巴西、印度、俄罗斯和土耳其对外贸易延续了去年底以来的回升势头，尤其是进口增长较快。

波罗的海干散货运指数小幅回升。 该指数从 1 月 4 日的 706 点小幅回升至 2 月 28 日的 757 点，前两个月累计上升 7.2%。

---

① 赵云城、闫海琪、郑泽香、张国洪、马岩、邹丽婷、陈璇璇、郭瑾。

全球港口运行情况总体平稳。从货物吞吐量看，1 月份韩国港口货物吞吐量同比略降 0.8%，南非港口货物吞吐量同比增长 1.2%，此前连续三个月下降。美国长滩港集装箱吞吐量同比增长 17.5%，塔科马港同比增长 35.6%。中国香港集装箱吞吐量同比下降 0.7%，降幅比上月收窄 10.6 个百分点。

（三）部分经济体失业率高企

2013 年 1 月份，欧元区失业率为 11.9%，创 1998 年以来新高。日本失业率由 2012 年 11 月份的 4.1%回升至 12 月份的 4.3%和 2013 年 1 月份的 4.2%。2013 年 1 月份，英国、墨西哥、俄罗斯及中国香港失业率分别为 7.8%、5.4%、6%和 3.4%，2 月份韩国失业率为 3.5%，均比上月有所回升。2013 年 2 月份，美国失业率为 7.7%，比上月回落 0.2 个百分点，但仍居于较高水平。

（四）全球消费价格指数回升

2 月份，全球消费价格指数（CPI）同比上涨 2.8%，涨幅比上月扩大 0.5 个百分点。其中，发达国家 CPI 同比上涨 2.2%，回升 0.4 个百分点；发展国家 CPI 同比上涨 5.3%，大幅回升 1.4 个百分点。

（五）国际市场能源及金属和矿产价格上涨

受前期主要发达国家扩大量化宽松货币政策规模、其他部分经济体继续放松货币政策及近期全球部分经济数据利好的影响，国际市场能源及金属和矿产价格呈现不同程度的上涨。

国际原油价格高位震荡。2012 年 12 月份开始，OPEC 减少原油供应量，1 月份，纽约期货市场原油价格环比上涨 7.5%至 94.83 美元/桶；2 月份，油价仍居于高位，环比微涨 0.5%。但从 2 月下旬开始，由于美国商业原油库存持续增加以及美国政府财政自动减支法案月底生效，油价急剧下跌，截至 3 月 4 日，油价累计下跌 7.5%。

金属和矿产价格大幅上涨。2 月份，金属和矿产价格环比上涨 1.0%，连续 3 个月上涨。其中，铁矿石价格为 154.7 美元/吨，在 1 月份大幅上涨 17.3%的基础上环比又上涨 2.6%，已连续 5 个月上涨，累计涨幅高达 55.5%；铜、铝价格也都有不同幅度的上涨；虽然锡价 2 月份环比下降 1.4%，但前两个月环比分别大涨 10.5%和 7.3%。

（六）国际金融市场趋稳

1. 股市继续回升。由于国际市场流动性充沛，实体经济预期向好，欧美股市持续走高。美国道琼斯工业指数和标准普尔指数已频创历史新高，2013 年 3 月 11 日分别收于 14447.29 点和 1556.22 点，均接近历史新高。

2. 风险偏好回升。避险资产收益率的升高反映了金融市场风险预期的降低。美国十年期基准国债收益率自 2012 年 7 月下探 1.38%的最低点之后，攀升至今年 1 月 28 日盘中 2%的高点，为 9 个月以来的新高。

3. 发展中国家资本流入扩大。1 月份，流向发展中国家的资本为 537 亿美元，比 2012 年月平均流入额（442 亿美元）高出 21%，保持去年 9 月份以来的强劲增长势头。其中，股权流入 181 美元，同比增长 79.2%。

二、当前制约世界经济回升的主要问题

（一）全球预警指标回落显示信心不足。制造业 PMI 小幅回落。2 月份全球制造业 PMI 为 50.8，比 1 月份回落 0.6 个点；除了日本和印度有所回升，其他国家的制造业 PMI 均回落，特别是墨西哥和美国，分别回落 1.6 和 1.5 个点。**服务业 PMI 小幅回落。**2 月份，全球服务业 PMI 为 53.4，比 1 月份小幅回落 0.1 个点；除美国和俄罗斯两国有所回升，其他国家的服务业 PMI 均回落，特别是印度、巴西和欧元区，分别回落 3.3、2.4 和 1.3 个点。

（二）经济发展明显失衡。新兴经济体经济增长有所加快。2012 年第四季度，中国、巴西、马来西亚和中国台湾 GDP 同比分别增长 7.9%、1.4%、6.4%和 3.4%，增速分别比上季度加快 0.5、0.5、1.1 和 2.4 个百分点。**美国经济温和复苏、欧日经济衰退。**2012 年第四季度，美国 GDP 环比折年率增长 0.1%，连续 14 个季度增长。欧元区 GDP 环比下降 0.6%，降幅比上季度扩大 0.5 个百分点，连续五个季度下降。日本 GDP 环比零增长，此前连续两个季度下降。欧元区和日本已分别陷入近五年来和近三年来的第二次衰退。

（三）全球失业问题有所加剧。随着欧元区经济进入二次衰退，失业问题也愈加突出。1 月份，欧元区失业人口达 1900 万人，比上年同期增加 191 万人。不仅失业人口数量众多，一些结构性指标更是反映了失业

问题的严重程度：一是青年人失业人数急剧增加，欧元区有 24%的青年人找不到工作，希腊和西班牙青年人的失业率都超过了 50%；二是长期失业人数快速上升，约有 100 万人失业超过 1 年，占失业总人数的 4.5%。美国 2 月份的失业率仍达 7.7%，离政府预定 6.5%的目标仍有较大差距。日本和主要发展中国家失业率也高于国际金融危机发生前的水平，近期下降的可能性较小。

（四）美国自动减支机制启动。3 月 1 日，美国启动财政自动减支措施，即联邦政府要在 2013 财年（截至 2013 年 9 月）剩下的 7 个月中削减联邦政府支出 850 亿美元。自动减支将从消费和投资两个方面对美国经济产生直接的负面影响。美国国会预算办公室预计，受到自动减支冲击，美国经济增长将会降低 0.6 个百分点，到 2013 年底将减少 75 万个就业岗位。同时，自动减支也会拖累与美国有着活跃贸易关系的国家的经济增长。

（五）主要货币贬值，恐引发汇率战和贸易战。美联储持续的量化宽松货币政策，使美元在近期小幅贬值。在欧洲央行采取的政策行动稳定了金融市场并降低了尾部风险[①]以后，欧元持续升值。日本激进的宽松货币政策预期使日元贬至近三年来的最低点。目前，部分发展中国家货币对美元和日元明显升值，已经影响到了包括中国在内的发展中国家的出口贸易，若各国政府继续扩大人为干预，将有可能引发汇率战和贸易战。

（执笔：释经组；成文于 2013 年 2 月）

---

① 尾部风险是指在巨灾事件发生后，直到合约到期日或损失发展期的期末，巨灾损失金额或证券化产品的结算价格还没有被精确确定的风险。

世界经济继续低速增长
经济复苏依然面临挑战

——2013 年第一季度世界经济形势分析

一季度，世界经济总体呈现缓慢回升态势。主要发展中国家 GDP 增速加快，部分发达国家经济开始回暖，全球对外贸易前景向好，消费价格、能源及初级产品价格略有回落，金融市场总体趋稳，先行指标和景气指标回升。但主要发达经济体宽松货币政策产生明显负面外溢效应，就业形势依然严峻，欧债危机隐患尤存，世界经济稳定复苏的基础不够牢固，我国的外部经济环境依然复杂严峻。

一、世界经济缓慢回升

（一）主要发展中国家 GDP 增速加快，部分发达国家经济开始回暖。据共识公司 3 月份预测，印度、印度尼西亚、韩国及中国香港等国家和地区一季度 GDP 同比增速均比上季度有所加快。

表 1　部分发展中国家（地区）GDP 同比增长率（%）

	2011 年				2012 年				2013 年
	第季度	第二季度	第三季度	第四季度	第一季度	第一季度	第三季度	第四季度	第一季度
印度	9.2	8.0	6.7	6.1	5.3	5.5	5.3	4.5	5.2
韩国	4.2	3.5	3.6	3.3	2.8	2.3	1.5	1.5	1.8
中国香港	7.6	5.4	4.4	3.0	0.8	1.0	1.4	2.5	2.9
中国台湾	7.4	4.6	3.5	1.2	0.6	−0.1	1.0	3.4	3.3
马来西亚	5.0	4.3	5.7	5.2	5.1	5.6	5.3	6.4	5.2
印度尼西亚	6.4	6.5	6.5	6.5	6.3	6.4	.2	6.1	6.2

资料来源：主要经济体官方统计网站。

注：2013 年一季度数据为预测数。

部分发达国家经济开始回暖。据经合组织(OECD)3 月份预测,2013 年第一季度,美国 GDP 环比折年率增长 3.2%,增速比上季度加快 2.8 个百分点;德国、法国和意大利三国 GDP 加权平均环比折年率增长 0.4%,上季度为下降 2.3%。

(二)世界贸易前景向好。3 月份,反映贸易景气的波罗的海干散货运指数继续回升,从 3 月 4 日的 776 点小幅回升至 3 月 28 日的 922 点,累计上升 17.3%。全球出口景气指数微幅改善。2 月份,德国经济信息研究所(IFO)的全球出口景气指数从 1 月份的-0.873 上升到-0.639,略有改善。中国香港出口商信心指数大幅回升,从 2012 年第四季度的 31.6 大幅回升至 2013 年第一季度的 49.5,已逼近景气临界点 50。

(三)全球消费价格、能源及初级产品价格呈回落态势。1-2 月份,全球消费价格同比上涨 3.0%,涨幅比 12 月份回落 0.1 个百分点。3 月份,国际市场能源价格环比下降 4.2%,非能源价格环比下降 2.9%。其中,金属及矿产价格环比大幅下降 6.7%;农产品价格环比下降 1.1%,连续 11 个月下降。

(四)国际金融市场总体趋稳。美欧日主要股市大幅回升。美国道琼斯指数 2013 年 4 月 9 日收于 14613.48,德国 DAX 指数收于 3276.94,日经指数收于 13273.28,均创 2008 年以来的新高。美欧公司债券利差回落。截止 3 月 22 日,欧元区、美国高收益公司债券与 10 年期限政府债券利差均回落至低于 5%,BBB 级公司债券与相应期限政府债券利差均回落至低于 2.5%。两者在 2008 年底和 2009 年初曾分别超过 20% 和 7%。

(五)全球景气指标回升。2 月份,美国和日本的先行指标分别为 94.8 和 97.5,均连续三个月回升。欧元区先行指标为 99.9,连续四个月回升。3 月份,全球制造业 PMI 为 51.2,比上月回升 0.3 个点,连续 4 个月位于景气临界点以上。美国、日本、印尼、韩国、中国台湾和越南制造业 PMI 较上月均有小幅回升。全球服务业 PMI 为 53.4,比上月小幅回升 0.2 个点。

二、世界经济稳定复苏面临的主要问题

(一)主要发达经济体货币政策宽松产生明显负面外溢效应。美国

继续实行包括第四轮量化宽松货币政策(QE4)在内的宽松政策,欧元区有可能于近期降息或推出新的量化宽松政策,日本更是频推激进的刺激措施。1月22日,日本政府与日本央行发表“关于摆脱通货紧缩、实现经济可持续增长”的共同声明,力争实现物价上涨2%的目标(原来的目标是1%)。4月4日,日本央行决定,在两年之内以每年约60至70万亿日元的速度增加货币供应规模。到2014年末,货币供应规模预计将增加到270万亿日元,是2012年末的近两倍。

发达国家的量化宽松对发展中国家负面外溢效应明显。一是引起发展中国家货币升值,削弱出口竞争力,汇率战风险扩大。去年第四季度以来,日元对美元贬值已超过20%,给周边新兴经济体货币带来了很大的升值压力。韩元、新元、泰铢、马来西亚林吉特等兑美元的价格纷纷触及数周、数年乃至历史高点;二是热钱催生资产泡沫。国际热钱套取息差和汇差,会引起大规模的国际资本异常流动,并催生资产泡沫;三是影响央行货币政策的独立性和有效性。

(二)主要经济体失业率居高不下,拖累世界经济稳定复苏。3月份,美国失业率为7.6%,环比下降0.1个百分点,但当月新增就业人数仅为8.8万,大大低于2月份的26.8万人。2月份,欧元区失业率持平于上月12%的历史最高纪录。其中,法国失业率上升0.1个百分点至10.8%,截至2013年2月底,法国本土登记失业人数连续22个月上升,达到318.7万人,逼近1997年1月以来的最高纪录319.55万人。2月份,日本失业率升至4.3%,比上月升高0.1个百分点。

(三)欧债危机隐患尤存。塞浦路斯危机爆发和救助方式的转变,以及意大利大选僵局,再次引发市场担忧情绪。2012年6月26日,塞浦路斯政府向欧洲金融稳定基金和欧洲稳定机制请求资金援助,成为继希腊、爱尔兰、葡萄牙和西班牙之后第五个“倒下”的国家。2013年3月16日,欧元区就塞浦路斯救助达成一致,塞浦路斯救助金预计为170亿欧元(接近该国2012年GDP水平),欧盟委员会、欧洲央行和IMF组成的“三驾马车”提供其中的100亿欧元,其余资金通过征收存款税方法凑齐。实施存款税,可能引发公众恐慌,导致资本外逃,同时也可能引起市场担忧。欧元区其他重债国,如西班牙、葡萄牙如果步其后尘征收存款税,有可能引发整个欧元区的银行挤兑和金融恐慌,使本已缓和的欧债局势再次面临威胁。

(四)部分经济体继续推进财政整顿。3 月 1 日,美国"自动减支计划"正式启动。如果美国两党无法就削减赤字达成妥协,3 月 1 日起至 9 月 30 日当前财年结束,美国将自动削减 850 亿美元政府开支,并拖累目前的经济复苏。美联储主席伯南克预计,"自动减支计划"生效将导致今年美国经济下滑 0.6 个百分点,并会减少 75 万个工作岗位。

欧洲经济体继续进行财政紧缩。3 月 14 日,德国公布削减支出提前实现预算平衡的预算案。4 月 15 日,英国将推行几十年来最大规模的福利制度改革,主要涉及救济金、福利房、残疾人福利等几个方面,以减少政府开支,紧缩财政。另外,其他重债国家仍在继续履行先前的财政紧缩承诺。

三、OECD 和英国共识公司对主要经济体上半年经济增长率的预测

据 OECD 和共识公司 3 月份的最新预测,今年上半年美国经济继续温和复苏,日本经济开始回暖,欧洲主要国家经济有望开始好转。亚洲新兴经济体经济上半年会继续保持较快增长。

表 2 OECD 对主要经济体上半年经济增长率预测(%)

	2012 年				2013 年	
	Q1	Q2	Q3	Q4	Q1	Q2
美国	2.0	1.3	3.1	0.4	3.5	2.0
日本	6.2	−0.9	−3.7	0.2	3.2	2.2
德国	2.0	1.1	0.9	−2.3	2.3	2.6
法国	−0.2	−0.4	0.7	−1.2	−0.6	0.5
意大利	−3.7	−3.0	−0.8	−3.7	−1.6	−1.0
英国	−0.3	−1.5	3.8	−1.2	0.5	1.4
加拿大	1.2	1.9	0.7	0.6	1.1	1.9
七国集团	1.8	0.4	1.4	−0.5	2.4	1.8

注:本表经济增长率为环比折年率增长率。2013 年一、二季度数据为预测数。七国集团包括美国、日本、德国、法国、意大利、英国和加拿大。

数据来源:OECD《经济展望》(中期报告),2013 年 3 月。

表3 英国共识公司对主要经济体上半年经济增长率的预测(%)

	2012年				2013年	
	Q1	Q2	Q3	Q4	Q1	Q2
环比增长率						
美国	0.5	0.3	0.8	0.1	0.5	0.4
日本	1.5	-0.2	-0.9	0.0	0.6	0.7
欧元区	-0.1	-0.2	-0.1	-0.6	0.0	0.1
德国	0.5	0.3	0.2	-0.6	0.4	0.4
法国	-0.1	-0.1	0.1	-0.3	-0.1	0.1
意大利	-0.9	-0.7	-0.2	-0.9	0.0	-0.1
英国	-0.1	-0.4	1.0	-0.3	0.2	0.2
加拿大	0.3	0.5	0.2	0.2	0.4	0.5
同比增长率						
印度	5.3	5.5	5.3	4.5	5.2	5.8
韩国	2.8	2.3	1.5	1.5	1.8	2.5
中国香港	0.8	1.0	1.4	205	2.9	3.6
中国台湾	0.6	-0.1	1.0	3.4	3.3	3.9
马来西亚	5.1	5.6	5.3	6.4	5.2	5.2
印度尼西亚	6.3	6.4	6.2	6.1	6.2	6.2

注:2013年一、二季度数据为预测数。

资料来源:英国共识公司《共识预测》2013年3月。

四、我国经济面临的外部挑战及建议

(一)多国量化宽松货币政策,持续释放流动性,会扩大国际资本的异常流动,并引起资产及初级产品价格的上涨。我国应对此密切关注,加强对国际资本流入流出的监管,努力减缓冲击。

(二)近期日本超大规模的货币扩张措施导致日元大幅贬值,周边国家货币近期大幅升值。有关部门应加强调控,防止人民币过快升值削弱我国出口产品竞争力。

(三)世界经济增长缓慢,全球外需疲弱,对我国出口会产生不利影响。在努力促进出口增长的同时,更应大力启动内需,确保国民经济稳定增长。

(执笔:释经组;成文于2013年4月)

世界经济增长进一步放缓

——2013 年 4 月份世界经济形势分析

近期,世界主要国家经济增长动力减弱,全球需求疲弱,国际市场能源等初级产品价格大幅下跌。金融市场出现波动,主要经济体失业率依然居高不下,制造业和服务业景气指标回落。世界经济复苏依然面临严峻挑战。

一、世界经济增长进一步放慢

(一)实体经济增长动力减弱。近期,世界主要经济体工业生产增速放慢,零售市场清淡,实体经济增长动力减弱。据此,国际货币基金组织(IMF)最近下调了今年全球及主要经济体经济增长预期。

一是主要经济体经济增长放缓。第一季度,美国 GDP 环比折年率增长 2.5%,增速比上季度加快 2.1 个百分点。由于私营部门库存变动拉动 GDP 增长 1 个百分点,剔除库存变动后的 GDP 仅增长 1.5%,而去年第四季度剔除库存变动后的 GDP 增长率为 1.9%。欧元区 GDP 环比下降 0.2%,连续 6 个季度下降。日本 GDP 环比增长 0.9%,比上季度加快 0.6 个百分点;同比增长 0.2%,比上季度回落 0.3 个百分点。3 月份,欧元区零售量同比下降 2.4%,已连续 19 个月下降;日本零售额同比下降 0.3%,连续 3 个月负增长。

二是工业生产低迷。2 月份,发达国家工业生产同比下降 0.7%,连续 7 个月下降。3 月份,欧元区工业生产同比下降 1.7%,连续 17 个月下降。日本工业生产同比下降 7.3%,连续 10 个月下降。2 月份,发展中国家工业生产同比增长 3.9%,增速比上月回落 1.7 个百分点。

三是 IMF 下调经济增长预期。IMF 在 4 月 16 日发布的《世界经济展望》报告中，下调了2013年世界经济增长率(按购买力平价法GDP加权汇总)0.2个百分点至3.3%，其中，发达国家和新兴经济体将增长1.2%和5.3%，比1月份预测分别调低了0.1和0.2个百分点。

表1　世界及主要经济体经济增长率(%)

	2011年	2012年	2013年	
			4月预测	与1月预测差值
世界	**4.0**	**3.2**	**3.3**	**-0.2**
发达国家	**1.6**	**1.2**	**1.2**	**-0.1**
美国	1.8	2.2	1.9	-0.2
欧元区	1.4	-0.6	-0.3	-0.2
日本	-0.6	2.0	1.6	0.4
新兴经济体	**6.4**	**5.1**	**5.3**	**-0.2**
俄罗斯	4.3	3.4	3.4	-0.3
印度	7.7	4.0	5.7	-0.2
巴西	2.7	0.9	3.0	-0.5
南非	3.5	2.5	2.8	0.0
墨西哥	3.9	3.9	3.4	-0.1

注：世界经济增长率为按购买力平价法GDP加权汇总。

资料来源：IMF《世界经济展望》2013年4月。

(二)世界贸易略有回升。反映世界贸易景气状况的波罗的海干散货运指数从低位回升。5月7日，该指数升至889点，比年初的706点上升了25.9%。亚太部分经济体[①]进出口有所好转。据世界贸易组织统计，第一季度，亚太部分经济体出口额同比增长5.1%，增速比上季度加快2.3个百分点，连续2个季度增长；进口额同比增长3.1%，增速比上季度加快0.1个百分点，连续14个季度增长。

(三)主要经济体失业率仍居高位。4月份，美国失业率为7.5%，比

① 包括澳大利亚、新西兰、中国、中国香港、印度、印度尼西亚、日本、韩国、马来西亚、菲律宾、新加坡、中国台湾和越南。

上月回落 0.1 个百分点。但人均每周工作小时数有所减少,经济活动参与率下降。欧元区就业市场持续恶化,3 月份失业率升至 12.1%,又创新高;失业人数增至 1921 万人,环比增加 6 万人,比上年同期增加 172 万人。欧元区年轻人失业率高达 24%,失业人数达 360 万人,比上年同期增加 18 万人。

(四)国际市场初级产品价格普遍大幅回落。一是原油价格大幅下跌。与 2 月份相比,4 月份北海布伦特原油价格累计下跌 11.7%,OPEC 平均油价下跌 8.1%,西德克萨斯中级油价下跌 3.5%。4 月份,金价下跌引发市场恐慌情绪,国际能源署、美国能源署和石油输出国组织再次下调全球石油需求增长预期,美国商业原油库存量创历史新高,这些因素均拖累国际原油价格大幅下降。**二是金属价格大幅下降**。与 2 月份相比,4 月份铁矿石、锡、铜、铝价格分别累计下降 11.2%、10.5%、10.3% 和 9.3%。**三是主要农产品价格大幅下降**。与 2 月份相比,国际市场 4 月份大豆价格累计下降 16.9%,玉米价格下降 7.5%,小麦价格下降 3.3%。

(五)金融市场出现波动。世界主要股指先跌后升。4 月份除日本股指保持升势外,世界其它股指均出现回落,其中,美国道琼斯指数回落 0.5%,德国 DAX 指数回落 4.3%,新兴市场综合股指回落 2.2%。5 月初股指反弹,近期世界主要股市均创 5 年来的新高。**国际汇市大幅波动**。日元大幅贬值,今年以来日元兑美元已贬值 14.6%,5 月 8 日跌破 100 日元/美元的重要心理关口,亚洲新兴经济体汇率大幅升值。**黄金价格大幅下挫**。国际市场黄金价格由上年 9 月中旬的 1792 美元/盎司峰值跌至近期的 1395 美元/盎司,跌幅超过 20%。其中,4 月 15 日单日跌幅高达 9.1%。

(六)景气指标回落。4 月份,全球制造业和服务业 PMI 分别为 50.5 和 51.1,比上月回落 0.6 和 1.1 个点。英国、美国和印度制造业 PMI 较上月明显回落,降幅分别达 2.5、2.4 和 1 个点,欧元区、俄罗斯和中国台湾均有小幅回落。日本和美国服务业 PMI 较上月明显回落,降幅分别达 2.2 和 1.2 个点,印度和俄罗斯也有所回落。全球制造业新订单指数和出口新订单指数分别为 50.9 和 50.5,比上月回落 1.1 和 0.5 个点。

表 2 全球及主要经济体制造业和服务业 PMI

	制造业 PMI		服务业 PMI	
	4 月	3 月	4 月	3 月
全球	**50.5**	**51.1**	**51.1**	**52.2**
美国	52.0	54.6	53.1	54.4
欧元区	46.5	46.8	46.7	46.2
日本	51.1	50.4	50.7	52.9
印度	51.0	52.0	51.1	52.1
俄罗斯	50.6	50.8	51.9	52.2
印度尼西亚	51.7	51.3	–	–
韩国	52.6	52.0	–	–
中国台湾	50.7	51.2	–	–
越南	51.0	50.8	–	–
英国	52.1	54.6	52.4	51.9

资料来源：Markit 公司。

二、多个经济体推出新的刺激政策

为进一步刺激疲弱的实体经济，多个经济体放松货币政策。5 月 2 日欧洲央行降息 25 个基点后，印度、澳大利亚、韩国、越南等也纷纷加入新一轮降息潮。此外，4 月 16 日，韩国宣布推出 19.3 万亿韩元（172 亿美元）的财政刺激方案，预计将使韩国今明两年的经济增长率分别提高 0.3 和 0.4 个百分点。

表3 今年3月份以来降息的主要经济体

	利率名称	当前值（%）	前次值（%）	降息幅度（基点）	公布日期
墨西哥	基准利率	4	4.5	50	2013-3-9
俄罗斯联邦	3个月回购债券拍卖最低利率	6.75	7	25	2013-4-2
土耳其	基准利率	5	5.5	50	2013-4-16
匈牙利	基准利率	4.75	5	25	2013-4-22
欧元区	再融资利率	0.5	0.75	25	2013-5-2
印　度	回购利率	7.25	7.50	25	2013-5-3
	逆回购利率	6.25	6.50	25	
澳大利亚	基准利率	2.75	3	25	2013-5-7
波　兰	基准利率	3	3.25	25	2013-5-8
韩　国	基准利率	2.5	2.75	25	2013-5-9
越　南	再融资利率	7	8	100	2013-5-10
	再贴现率	5	6	100	
斯里兰卡	逆回购利率	9	9.5	50	2013-5-10
	回购利率	7	7.5	50	

资料来源：各经济体官方网站。

（执笔：释经组；成文于2013年5月）

世界经济增长延续疲弱走势

——2013 年 5 月份世界经济形势分析

近期,美国经济温和增长,日本经济显现走高势头,欧元区经济持续衰退,发展中国家增速有所回落,世界经济增长延续疲弱走势。

一、发达国家经济增长略有加快,发展中国家增速回落

(一)美国经济温和增长,日本经济显现走高势头,欧元区经济持续衰退。一季度,美国 GDP 环比折年率增长 2.4%,增速比上季度加快 2 个百分点。日本 GDP 环比增长 0.9%,增速比上季度加快 0.6 个百分点。欧元区 GDP 环比下降 0.2%,降幅比上季度缩小 0.4 个百分点,连续 6 个季度负增长。

(二)发展中国家经济增速有所回落。按环比折年率计算,一季度,巴西、俄罗斯和南非 GDP 增长 2.2%、0.2%和 0.9%,分别比上季度放缓 0.4、2 和 1.2 个百分点。印度尼西亚和墨西哥 GDP 增长 5.3%和 1.8%,分别比上季度放缓 1.6 和 0.9 个百分点。

二、世界贸易低速增长,贸易保护进一步加剧

(一)世界贸易低速增长。波罗的海干散货运指数近期回落。6 月 4 日,该指数降至 805 点,比 5 月 1 日的 862 点回落了 6.6%。世界贸易量增速与上季度持平,贸易额增长放缓。按环比折年率计算,一季度,世界贸易量环比增长 2.8%,增速与上季度持平。世界贸易出口和进口总额分别增长 6.1%和 4.5%,增速比上季度回落 4.8 和 7.1 个百分点。美国进口需求回暖。4 月份,美国进口环比增长 2.4%,上月为下降 3.7%。出口环比增长 1.2%,上月为下降 1%。

(二)贸易保护进一步加剧。截至6月初,今年全球共发起254起保障措施调查,比去年同期增加17.6%。美国针对中国开展双反(反倾销和反补贴)调查。5月14日,美国商务部对从中国、墨西哥和泰国进口的预应力钢轨用钢丝发起反倾销调查。据美方统计,2012年中国涉案产品数量为2.7万吨,金额为3560万美元。5月29日,美国商务部做出终裁,认定从中国和奥地利进口的黄原胶存在倾销行为。欧盟对中国采取了新的贸易保护措施。5月初,欧盟决定对从中国进口的光伏产品(太阳能电池板的核心部件)征收临时反倾销税:6月6日-8月6日的过渡期税率为11.8%;之后4个月,如果中国不对欧盟的指控作出回应,将实行47.6%的关税。2012年,中国涉案产品金额高达204亿美元,是迄今为止欧盟对华发起的最大规模贸易诉讼。5月15日,欧盟决定对从中国进口的移动通信设备开展双反调查。其他国家也对中国采取了新的贸易保护措施。4月22日,加拿大决定对从中国进口的金属硅和镀锌钢丝进行双反调查,涉案金额分别为4200万美元和1000万美元。

三、美欧失业率上升,日本失业率持平

5月份,美国失业率为7.6%,比上月小幅回升0.1个百分点。4月份,欧元区失业率为12.2%,再创新高,失业人数也持续增加。4月份,日本失业率为4.1%,与上月持平。美国就业市场持续明显改善面临一定困难。截至6月1日当周,首次申请失业救济人数降至34.6万人,比上周减少1.1万人。5月份,美国非农就业人数环比增加17.5万人,比上月多增2.6万人,但连续三个月低于持续改善临界值20万人。

四、消费价格涨幅小幅回落,初级产品价格微涨

(一)消费价格涨幅小幅回落。4月份,全球及发达、发展中国家消费价格指数(CPI)涨幅均连续两个月回落。全球CPI同比上涨2.6%,涨幅比上月回落0.2个百分点。其中,发达国家上涨1%,比上月回落0.3个百分点;发展中国家上涨6.4%,回落0.1个百分点。

(二)全球初级产品价格微涨。全球能源价格环比小幅上涨0.2%。其中,原油价格震荡调整,5月份,欧佩克一揽子原油价格为100.65美元/桶,环比微跌0.5%;纽约期货市场原油价格为94.8美元/桶,环比上

涨3%;5月份,非能源价格环比小幅上涨0.3%。其中,农产品价格环比上涨1.9%,结束了连续9个月的下跌;肥料价格环比下降2.5%,连续8个月下跌;金属和矿产价格环比下降2.9%,连续3个月下跌。

五、全球金融市场波动扩大,国际资本更多转向发达国家

(一)全球金融市场波动扩大。5月份,国际金融市场对于发达国家宽松货币政策动向以及宏观经济数据极度敏感。关于美联储何时、何种力度退出第四轮量化宽松货币政策(QE4)的猜测引发市场动荡。美国、日本和其他西方国家金融市场快升快降,日本波动尤其剧烈。美国道琼斯指数5月1日至22日上涨达4.7%,28日进一步升至历史最高点15542.40点。之后震荡下滑,到6月6日,累计下跌4.5%。6月7日单日又现1.38%涨幅;日本日经指数5月1日至5月15日累计飙升15%以上,5月16日至6月7日累计下跌19%。汇市和黄金价格也大幅波动。继日元大幅贬值之后,新兴经济体汇率也开始走软。黄金价格大幅震荡。自4月14日起连续3日大幅下跌至今年最低点1352.60美元/盎司,降幅达13%,4月下半月反弹近9%,5月前半月震荡走低,5月17日跌至今年第二低点1353.75美元/盎司。目前处于盘整状态。

(二)国际资本更多转向发达国家。今年1-5月,大量流向新兴市场经济体的国际资本开始回流美国和日本等发达国家。自4月初以来,日本股票基金的资金流入额超过190亿美元。外国投资者看好日股,在截至5月22日的一周内,日本股基吸金超过30亿美元,以欧元计价的流入日本股基的资金额创下75周以来的新高。

(三)欧债危机趋于缓和,但欧盟成员国之间的融资条件差别扩大。欧债危机趋于缓和。意大利和西班牙十年期国债收益率自2012年6月27日和7月24日分别收报于6.204%和7.621%的高点以来,虽有反复,但总体呈下行趋势,今年6月5日分别报收于4.10%和4.41%。葡萄牙十年期国债收益率也自2012年6-7月间的高点一路波动下行,今年6月5日报收于5.92%。欧盟成员国之间融资条件差别扩大。2013年一季度,非金融部门各种期限新增贷款的平均利率从高到低依次为:德国2.1%,法国2.3%,英国3.1%,爱尔兰3.3%,西班牙3.5%,意大利3.5%,希腊6.1%。私营部门贷款余额同比增长率依次为:法国1.0%,意

大利 0.8%，德国 -1%，英国 -3%，爱尔兰 -6.24%，希腊 -8%，西班牙 -9.46%。

六、全球景气指标低位徘徊，发展中经济体总体回落

5 月份，全球制造业和服务业 PMI 分别为 50.6 和 52.1，比上月回升 0.2 和 1 个点，分别比一季度平均值降低 0.6 和 0.1 个点。美国、欧元区、日本和英国制造业 PMI 分别为 52.3、48.3、51.5 和 51.3，比上月回升 0.2、1.6、0.4 和 1.1 个点。巴西、俄罗斯、印度和中国台湾制造业 PMI 为 50.4、50.4、50.1 和 47.1，分别比上月回落 0.4、0.2、0.9 和 3.6 个点。5 月份，全球制造业新订单指数为 51.4，比上月回升 0.5 个点，但低于一季度平均值 0.4 个点。出口新订单指数为 50.4，比上月回升 0.1 个点，高于一季度平均值 0.4 个点。

（执笔：释经组；成文于 2013 年 6 月）

世界经济有所改善
金融市场剧烈波动

——2013 年第二季度世界经济形势分析

第二季度,美国经济复苏基础进一步巩固,日本经济延续向好势头,欧元区经济衰退程度减轻,主要新兴经济体经济增长略有加快,世界经济有所改善,但仍维持低速增长。但国际金融市场大幅波动,大宗商品价格有所回落,全球贸易保护措施增多,发展中国家经济增长困难加大,预计下半年世界经济难以明显好转。

一、世界经济略有改善

(一)经济增长有所加快。英国共识公司 6 月份预测,二季度,美国和日本 GDP 同比增长 1.9%和 1.1%,增速比上季度分别加快 0.3 和 0.7 个百分点;欧元区 GDP 同比下降 0.9%,降幅比上季度收窄 0.2 个百分点。预测结果显示,第二季度美国 GDP 环比折年率增长 1.6%,连续 16 个季度增长;日本 GDP 环比增长 0.7%,连续 3 个季度增长;欧元区 GDP 环比零增长,有望结束连续 6 个季度的负增长。

分经济体看,美国经济复苏基础进一步巩固。5 月份,美国个人消费支出同比增长 1.8%,增速比上月加快 0.1 个百分点。零售额同比增长 4.3%,增速比上月加快 0.7 个百分点。房地产市场强劲反弹。5 月份,美国现房销售量环比增长 4.2%,同比增长 12.9%。现房价格和新房价格同比分别增长 15.4%和 10.3%,比一季度平均值加快 3.5 和 0.2 个百分点。日本经济延续向好势头。5 月份,日本零售额环比增长 1.5%,增速比上月加快 0.9 个百分点,同比增长 0.8%,此前连续四个月下降。工业生产环比增长 2%,增速比上月加快 1.1 个百分点;同比下降 1%,降幅比一季度平均值大幅收窄 6.8 个百分点。欧元区经济衰退程度减轻。二季度,欧元区制造业 PMI 新订单指数平均值达到 47.8,比一季度上升 1.1 个点。5 月份,欧元区零售量同比仅下降 0.1%,降幅比一季度大幅收窄 1.8 个百分点。4 月份,建筑业生产同比下降 6.6%,降幅比 3 月份收窄 0.7 个百分点。新兴经济体经济增长略有加快。英国共识公司预测,二季度,印度、韩国、中国香港和马来西亚 GDP 同比分别增长 5.3%、1.9%、3% 和 4.8%,增速比上季度加快 0.5、0.4、0.2 和 0.7 个百分点。4 月份,新兴经济体工业生产同比增长 4.9%,比一季度加快 0.2 个百分点。其中,巴西和印度工业生产同比分别增长 3.4% 和 2.4%,加快 2.3 和 0.6 个百分点。

表 1　各主要经济体 GDP 同比增长率(%)

	2011 年				2012 年				2013 年	
	第一季度	第二季度	第三季度	第四季度	第一季度	第二季度	第三季度	第四季度	第一季度	第二季度
美国	1.8	1.9	1.6	2.0	2.4	2.1	2.6	1.7	1.6	1.9
欧元区	2.5	1.7	1.4	0.7	-0.1	-0.5	-0.7	-0.9	-1.1	-0.9
日本	0..0	-1.6	-0.5	-0.3	3.4	3.9	0.2	0.4	0.4	1.1
印度	9.2	7.5	6.5	6.0	6.0	5.4	5.2	4.7	4.8	5.3
韩国	4.2	3.5	3.6	3.4	2.8	2.4	1.6	1.5	1.5	1.9
中国香港	7.6	5.1	4.0	3.0	0.7	0.9	1.5	2.8	2.8	3.0
中国台湾	7.4	4.6	3.5	1.2	0.6	-0.1	0.7	4.0	1.7	2.7
马来西亚	5.0	4.3	5.7	5.2	5.1	5.6	5.3	6.5	4.1	4.8
印度尼西亚	6.4	6.5	6.5	6.5	6.3	6.4	6.2	6.1	6.0	6.0

注:2013 年二季度数据为英国共识公司 6 月份预测。

数据来源:各经济体官方统计网站和英国共识公司。

(二)世界贸易低速增长。主要经济体进出口贸易低速增长。4 月份,全球贸易量环比增长 1.4%,此前连续两个月下降;同比增长 3.6%,比一季度加快 1.9 个百分点。二季度,各主要经济体货物出口总体略好于一季度。5 月份,美国出口额同比增长 1.3%,增速比一季度加快 0.5 个百分点。4 月份,欧盟出口额同比增长 7%,增速比一季度加快 7 个百分点。二季度，美国、欧盟、俄罗斯和印度货物进口好于一季度，日本、巴西和南非货物进口仍较弱。中国香港出口信心指数回升。二季度，中国香港出口信心指数[①]为53.4，比上季度上升3.9个点，是连续7个季度收缩后的首次扩张。

（三）消费价格水平近期略有上升。5月份世界消费价格（CPI）同比上涨2.9%，涨幅比上月扩大0.2个百分点，一改前两个月连续回落之势，但4-5月平均涨幅仍比一季度略有回落。其中，发达国家CPI从4月份1%的低位升至5月的1.2%，两月平均涨幅仍比一季度回落0.4个百分点。4-5月份，发展中国家CPI同比分别上涨6.7%和6.6%，与一季度大体持平。

（四）国际市场初级产品价格有所回落。二季度，能源价格比一季度下降4.9%。其中，纽约期货市场轻质原油价格环比下降0.2%，OPEC一揽子原油价格环比下降7.8%。非能源价格环比下降5.5%。其中，农产品环比下降2.9%，肥料环比下降3.2%，金属矿产价格持续回落，环比大幅下降11.1%。食品价格小幅上涨。二季度，粮农组织食品价格环比上涨0.9%，5-6月份环比连续两个月小幅下降，主要是由于食糖、奶类及油脂类价格的走低。

（五）就业严峻局面有所遏制。二季度，美国失业率为7.6%，比一季度回落0.1个百分点。7月6日当周，首次申请失业救济人数为36万，环比增加1.6万，但四周移动平均值较去年同期下降6.4%。4-5月份，日本失业率均为4.1%，比一季度回落0.1个百分点。5月份，欧元区失业率达12.2%，环比升高0.1个百分点。

（六）景气指标低迷。二季度，全球制造业和服务业PMI分别为50.5和52.3，比上季度回落0.7和1个点。美国和新兴市场经济体的制造业和服务业PMI均有明显回落。欧元区和日本有小幅回升。6月份，全球制造业PMI为50.6，与上月持平；服务业PMI为51.3，比上月回落2.1个点。

---

① 中国香港出口信心指数为香港贸易商对于当前的出口表现的判断以及短期前景的预期，反映港商对外部市场出口的信心。

表 2 全球及主要经济体制造业和服务业 PMI

	制造业 PMI					服务业 PMI				
	一季度平均	二季度平均	4月	5月	6月	一季度平均	二季度平均	4月	5月	6月
全球	**51.2**	**50.5**	**50.4**	**50.6**	**50.6**	**53.3**	**52.3**	**52.1**	**53.4**	**51.3**
美国	54.9	52.1	52.1	52.6	51.9	55.2	53.0	53.1	53.7	52.2
欧元区	47.5	47.9	46.7	48.3	48.8	46.7	46.8	46.7	46.4	47.3
日本	48.9	51.7	51.1	51.5	52.3	51.4	52.0	50.7	54.0	51.4
英国	49.2	51.4	50.3	51.5	52.5	51.5	54.0	52.4	53.8	55.8
新兴市场	**51.6**	**50.0**	**50.8**	**50.0**	**49.3**	**53.3**	**51.5**	**51.3**	**51.8**	**51.3**
巴西	52.5	50.5	50.8	50.4	50.4	51.3	50.6	50.5	50.6	50.6
俄罗斯	51.6	50.9	50.6	50.4	51.7	52.6	50.7	51.9	51.2	48.9
印度	53.1	50.5	51.0	50.1	50.3	53.5	51.6	51.1	2.2	51.5
南非	50.7	50.8	50.5	50.4	51.6	–	–	–	–	–
中国台湾	51.0	49.1	50.7	47.1	49.5	–	–	–	–	–
加拿大	50.5	51.9	50.1	53.2	52.4	–	–	–	–	–
韩国	50.9	51.0	52.6	51.1	49.4	–	–	–	–	–
印度尼西亚	50.5	51.4	41.7	51.6	51.0	–	–	–	–	–
越南	49.7	48.7	51.0	48.8	46.4	–	–	–	–	–
墨西哥	53.5	51.6	51.7	51.7	51.3	–	–	–	–	–

数据来源：Markit。

二、国际金融市场剧烈波动

4 月中旬和 6 月下旬，美联储两度声称将在年内逐步退出量化宽松政策，引发国际金融市场出现了剧烈波动。7 月 11 日公布的美联储 6 月份会议纪要和伯南克讲话又将退出预期延后并引起新的震荡。

（一）国际金融市场利率上升。一是发达国家国债收益率明显上升。美国十年期国债收益率从今年 5 月 2 日的半年最低点 1. 618%快速上升到了 7 月 5 日的两年来新高 2. 752%。英国和德国 10 年期国债也震荡盘升，分别从 5 月 2 日的低点 1. 621%和 1. 167%上升至 6 月 25 日的短期高点 2. 531%和 1. 803%。7 月初以来，英、德国债由于受到英国 6 月份服务业 PMI 大幅升至 56.9、葡萄牙政局不稳及美国就业数据向好的影响而出现了大幅震荡，幅度超过了 20%。二是美国公司债收益率升高、发展中国家主权债利差扩大。美国 AAA 和 BAA 级公司债收益率分别从 5 月 2 日的近期低点 3.64%和 4.47%上升到 6 月 25 日的 4.46%和 5.48%，创 2012 年以来新高。发展中国家主权债与 10 年期美国国债的利差在今年 1 月降至 250.8 个基点的国际金融危机以来新低后开始波动上升，7 月升至 341 个基点。

（二）黄金价格两度暴跌。4 月 14 日起连续 3 日黄金价格大幅下跌至 1352.60 美元/盎司，累计跌幅达 13%。6 月 19 日至 6 月 27 日连续下跌至 34 个月以来最低点 1192.00 美元/盎司，累计跌幅达 12.4%。7 月 6 日为 1223.8 美元/盎司，仅相当于历史上黄金最高价位的 68.4%。

（三）国际汇市大幅波动。美元兑日元汇率延续去年 10 月以来的升势，5 月 23 日升至 2008 年以来的最高点 103.176 日元/美元，比年初上升了 20%。6 月 27 日急速下跌至 94.242 日元/美元，又于 7 月份返回到 100 日元/美元以上。美元兑英镑和美元兑欧元分别于 3 月 12 日和 3 月 28 日达到相对高位以后，出现持续大幅震荡走势。

（四）国际资本异常流动剧增。发展中国家债券和股权基金大量资本外流。在 1 月份达到创纪录的高点之后，通过有价证券投向新兴市场共同基金的流入量已经开始下降，6 月份转为大量流出：新兴市场股权基金 6 月前两周净流出 100 亿美元；前 5 个月持续增长的债券基金净流入 6 月份开始逆转，至 19 日累计外流 46 亿美元。截至 28 日，6 月份外国基金净售出印度股票 17.6 亿美元，是自 2011 年 8 月净流出 21 亿美元以来的最大数额；在此前六个月持续增持之后，6 月份外国基金净减持 54 亿美元的印度债券。东南亚市场全面受到冲击。最近一个月内，菲律宾股市下跌 11%，跌幅居东盟之首。股市资本外流也导致第二季度东盟成员国本币对美元走软，尤其以泰铢和菲律宾比索对美元大幅贬值为甚，今年一季度两国货币还分别累计升值 4.5%和 0.6%，二季度则大幅贬值了 6%和 5.3%。

（五）国际金属期货市场套利交易减少。极低的利率是造成过去几年金属价格上涨的重要原因，借款成本低廉致使包括金属在内的商品大量囤积。随着国际利率趋于正常化信号的释放，套利交易已开始减少，金属价格明显下跌。

三、当前世界经济存在的主要问题

(一)美国退出量化宽松政策的前景及效果充满不确定性。随着美国经济复苏基础的巩固,美联储释放提前退出量化宽松政策的信号,但是退出的前景(时机和力度)及效果存在很大的不确定性,国际金融市场对此极为敏感。美国量化宽松政策真正开始退出后,将对国际金融市场产生更大的影响,可能引发发展中国家资本外逃,甚至造成部分国家的国际收支危机。另外,一旦美国政策利率开始上升,将对国际金融市场造成剧烈冲击。

(二)国际流动性充斥虚拟经济易引发新的金融风险。不断增大的国际流动性并未如决策者所愿流向实体经济体,而是在虚拟经济内循环,催生了通货膨胀预期和资产价格泡沫隐患,加大了各国宏观经济管理的难度,对未来金融市场也埋下了新的风险及隐患。

(三)全球贸易保护措施持续增多。6月12日,全球贸易预警(GTA)发布报告称,全球保护主义势头正在抬头,扶持本国企业、排斥外国企业的案例正不断增多。尤其是2012年四季度和2013年一季度的贸易保护措施创2008年11月GTA监控以来最高纪录。2012年6月至2013年5月,全球共采取了431项贸易保护措施,其中八国集团(G8)实施的占总数30%,20国集团(G20)占65%;另尚有183项措施正在酝酿之中。排他性区域贸易协定增多。6月17日,美国和欧洲表示将开启跨大西洋贸易和投资伙伴关系协定(TTIP)谈判,若该谈判成功,将成为迄今为止最大、最全面的美国-欧盟贸易计划(亦称"经济北约")。同时,美国也在积极推进"跨太平洋战略经济伙伴协定"(TPP)谈判,力图建立以美国及其亚太盟友为核心的亚太区域合作伙伴关系。这两大贸易协定均将中国排除在外,其实质是尽可能固化和放大美国的竞争优势,最大限度弱化新兴经济体特别是中国的优势。

(四)发展中国家宏观经济政策面临严重两难困境。美国等发达国家退出宽松货币政策的外溢效应巨大,仅美联储相关信号就导致近期发展中国家资本大量外流和货币贬值。一方面,发展中国家经济相对于去年走弱,要求保持适当的宽松货币政策;另一方面,为缓解外溢效应,又要求升息。两方面因素的共同作用导致宏观政策面临严重两难困境。出于对资本外流的担心,第二季度巴西和印度尼西亚被迫升息 25 个基点,7 月 11 日两国又再度升息 50 个基点。

四、几点建议

(一)加强对短期资本和热钱流动的监管。美联储一旦退出量化宽松政策(QE),美元持续走强将有可能使热钱短期内从我国大规模流出。要强化对短期资本流动的监测预警机制,增加短期资本进出的成本,防范资金无序流出可能产生的金融风险。

(二)增强人民币汇率弹性。扩大人民币波动区间,提高汇率波动幅度。允许人民币适当贬值,可以有效发挥汇率机制作用来缓冲美联储退出 QE 政策对我国带来的冲击。1-5 月份人民币实际有效汇率指数累计上升 5. 62%,其中,第一季度上升 3. 6%,4-5 月份累计上升 1. 9%。该指数从去年 12 月的 110. 13 升至今年 5 月份的 116. 29,创 1994 年该指数发布以来最高值。

(三)必要时适度微调货币政策。美联储 QE 退出将导致大规模的资本流出,使得国内流动性紧张。因此,必要时适当下调利率和存款准备金率,或通过公开市场操作,来释放流动性。

(四)关注境内企业的境外债务。境外流动性宽松,国内流动性紧张,使许多中资企业通过境外发债融资。今年 1-4 月,境内房地产上市企业境外发债融资 759 亿元;5 月份,随着 QE 退出预期的日益强烈,企业境外融资已经出现退潮。如果美元走势趋强,人民币对美元出现贬值,境外发债的套利空间将不复存在,但美元汇率上升以及美国利率上升将会加重我国企业的偿债负担。

(五)积极推进全球贸易自由化,部分化解以美国为核心的区域自由化对我国的不利影响。

(执笔:释经组;成文于 2013 年 7 月)

发达国家经济继续改善
发展中国家经济困难增多

——2013 年 7 月份世界经济形势分析

近期，三大发达经济体居民消费继续向好，就业市场有所好转，经济继续改善。但发展中国家经济增长面临的困难增多，资本持续大量外流，国际融资成本上升，部分经济体滞胀风险加大。

一、三大发达经济体首次同步实现经济增长

第二季度，美国 GDP 环比折年率增长 1.7%，比上季度加快 0.6 个百分点；欧元区 GDP 环比增长 0.3%，结束了此前连续 6 个季度的下降；日本 GDP 环比增长 0.6%，增速比上季度回落 0.3 个百分点。这是自 2011 年第三季度以来三大经济体首次同步实现经济增长。

二、世界工业生产增长加快

6 月份，世界工业生产同比增长 1.7%，增速比上月加快 0.9 个百分点；发达国家工业生产同比增长 0.1%，由负转正；发展中国家同比增长 4.4%，比上月回落 0.3 个百分点。美国工业生产同比增长 1.8%，增幅比上月扩大 0.2 个百分点；欧元区工业生产同比增长 0.3%，2011 年 11 月以来首次转正；第二季度，日本工业生产同比下降 3.1%，降幅比上季度收窄 4.7 个百分点。

三、全球价格水平有所上升

消费者价格指数（CPI）回升。6 月份，世界、发达国家和发展中国家 CPI 同比分别上涨 3.2%、1.7%和 7.1%，涨幅比上月扩大 0.3、0.2 和 0.4 个百分点，均连续两个月回升。7 月份，美国 CPI 同比上涨 2%，涨幅比上

月扩大0.2个百分点，连续3个月回升；欧元区CPI同比上涨1.6%，与上月持平。6月份，日本CPI同比在连续12个月下降后首次由负转正，上涨0.2%。国际市场能源价格转涨，非能源价格继续下跌。7月份，能源价格环比上涨4.4%，上月微幅下跌0.1%；非能源价格环比下跌1.4%，但金属和矿产价格环比微涨0.9%，结束了连续4个月的下跌。全球粮食供求前景不确定性增加。7月份，粮农组织食品价格指数环比下降2%，连续3个月下降，目前谷物价格比2012年7月的峰值低12.6%。近来，北欧、中欧、俄罗斯和中国等地的不利天气条件可能对全球粮食供求造成一定影响。

四、三大经济体居民消费继续向好

7月份，美国零售额同比增长5.2%；环比增长0.2%，连续4个月保持增长。6月份，日本零售额同比增长1.6%，增速比上月加快0.8个百分点。第二季度，欧元区零售量同比下降0.5%，降幅比上季度收窄1.4个百分点。

五、三大经济体就业市场有所好转，美国就业市场持续稳步复苏

7月份，美国失业率为7.4%，比上月回落0.2个百分点，为2008年12月以来的最低值。截至8月3日当周，美国首次申请失业救济人数为33.3万人，其四周移动平均值（33.6万人）为2007年11月以来的最低水平；6月份，欧元区失业率持平于12.1%，失业人数为1926.6万人，比上月减少了2.4万人，自2011年4月以来首次减少；日本失业率为3.9%，比上月下降0.2个百分点，为2008年10月以来的最低值。

六、世界贸易继续低速增长

5月份，全球贸易量同比增长0.7%，增速比上月回落3.2个百分点。从三个月移动平均环比增长率看，5月份，全球贸易量环比增长0.8%，增速比4月份加快0.5个百分点。其中，全球进口增长0.4%，上月为下降0.3%；全球出口增长1.3%，比上月加快0.4个百分点。

七、国际金融市场波动减小

自7月上旬以来，美联储对年底前缩减量化宽松（QE）政策规模的态度有所松动，5-6月间国际金融市场的剧烈波动态势得到扭转，全球股市和汇市波动减小。美国道琼斯平均工业指数7月11日创近期新高以后，连续在高位盘整，8月2日升至15658.36点的历史新高。自7月中旬以来，美元兑欧元、英镑和日元等主要货币汇率走势也趋于平缓。

八、景气指标小幅回升

7月份，全球制造业和服务业PMI分别为50.8和52.1，比上月小幅回升0.2和1.2个点。但日本景气指标回落，新兴经济体依旧低迷（见表1）。

表1 全球及主要经济体制造业和服务业PMI

	制造业PMI						服务业PMI					
	一季度平均	二季度平均	4月	5月	6月	7月	一季度平均	二季度平均	4月	5月	6月	7月
全球	**51.2**	**50.5**	**50.4**	**50.6**	**50.6**	**50.8**	**53.3**	**51.3**	**51.1**	**51.9**	**50.9**	**52.1**
美国	54.9	52.1	52.1	52.3	51.9	53.7	55.2	53.0	53.1	53.7	52.2	56.0
欧元区	47.5	47.9	46.7	48.3	48.8	50.3	46.7	46.8	46.7	46.4	47.3	48.9
日本	48.9	51.7	51.1	51.5	52.3	50.7	51.4	52.9	51.7	54.8	52.1	50.6
英国	49.2	51.4	50.5	52.0	52.9	54.6	51.5	54.0	52.4	53.8	55.8	57.1
新兴市场	**51.6**	**50.0**	**50.8**	**50.0**	**49.4**	**48.4**	**53.3**	**51.5**	**51.3**	**51.8**	**51.3**	**50.2**
巴西	52.5	50.5	50.8	50.4	50.4	48.5	51.3	50.6	50.5	50.6	50.6	50.0
俄罗斯	51.6	50.9	50.6	50.4	51.7	49.2	52.6	50.7	51.9	51.2	48.9	48.3
印度	53.1	50.5	51.0	50.1	50.3	50.1	53.5	51.6	51.1	52.2	51.5	49.3
南非	50.7	50.8	50.5	50.4	51.6	52.2	-	-	-	-	-	-
中国台湾	51.0	49.1	50.7	47.1	49.5	48.6	-	-	-	-	-	-
加拿大	50.5	51.9	50.1	53.2	52.4	52.0	-	-	-	-	-	-
韩国	50.9	51.0	52.6	51.1	49.4	47.2	-	-	-	-	-	-
印度尼西亚	50.5	51.4	51.7	51.6	51.0	50.7	-	-	-	-	-	-
越南	49.7	48.7	51.0	48.8	46.4	48.5	-	-	-	-	-	-
墨西哥	53.5	51.6	51.7	51.7	51.3	49.7	-	-	-	-	-	-

数据来源：Markit。

九、发展中国家经济增长面临困难增多

一是资本持续外流。6 月份，发展中国家债券基金市场资本净流出 140 亿美元，创月度流出最高纪录，结束了连续 17 个月的资本流入；股票基金市场资本净流出约 185 亿美元，也创历史最高纪录，连续 4 个月资本外流。继 6 月份 54 亿美元资本流出印度后，7 月份海外投资者又抛售 20 亿美元的印度国债；6 月份，外资从印度尼西亚债券和股票市场撤离，资金流失约 41 亿美元；马来西亚、巴西等国也面临同样的困境。

二是国际融资成本上升。发展中国家主权债务利差处于较高水平，7 月份为 322 个基点，6 月 24 日曾创 375 个基点的一年来最高纪录。随着美元升值，发展中国家的国际融资成本增加，加之资本大量外流，导致其资金流动性趋紧。

三是部分国家滞胀风险加大。一些发展中国家在经济增速放缓的同时，通胀压力却明显增加。7 月份，印度尼西亚 CPI 同比上涨 8.5%，涨幅比上月扩大 2.6 个百点；巴西 CPI 同比上涨 7.8%，虽然涨幅比上月回落 1.1 个百分点，但比 2008-2012 年均高出 0.5 个百分点。7 月份，印度 CPI 上涨 9.6%。

四是部分国家被迫通过升息对抗通胀、资本外流和本币贬值。7 月 10 日，巴西央行上调基准利率 50 个基点至 8.5%，自 4 月份以来已 3 次升息，累计上调 125 个基点；7 月 11 日，印度尼西亚继上月上调 25 个基点后，再度上调基准利率 50 个基点至 6.5%；7 月 15 日，印度央行将银行利率及边际贷款工具利率①上调 200 个基点至 10.25%，并将通过公开市场出售 1200 亿卢比（约合 20 亿美元）的国债以吸收流动性。

（执笔：释经组；成文于 2013 年 8 月）

---

① 边际贷款工具利率为印度商业银行在资金短缺时以所持国债为低押向央行贷款的利率，该贷款总量不得超过商业银行存款的 1%。通常该利率高于基准利率（回购利率）100 个基点，但由于央行仍维持 7.25% 的基准利率不变，使得利差升高到 300 个基点。

世界经济总体继续好转
但不确定因素增多

——2013 年 8 月份世界经济形势分析

近期，发达国家经济增长加快，全球贸易呈止跌回升之势，三大经济体就业市场继续有所改善，景气指标全面回升，世界经济总体继续好转。但因美国缩减量化宽松政策规模和国债突破上限在即，引发国际金融市场波动加剧，也使新兴经济体的货币政策面临两难选择，经济增长乏力。同时，全球贸易保护措施显著增多，西亚地缘政治不稳定，世界经济面临的不稳定、不确定因素有增无减。

一、世界经济总体好转

（一）发达国家经济增长加快。按环比折年率计算，第二季度，美国

表 1　世界主要经济体 GDP 环比折年率增长率（%）

	2012 年	2013 年			
	第四季度	第一季度	第二季度	第三季度	第四季度
美国	0.1	1.1	2.5	2.5	2.7
日本	1.2	4.0	3.6	2.6	2.4
欧元区	-1.9	-0.6	1.2	1.3	1.4
德国	-1.8	0.0	2.9	2.3	2.4
法国	-0.7	-0.6	1.9	1.4	1.6
意大利	-3.7	-2.2	-1.0	-0.4	-0.3
英国	-0.9	1.1	2.9	3.7	3.2
加拿大	0.9	2.2	1.7	4.8	2.5

注：2013 年第三、四季度为预测数。其中欧元区为三个最大的欧元区国家德国、法国和意大利的平均增长率。

数据来源：OECD 中期经济展望 2013 年 9 月。日本内阁府，欧盟统计局。

经济增长 2.5%，增速比一季度加快 1.4 个百分点。欧元区经济增长 1.2%，此前连续六个季度下降。日本经济增长 3.6%，回落 0.4 个百分点。据 OECD9 月份预测，今年下半年，除日本略有回落外，西方七国其他成员经济增长将快于上半年。

（二）发展中国家经济增长缓慢。今年第二季度，印度和俄罗斯 GDP 同比增长 4.4%和 1.2%，均比上季度放缓 0.4 个百分点。菲律宾和印度尼西亚 GDP 同比增长 7.5%和 5.8%，均比上季度放缓 0.2 个百分点。巴西、印度、俄罗斯、南非、墨西哥、韩国和印度尼西亚 GDP 同比增速均低于 2010-2012 年平均增速。

表 2　主要发展中国家 GDP 同比增长率（%）

	2010-2012 年均增长速度	2012 年				2013 年	
		第一季度	第二季度	第三季度	第四季度	第一季度	第二季度
巴西	3.7	0.7	0.5	0.9	1.4	2.0	3.3
印度	6.6	6.0	5.4	5.2	4.7	4.8	4.4
俄罗斯	4.1	4.8	4.3	3.0	2.1	1.6	1.2
南非	2.9	2.4	3.1	2.3	2.5	1.9	2.0
墨西哥	4.5	4.6	4.2	3.1	3.3	0.6	1.5
菲律宾	6.0	6.5	6.3	7.3	7.1	7.7	7.5
韩国	3.9	2.8	2.4	1.6	1.5	1.5	2.3
印度尼西亚	6.3	6.3	6.4	6.2	6.1	6.0	5.8

数据来源：各经济体官方统计网站。

二、全球价格水平持续回升

7 月份，世界和发达国家消费价格（CPI）同比分别上涨 3.3%和 1.9%，均连续三个月回升；发展中国家 CPI 同比上涨 7%，比上月小幅回落 0.1 个百分点，此前连续三个月回升。7 月份，美国和日本 CPI 同比上涨 2%和 0.7%，涨幅分别比上月扩大 0.2 和 0.5 个百分点。近期，印度尼西亚、巴西、加拿大、南非、中国香港和马来西亚 CPI 同比涨幅均有所扩大，其中印度尼西亚升幅达 8.8%。

国际市场能源价格连续上涨，非能源价格继续下跌。8 月份，国际能源价格环比上涨 2.2%，连续两个月回升。非能源价格环比下降 0.3%，连续三个月下跌。其中，农产品价格环比下降 2.2%，连续三个月下跌；肥料环比下降 6.3%，连续 11 个月下跌；但金属和矿产环比大幅上涨 5%，连续两个月回升。

国际市场食品价格继续下降。8 月份，粮农组织食品价格指数平均为 210.9，环比下降 7.2%，连续 4 个月下降。

三、三大经济体就业市场继续有所改善

8 月份，美国失业率为 7.3%，比上月回落 0.1 个百分点，为 2009 年 1 月以来最低值。在失业率下降的同时，美国的经济活动参与率也下降至 63.2%，是 1978 年以来的最低水平；新增非农就业人口 16.9 万人，环比增加 6.5 万人，但不及经济复苏期间的正常水平（20 万人）。截至 8 月 31 日当周，美国首次申请失业救济人数减至 32.3 万，为 2007 年 12 月美国开始经济衰退以来的最低水平。7 月份，欧元区失业率持平于 12.1%，失业人数达 1923.1 万人，比上月减少 1.5 万人；日本失业率为 3.8%，比上月下降 0.1 个百分点。

四、全球贸易呈止跌回升态势

第二季度，全球贸易量环比增长 0.3%，比上季度回落 0.5 个百分点。

表 3　主要经济体制造业出口新订单指数

	一季度平均	二季度平均	6月	7月	8月
全球	**50.0**	**49.7**	**48.3**	**50.5**	**50.5**
美国	50.6	49.3	46.3	52.5	52.0
欧元区	50.0	49.2	49.0	51.1	53.6
日本	48.5	52.3	52.1	51.1	49.3
英国	48.7	52.2	53.3	54.1	54.4
巴西	51.0	49.2	48.3	48.2	49.1
俄罗斯	49.8	50.0	50.4	51.8	50.1
印度	52.7	53.2	54.4	52.4	49.8
中国台湾	51.3	48.7	48.7	46.5	48.7
印度尼西亚	49.7	50.6	49.3	48.3	47.4
墨西哥	50.3	48.8	47.3	47.9	48.9
越南	48.6	50.2	49.3	47.1	49.7

数据来源：Markit 公司。

但6月份环比下降0.5%，降幅比上季度收窄0.4个百分点。9月4日，波罗的海干散货运指数升至1215点，比8月1日的1066点回升了14%，比今年初的706点升高了72.1%。8月份，全球制造业出口新订单指数持平于50.5，连续两个月处于景气区间。其中，欧元区为53.6，环比大幅上升2.5个点。

五、国际金融市场动荡加剧

8月上旬以来，美联储不断释放逐步缩减量化宽松（QE）政策规模的信号。近期，美国、法国等扬言将对叙利亚政府军动用武力等。这些因素，使8月份的国际金融市场动荡加剧。

一是全球主要股指波动走低。美国道琼斯平均工业指数8月2日冲至15658.36点的历史新高后持续走低，月内最大跌幅为5.6%。欧洲和日本股指也小幅下跌。多个新兴经济体股市受到重创，印度尼西亚8月份股指累计下跌9.4%。**二是部分新兴市场货币继续大幅贬值。**自5月1日至8月底，印度、印度尼西亚、巴西和南非汇率累计分别下跌19.4%、13.1%、12.4%和12.4%，8月份的跌幅分别为8.7%、8.1%、3.4%和2.7%。**三是美欧长期利率水平延续了5月中旬以来的上升走势。**美国10年期国债收益率9月6日为2.94%，比8月1日上升了23个基点；英国、德国和法国10年期国债收益率9月5日分别为2.83%、2.04%和2.62%，比8月1日上升了43、38和39个基点。**四是欧元区非金融公司信贷余额继续减少。**7月份，欧元区非金融公司信贷余额为4.43万亿欧元，同比下降3.7%。**五是新兴经济体资本持续外流。**其中，印度尼西亚和印度外流最为严重，并导致其股市和汇市双双大幅下挫。

六、景气指标全面回升

8月份，全球制造业和服务业PMI分别为51.7和53.6，比上月回升0.9和1.6个点，均连续两个月回升。8月份，美国消费者信心指数为81.5，比上月上升0.5个点，自国际金融危机以来首次连续三个月高于80；欧元区消费者信心指数升至-15.6，比上月上升了1.8个点，为2011年8月以来的最高水平。

表 4 全球及主要经济体制造业和服务业 PMI

	制造业 PMI					服务业 PMI				
	一季度平均	二季度平均	6月	7月	8月	一季度平均	二季度平均	6月	7月	8月
全球	**51.2**	**50.5**	**50.6**	**50.8**	**51.7**	**53.3**	**51.3**	**50.9**	**52.0**	**53.6**
美国	54.9	52.1	51.9	53.7	53.1	55.2	53.0	52.2	56.0	58.6
欧元区	47.5	47.9	48.8	50.3	51.4	46.7	46.8	47.3	48.9	49.8
日本	48.9	51.7	52.3	50.7	52.2	51.4	52.6	51.4	49.5	50.2
英国	49.2	51.4	53.0	54.8	57.2	51.5	54.0	55.8	57.1	57.1
新兴市场	**51.6**	**50.0**	**49.4**	**48.5**	**49.8**	**53.3**	**51.5**	**51.3**	**50.2**	**51.1**
巴西	52.5	50.5	50.4	48.5	49.4	51.3	50.6	50.6	50.0	50.1
俄罗斯	51.6	50.9	51.7	49.2	49.4	52.6	50.7	48.9	48.3	49.8
印度	53.1	50.5	50.3	50.1	48.5	53.5	51.6	51.5	49.3	48.1
南非	50.7	50.8	51.6	52.2	56.5	–	–	–	–	–
中国台湾	51.0	49.1	49.5	48.6	50.0	–	–	–	–	–
加拿大	50.5	51.9	52.4	52.0	52.1	–	–	–	–	–
韩国	50.9	51.0	49.4	47.2	47.5	–	–	–	–	–
印度尼西亚	50.5	51.4	51.0	50.7	48.5	–	–	–	–	–
越南	49.7	48.7	46.4	48.5	49.4	–	–	–	–	–
墨西哥	53.5	51.6	51.3	49.7	50.8	–	–	–	–	–

数据来源：Markit 公司。

七、世界经济面临的不稳定、不确定因素增多

（一）美国逐步退出量化宽松政策和突破国债上限在即。美联储退出量化宽松政策（QE）的时机、力度、节奏成为左右国际金融市场的最大不确定性因素。市场预期美联储可能于 9 月 17-18 日的货币政策会议决定开始缩减购债规模，已引发国际资本从新兴市场大量外流、部分新兴经济体货币大幅贬值、股市大幅下跌以及美欧长期国债收益率上升。综合分析，印度、印尼、巴西、南非、土耳其将是受美国退出 QE 政策外溢效应影响最大的经济体。美国国债将在 10 月底或 11 月初触及 16.7 万亿美

元的上限，民主党和共和党在这一问题上的激烈斗争依旧不可避免，如果无法就减赤方案达成一致，将再次触发自动减赤机制并拖累美国经济复苏。

（二）欧元区金融风险依然较大。首先，欧洲主权债务危机造成的损失以及不良贷款拨备导致南欧国家资本充足率较低。目前希腊、爱尔兰、意大利和葡萄牙的银行不良贷款比例分别为28%、19%、13%和10.5%，均高于10%的国际警戒线。其次，作为欧债危机根本解决方案的重要措施，银行业联盟以及财政契约的执行面临不确定性，各国利益诉求上的分歧难以弥合。德国的大选结果也会使欧元区财政一体化增添不确定性。再次，目前希腊仍处于危机调整期，尚需约100亿欧元的第三轮援助。

（三）日本经济能否持续改善有待观察。日本是当前发达国家中唯一主权债务风险持续扩大的国家。截至今年6月末，日本主权债务已达到1008.6万亿日元，首次突破千万亿日元关口，主权债务占GDP比重高达247%，居全球榜首。随着国际流动性的收紧，国际资本可能大量外流，潜在金融风险很大。2014年4月1日，日本将消费税率从现行的5%提高到8%，会对家庭消费产生明显的抑制作用。日本经济的持续稳定增长依赖于结构改革的推进，但安倍执政以来的实际进展十分迟缓。

（四）新兴经济体货币政策面临两难困境。美联储削减QE将使部分新兴经济体货币政策陷入两难境地：一方面，疲弱的经济表现要求降息以刺激经济增长；另一方面，资本大量外流、本币大幅贬值以及由此造成的通胀压力加大又要求提高利率水平。一些经济体艰难抉择后选择升息，使经济增长进一步受到抑制，通胀水平也难以下降，经济滞胀的风险加大。

（五）全球贸易保护措施显著增多。截止8月19日，今年全球实施的贸易保护措施达472起，已经接近2012年全年的474起。其中，G20以外经济体实施的贸易保护措施高达190起，已大大超过2012年全年142起的水平。2008年11月-2013年9月，针对我国的全球歧视性贸易措施达953起，居全球之首。欧盟27国和美国分别位列第二和第三位，受到的歧视性措施分别达892起和750起。

（六）西亚地缘政治不稳定因素增多。近期，叙利亚局势不断升温，如果局势恶化，将对全球经济产生诸多不利影响：一是引发国际油价上涨，抑制经济复苏，加大全球经济潜在的"滞胀"风险。而且新兴市场国家受到的冲击可能明显大于以美国为首的发达国家，全球经济分化恐将进一步加剧。二是地缘政治动荡加剧将放大全球经济现有的不确定性，要素流动放缓，国际贸易增长更加乏力。

（执笔：释经组；成文于 2013 年 9 月）

世界经济总体继续好转
但形势依然错综复杂

——2013 年第三季度世界经济形势分析

三季度，世界工业生产增长加快，国际贸易止跌回升，零售额增长加快，消费者价格水平有所回升，三大经济体就业市场略有改善，景气指标明显上升。发达国家对世界经济增长的贡献扩大，世界经济增长总体略有加快。但美国逐步退出量化宽松政策预期以及两党围绕国债上限的争斗使国际金融市场跌宕起伏，部分新兴经济体货币政策面临两难处境，世界经济形势更加错综复杂。预计今年世界经济增长率很可能低于上年。

一、世界经济增长略有加快

（一）增长呈"不同趋势"格局。三季度，多数发达国家经济增长比一

表 1　主要发达国家 GDP 环比增长率（%）

	2012 年		2013 年				
	三季度	四季度	一季度	二季度	与一季度差值	三季度	与一季度差值
美国	2.8	0.1	1.1	2.5	1.4	2.0	0.9
日本	-0.9	0.3	1.0	0.9	-0.1	0.6	-0.4
欧元区	-0.1	-0.5	-0.2	0.3	0.5	0.1	0.3
德国	0.2	-0.5	0.0	0.7	0.7	0.4	0.4
法国	0.2	-0.2	-0.2	0.5	0.7	0.0	0.2
意大利	-0.3	-0.9	-0.6	-0.3	0.3	0.1	0.7
英国	0.7	-0.2	0.3	0.7	0.4	0.6	0.3
加拿大	0.2	0.2	0.5	0.4	-0.1	0.5	0.0

注：美国为环比折年率增长率。2013 年三、四季度数据为共识公司 2013 年 9 月预测。

数据来源：各经济体官方统计网站、英国共识公司。

季度均有所加快。共识公司 9 月份预测，三季度，美国 GDP 环比折年率增长 2.0%，增速比一季度加快 0.9 个百分点；欧元区 GDP 环比增长 0.1%，一季度为下降 0.2%；英国 GDP 环比增长 0.6%，比一季度加快 0.3 个百分点；日本 GDP 环比增长 0.6%，比一季度放缓 0.4 个百分点。

二、三季度，发展中国家经济增长乏力。除菲律宾外，其他亚太主要发展中经济体经济增速均明显低于 2010-2012 年平均增长速度。

表 2 亚太主要发展中经济体 GDP 同比增长率(%)

	2010-2012 年均增长速度	2012 年		2013 年				
		三季度	四季度	一季度	二季度	与 10-12 年均增长速度差值	三季度	与 10-12 年均增长速度差值
韩国	3.9	1.6	1.5	1.5	2.3	-1.6	3.2	-0.7
菲律宾	6.0	7.3	7.1	7.7	7.5	1.5	6.5	0.5
中国香港	4.5	5.5	6.9	2.9	3.3	-1.2	3.0	-1.5
中国台湾	5.3	0.7	4.0	1.6	2.5	-2.8	2.6	-2.7
马来西亚	5.9	5.3	6.5	4.1	4.3	-1.6	4.8	-1.1
印度	6.6	5.2	4.7	4.8	4.4	-2.2	4.8	-1.8
印度尼西亚	6.3	6.2	6.1	6.0	5.8	-0.5	5.6	-0.7

数据来源：各国官方统计网站。2013 年三季度数据为共识公司 9 月份预测。

发达国家对世界经济增长的贡献扩大。国际货币基金组织预计，2013 年下半年，发展中国家对世界经济增长贡献 2.55 个百分点，发达国家贡献 1.03 个百分点，二者差距从去年下半年的 2.21 个百分点和今年上半年的 1.64 个百分点缩小至 1.52 个百分点；发达国家对于世界经济增长的贡献率分别从 8.9%和 19.6%提高到 28.8%。

（二）世界工业生产增长加快。7-8 月份平均，世界工业生产同比增长 4%，比前两季度分别加快 1.7 和 1.3 个百分点；发达国家止降回升，增长 0.5%，一、二季度分别下降 1.4%和 0.3%；发展中国家增长 7.6%，比前两季度分别加快 0.3 和 1 个百分点。

表 3　世界、发达和发展中国家工业生产同比增长率(%)

	2012 年		2013 年			
	第三季度	第四季度	第一季度	第二季度	7 月	8 月
世界	2.7	2.9	2.3	2.7	3.7	4.3
发达国家	-0.1	-1.0	-1.4	-0.3	0.2	0.8
发展中国家	6.3	7.5	7.3	6.6	7.1	8.0

资料来源:世界银行。

(三)世界贸易量止跌回升。7 月份,全球贸易量环比增长 2.2%,此前连续两个月下降;同比增长 3.6%,增速比上月加快 2.9 个百分点。10 月 8 日,波罗的海干散货运指数为 2146 点,比 9 月 3 日的 1168 点大幅提升了 83.7%。其间,9 月 24 日为 2021 点,时隔 23 个月后再度升至 2000 点海运业盈亏临界点以上。

(四)世界零售额增长加快。7 月份,发达国家零售销售额三个月移动平均环比折年率增长 3.7%,增速比二季度加快 1 个百分点,比近 10 年平均增速高出 1.8 个百分点;发展中国家增长 12%,比近 10 年平均增速低 2 个百分点。

(五)世界消费者价格水平上升,国际市场非能源初级产品价格持续走低。

7-8 月份平均,世界、发达国家和发展中国家消费价格(CPI)同比分别上涨 3.5%、1.8%和 6.1%,涨幅比一、二季度均有小幅扩大。三季度,欧元区 CPI 同比上涨 1.3%,涨幅比一、二季度分别回落 0.5 和 0.1 个百分点。7-8 月份平均,美国 CPI 同比上涨 1.8%,涨幅比一、二季度分别扩大 0.1 和 0.4 个百分点;日本 CPI 同比由负转正,上涨 0.8%,一、二季度分别下降 0.6%和 0.3%。三季度,除印度尼西亚、中国香港和南非 CPI 同比涨幅比一、二季度明显扩大外,其他主要新兴经济体 CPI 均比前两季度回落或大体持平。

国际市场非能源价格持续走低。三季度,非能源价格环比下降 2.7%,连续四个季度下跌。其中,农产品价格环比下降 3.5%,连续四个季度下跌;肥料价格环比下降 9.8%,连续五个季度下跌;金属和矿产价格环比微幅上涨 0.2%,一、二季度分别为上涨 5.4%和下降 11.1%。

表 4　世界、发达和发展中国家消费价格同比上涨率(%)

	2011 年	2012 年	2013 年			
			一季度	二季度	7 月	8 月
世界	4.3	3.3	3.2	3.2	3.6	3.4
发达国家	2.8	2.0	1.6	1.5	1.9	1.6
发展中国家	6.7	5.3	5.5	5.7	6.2	6.0

资料来源:世界银行。

表 5　国际市场非能源价格指数(2005 年=100)

	非能源	农产品	肥料	金属和矿产
2012 年一季度	192.9	192.6	260.1	185.7
二季度	189.3	191.7	270.0	175.4
三季度	191.0	200.6	256.9	163.9
四季度	186.9	191.1	249.9	171.1
2013 年一季度	185.9	185.5	240.8	180.4
二季度	175.6	180.2	227.1	160.4
三季度	170.8	173.9	204.7	160.6

资料来源:世界银行。

国际市场食品价格指数继续下降。9 月份,联合国粮农组织食品价格指数环比下降 1%,连续 5 个月下降,比年初累计下降 5.4%。预计 2013/14 年度世界谷物产量为 23.89 亿吨,比上年度增产近 8%;世界谷物主要出口国期末库存消费比为 18.4%,回升到 18%的警戒线之上,比上年度提高 2.1 个百分点。

(六)三大经济体就业市场略有改善。7-8 月份平均,美国、欧元区和日本失业率分别为 7.4%、12%和 4%,分别比第二季度下降 0.2、0.1 和 0.1 个百分点。

(七)景气指标明显回升。三季度,全球制造业和服务业 PMI 分别为 51.4 和 54.8,比二季度升高 0.9 和 3.5 个点,其中的制造业 PMI 为 27 个月最高。全球制造业新订单指数和出口新订单分别为 52.5 和 50.6,比二季度回升 1.3 和 0.9 个点。总体上看,发达国家 PMI 高于新兴经济体。三季度,美国消费者信心指数为 80.8,比二季度上升 5.7 个点;欧元区消费者信心指数为-16,比二季度上升了4.9个点;日本消费者信心指数为44.4,比二季度下降0.6个点。

二、世界经济经济形势更加错综复杂

(一)国际金融市场跌宕起伏。

自5月份以来,美联储削减量化宽松(QE)政策预期以及美国国债上限突破期限逼近引起国际金融市场大幅震荡。5月22日的首次试探性释放、6月19日的正式释放、9月18日未如市场普遍预期削减等时间节点后,国际金融市场都出现了巨幅震荡和趋势反转;美国长期利率相应出现两波上行和两波下行走势;美元指数也出现了明显震荡,新兴经济体货币特别是印度卢比、巴西雷亚尔、俄罗斯卢布、泰国铢等大幅贬值。

削减QE对于新兴市场的影响远大于对美国自身。从市场波动指数(VIX)变化可以看出,削减QE对新兴市场冲击尤为严重,特别是债券市场和外汇市场。高盛的全球金融指数表明新兴经济体金融条件从5月22日到8月份明显变差。

市场预期削减QE将会延后。在美国国债上限僵局出现后,按照当前市场预期,美联储将于明年初开始削减QE,9月份完全退出,将比原先预期多购2650亿美元的主权债和机构债,增加了未来抵押货款支持证券市场的不确定性。

(二)发展中国家国际融资条件变差,货币政策面临两难困境。6-8月,发展中国家资本流入总额大幅减少。9月份在退出量化宽松政策预期缓解之后,发展中国家资本流入有所增加,但主要集中在债券发行,股市流入依然低迷。面对外来冲击,一些新兴市场经济体尽管经济低迷,但被迫频频升息来应对资本外流、货币贬值以及输入型通胀。三季度,巴西和印度尼西亚均三次升息,分别累计升息150个和125个基点;土耳其两次升息共计125个基点。

(三)美国两党围绕国债上限激烈争斗挫伤美国经济复苏势头。美国16.7万亿美元的国债上限在10月17日被突破,共和党民主党国债上限博弈并形成僵局联邦政府停摆,部分机构临时关门,80万人临时无薪放假,200万人暂停领取薪金。债务上限之争,威胁到美国经济复苏,并对世界经济产生负面影响。根据彭博与穆迪数据,10月初美国一年期和五年期国债风险溢价显著上升，金融市场焦虑上升。此外，10 月 8 日，1 个月期限美国国债收益率为 0.36%，为 5 年来新高，且 12 年以来首次高于同期限银行同业拆借利率。

(四)区域自由贸易协定有取代全球贸易自由化谈判之势。近期以 TPP(Trans-Pacific Partnerships，即跨太平洋战略伙伴关系协定)、TTIP (Transatlantic Trade and Investment Partnerships，即跨大西洋贸易和投资伙伴协定)和 RCEP (Regional Comprehensive Economic Partnership，即区域全面经济伙伴关系)为代表的区域自由贸易协定谈判加速推进。TPP 包括美国、日本、澳大利亚、加拿大、墨西哥、马来西亚等 12 个成员国，各方有望在 2013 年底达成共识，形成一个崭新的高标准、高规格与高质量的“21 世纪协定”。TTIP 包括北美和欧盟两大自由贸易区，首轮谈判 2013 年 7 月 8 日在美国华盛顿启动。RCEP 以东盟 10 国为核心，中国、日本、韩国、澳大利、新西兰、印度 6 国共同参加(即所谓“10+6”)，首轮谈判 2012 年 11 月 20 日在柬埔寨金边启动。2012 年，三大区域自由贸易协定成员的 GDP 总规模分别占世界的 38.4%、45% 和 29.3%，出口额占 28.8%、48.8% 和 35%，进口额占 30%、48.4% 和 31%。TPP 和 TTIP 均由美国主导，却将作为第二大经济体和贸易国的中国排除在外。相比之下，WTO 主导的始于 2001 年 11 月的多哈回合全球自由贸易谈判已于 2007 年 10 月陷入无限期停顿。

(五)全球经济治理协调难度加大。在应对全球金融危机中发挥重要作用的二十国集团(G20)机制作用已大大削弱。9 月初在俄罗斯召开的 G20 领导人第八次峰会议题广泛，却没有实质性结果。早在 2010 年提议的 IMF 和 WB 份额改革也非常滞后，没有得到有效落实。在美国削减 QE 以及国债上限僵局等对世界经济具有重大影响的政策举措上，缺少必要的国际协调与沟通。世界银行认为，即便美债选择性违约还只是一种潜在威胁，但已足够对一些新兴经济体带来“毁灭性”的冲击，并增加全球经济的下行风险。

(六)西亚地缘政治不稳定因素尤存。9 月份以来，叙利亚化学武器和伊朗核问题得到缓解，但并没有得到根本解决，西亚地缘政治不稳定因素随时可能激化。一旦地缘政治动荡加剧将引发国际油价上涨，加大全球经济潜在的“滞胀”风险，对石油严重依赖西亚供应的中国来讲，将是重大威胁。

三、关于全年世界经济形势的预测

国际货币基金组织(IMF)10月份预测,今年全球经济将增长2.9%,比去年放缓0.3个百分点;明年将增长3.6%。发达经济体今年GDP将增长1.2%,比去年放缓0.3个百分点,明年将增长2%;发展中经济体今年GDP将增长4.5%,比去年放缓0.4个百分点,明年将增长5.1%。

表7 2011-2014年世界经济增长率(%)

	2011年	2012年	2013年	2014年	与上次预测差值	
					2013年	2014年
国际货币基金组织(IMF,2013年10月,上次为7月)						
世界	**3.9**	**3.2**	**2.9**	**3.6**	**-0.3**	**-0.2**
发达国家	**1.7**	**1.5**	**1.2**	**2.0**	**0.0**	**0.0**
美　国	1.8	2.8	1.6	2.6	-0.1	-0.2
欧元区	1.5	-0.6	-0.4	1.0	0.1	0.0
日　本	-0.6	2.0	2.0	1.2	-0.1	0.1
发展中国家	**6.2**	**4.9**	**4.5**	**5.1**	**-0.5**	**-0.4**
中　国	9.3	7.7	7.6	7.3	-0.2	-0.4
巴　西	2.7	0.9	2.5	2.5	0.0	-0.7
俄罗斯	4.3	3.4	1.5	3.0	-1.0	-0.3
印　度	6.3	3.2	3.8	5.1	-1.8	-1.1
南　非	3.5	2.5	2.0	2.9	0.0	0.0
英国共识公司(Consensus Forecasts,2013年9月,上次为8月)						
世界	**3.1**	**2.4**	**2.4**	**3.1**	**0.0**	**0.0**
美　国	1.8	2.2	1.6	2.7	0.1	0.1
欧元区	1.5	-0.6	-0.4	0.9	0.2	0.0
日　本	-0.6	1.9	1.9	1.7	0.0	0.2
印　度	6.5	4.8	4.9	5.9	-0.6	-0.4

资料来源:国际货币基金组织《世界经济展望》2014年10月;英国共识公司,《共识预测》2013年9月。

(执笔:释经组;成文于2013年10月)

世界经济继续向好 国际金融市场波动减少

——2013 年 10 月份世界经济形势分析

当前，世界工业生产增长有所加快，国际贸易低速增长，价格水平维持低位，三大经济体就业市场略有改善，景气指标全面回升，世界经济初现同步回升的向好迹象。美国逐步退出量化宽松政策预期延后，美国国债上限之争和政府停摆暂时缓解，国际金融市场波动减小，但世界经济形势依然错综复杂。

一、全球实体经济继续向好发展中国家经济形势明显改善

（一）世界工业生产增长有所加快。截至 8 月份的三个月，世界工业生产环比折年率增长 4.1%，比二季度加快 1.3 个百分点。三季度，发展中国家工业生产环比折年率增长 7.1%，比二季度加快 3.5 个百分点；截至 8 月份的三个月，发达国家工业生产环比折年率增长 1.9%，比二季度放缓 0.9 个百分点。9 月份，美国工业生产同比增长 3%，比上月加快 0.4 个百分点。日本工业生产同比由降转增，增长 1.5%，上月下降 0.4%。

（二）世界贸易量低速增长。8 月份，全球贸易量同比增长 2.5%，增速比上月回落 0.8 个百分点；三个月移动平均环比增长 0.3%，增速回落 0.1 个百分点。波罗的海干散货运指数从 10 月 1 日的 1994 点降至 11 月 1 日的 1525 点，降幅达 23.5%；10 月 11 日以来连续 16 天位于 2000 点的海运业盈亏临界点以下。

（三）三大经济体居民消费均实现增长。继 5 月份之后，9 月份三大经济体零售年内第二次同时实现同比增长：美国零售额增长 3.2%，增速比上月回落 1.4 个百分点；日本零售额增长 3.1%，加快 2 个百分点；欧元区零售量增长 0.3%，此前连续三个月下降。9 月份，美国实际个人消费

同比增长2%,增速比上月加快0.3个百分点;日本家庭消费支出增长3.4%,加快3.4个百分点。

(四)价格水平维持低位。9月份,世界消费价格(CPI)同比上涨3.4%,涨幅与上月持平,比7月份的年内高点回落0.2个百分点。其中,发达国家同比上涨1.5%,涨幅比上月小幅回落0.1个百分点;发展中国家同比上涨6.3%,扩大0.2个百分点。美国CPI同比上涨1.2%,涨幅比上月回落0.3个百分点,连续两个月回落;日本同比上涨1.1%,扩大0.2个百分点。10月份,欧元区CPI同比上涨0.7%,涨幅比上月回落0.4个百分点,为2009年12月以来最低值。10月份,巴西、韩国和中国台湾CPI同比分别上涨5.8%、0.7%和0.6%,涨幅比上月回落0.1、0.1和0.2个百分点;俄罗斯同比上涨6.3%,涨幅扩大0.2个百分点;墨西哥同比持平于3.4%。

国际市场能源价格有所回落,非能源价格小幅回升。10月份,能源价格环比下跌2.5%,上月上涨0.5%。非能源价格环比上涨0.3%,上月下跌0.8%。其中,农产品环比上涨0.2%,上月下跌0.2%;肥料环比下跌3.8%,降幅比上月收窄0.7个百分点;金属和矿产环比上涨1.1%,上月下跌1.6%。

国际市场食品价格指数小幅回升。10月份,粮农组织食品价格指数环比小幅上涨1.3%,为4月以来的首次上涨;同比下降5.3%。食品价格的小幅上涨主要是食糖价格大幅上涨,以及肉类、奶类、油和油脂类价格的上涨抵消了谷物价格大幅下跌的影响。2013/14年度,全球玉米产量预计将从上年度的8.6亿吨升至9.57亿吨,库存量/利用量之比从14.1%升至16.3%,小麦、大米的库存量/利用量之比分别持平于25%和23%,三类谷物的库存量/利用量之比均接近长期趋势。

(五)三大经济体就业市场略有改善。10月份,美国失业率为7.3%,比上月上升0.1个百分点;非农就业人数环比仅增加2.1万人,比上月少增20.7万人,主要为政府关门16天所致。但截至11月2日的一周,经季节调整后的美国首次申请失业救济人数下降9000人至33.6万人,接近经济衰退前的平均水平。四周移动平均为34.8万人,为连续4周上升后的首次下降。10月份,欧元区失业率为12.2%,与上月修订值持平;日本失业率为4%,比上月下降0.1个百分点。

(六)景气指标全面回升。 10 月份,全球制造业和服务业 PMI 分别为 52.1 和 56.4,比上月上升 0.3 和 2.7 个点,分别为近 30 个月和 32 个月新高。除美国和英国制造业 PMI 有小幅回落外,其余主要经济体均回升或持平。除欧元区有所回落(但仍处于景气区间)外,其余主要经济体服务业 PMI 均回升。全球制造业新订单指数为 53.2,比上月上升 0.4 个点,与 8 月份同为两年半以来最高水平;出口新订单指数为 52.1,比上月上升 1.2 个点,为 2011 年 3 月以来最高水平。10 月份,美国消费者信心指数为 83.1,比上月上升 3.4 个点,为 2007 年 9 月以来最高水平;欧元区消费者信心指数升至-14.5,比上月上升了 0.4 个点,创 2011 年 8 月以来最高水平。9 月份,日本消费者信心指数为 45.7,比上月上升 2.3 个点。

二、国际金融市场波动减小

自 10 月 16 日美国参众两院就政府长达 16 天的停摆和债务上限达成暂时性协议以后,国际金融市场波动明显减小。

(一)发达国家 10 年期国债收益率走低。 美国、英国、德国和日本等发达国家 10 年期国债收益率在 10 月中、下旬分别回落 34 个、38 个、24 个和 9 个基点,虽然 10 月底以来美英又有所回升,但总体来看,波动比 5 月底至 9 月初明显减小。而欧元区重债国 10 年期国债收益率在 9、10 月份明显回落。

(二)主要股市普遍回涨。 从 8 月底到 10 月下旬,发达国家股市上涨 9.2%;发展中国家股市也回涨 10.5%。美国道琼斯工业平均指数于 11 月 6 日再创历史新高,而日本股市回升幅度较小。

(三)汇市波动减轻。 三大经济体货币实际有效汇率指数波动趋缓,其中,日元自去年四季度至今年一季度出现一波快速贬值以来,近几个月波动明显减少并对美元小幅升值。5 月下旬到 8 月下旬大幅贬值的发展中国家货币汇率近期出现回升,其中,印度、巴西、南非和土耳其货币回升最为明显。

(四)发展中国家对外融资条件改善。 10 月下旬,发展中国家主权信贷违约掉期(CDS)利差为 171 基点,比 9 月初下降近 50 个基点,仍比 2008 年以来的平均值高出 15 个基点。从 8 月下旬到 10 月下旬的两个月中,发展中国家货币汇率、债券发行量以及股票价格指数分别累计上升

4.8%、5.8%和12.9%。截至10月份的三个月累计,发展中国家国际资本总流入比截至8月份的三个月累计增长28.5%。

三、政策面调整有利于经济增长

(一)美国国债上限之争和政府停摆暂时缓解。由于美国国会参众两院未能就政府预算方案达成妥协,10月1日-16日,美国联邦政府持续16天关门,为17年以来的首次停摆。10月17日,美国众议院通过了"提高债务上限、为政府拨款"的议案,将美国举债能力延长到明年2月7日,并为政府机构提供资金到明年1月15日。政府停摆对经济的拖累影响以短期为主:标准普尔公司估计,已造成美国经济损失240亿美元,拖累第四季度GDP环比折年率下降超过0.5%;穆迪公司估计,已造成美国经济损失200亿美元,10月份政府部门总工时减少5000万小时,拖累第四季度GDP环比折年率下降0.5%。

美国国会通过的这份议案并没有从根本上解决美国政府面临的一系列财政问题,只是将这个棘手的难题暂时推迟到明年1月15日。如果届时美国两党仍然没有解决这些财政难题,国债上限得不到提高,那么美国政府将有可能再次关门,并引起美国政府历史上的首次违约,美元将遭遇重创,全球投资及金融安全受到严重威胁,脆弱的世界经济复苏将遭受重挫,一场全球性的金融危机将不可避免。

(二)美国逐步退出量化宽松政策预期延后。10月30日,美国联邦储备委员会宣布暂时不削减第三轮量化宽松货币政策(QE3)规模,主要是由于财政政策拖累和实体经济复苏缓慢。第三季度,美国GDP环比折年增长2.8%,比上季度加快0.3个百分点,但其中国内销售部分增幅回落0.3个百分点至1.5%,致使其12月份不太可能削减量化宽松政策。

逐步退出量化宽松政策延后对美国和新兴市场国家造成不同影响。对美国来讲,不但有利于推高资产价格和带来财富效应,而且可以帮助美国降低国债融资成本,当然也可能增加金融失衡的风险。同时,客观上也为新兴市场国家提供了结构改革的窗口期,以加快关键改革、增强自身抵御外来冲击的能力。

但是,美联储一旦开始削减购债规模,其外溢效应依然巨大,大量投机性资金将撤出发展中国家,造成相关经济体资产价格大幅下跌和国际金融市场大幅波动，对新兴市场国家造成很大的负面冲击。

（三）部分经济体放松货币政策。 10月7日和29日印度央行分别下调边际贷款利率（marginal standing facility，即 MSF）50个和25个基点至目前的8.75%。10月18日，智利中央银行21个月以来首次降息，将基准利率下调25个基点至4.75%；10月25日，墨西哥央行下调政策利率25个基点至3.5%，这是今年以来第三次降息，累计降息100个基点；11月7日，欧洲央行将主要政策利率（再融资利率）下调25个基点至0.25%。此外，10月25日匈牙利央行下调基准利率20个基点至3.4%；11月5日罗马尼亚下调基准利率25个基点至4%，两者均创历史新低。

（执笔：释经组；成文于2013年11月）

发达国家经济增速回调
发展中国家经济初步企稳

——2013 年 11 月份世界经济形势分析

当前,世界工业生产和国际贸易增长有所加快,三大经济体就业市场略有改善,国际金融市场波动减弱,景气指标继续回升,世界经济保持缓慢增长。值得关注的是,前期增长相对较快的发达国家经济增速略有回调,而困难较多的发展中国家经济呈现企稳迹象。

一、发达国家经济增速回调,发展中国家经济初步企稳

据经合组织(OECD)11 月份最新预测,四季度,美国 GDP 环比折年率增长 2.1%,将比上季度回落 1.5 个百分点;欧元区和日本 GDP 环比增长 0.2%和 0.8%,虽比三季度加快 0.1 和 0.5 个百分点,但均比二季度回落 0.1 个百分点。

三季度,印度 GDP 同比增长 4.8%,比上季度加快 0.4 个百分点,与年初持平;韩国和马来西亚 GDP 同比分别增长 3.3%和 5%,比上季度加快 1 和 0.6 个百分点;俄罗斯 GDP 同比增长 1.2%,与上季度持平。巴西和南非 GDP 分别增长 2.1%和 1.8%,比二季度放缓 1.2 和 0.5 个百分点,但略高于一季度。

二、世界工业生产增长略有加快

9 月份,世界工业生产同比增长 3.0%,比上月加快 1 个百分点。发达国家和发展中国家同比分别增长 1.7%和 4.5%,加快 1.6 和 0.1 个百分点。美国工业生产近期增长加快,10 月份同比增长 3.3%,比上月加快 0.2 个百分点;欧元区工业生产由负转正,9 月份同比增长 1.1%,上月为下降 1.1%;日本工业生产增幅回落,10 月份同比增长 4.7%,增幅比上月

回落 0.4 个百分点。10 月份，韩国工业生产同比增长 0.6%，上月为下降 0.3%；俄罗斯和中国台湾为零增长。9 月份，英国和巴西工业生产由负转正，同比分别增长 2.3%和 1%，上月为下降 1.4%和 0.7%。加拿大和印度工业生产同比分别增长 3.3%和 2.4%，比上月加快 2.2 和 1.9 个百分点。

三、世界贸易量回升

9 月份，全球贸易量同比增长 3%，比上月加快 0.3 个百分点；三个月移动平均环比增长 1.1%，比上月加快 0.6 个百分点。10 月份，美国包括货物和服务在内的进、出口同比分别增长 3.6%和 5.5%，比上月加快 1.9 和 4.2 个百分点。9 月份，欧元区出口增长 2.5%，上月为下降 6.1%；进口下降 0.4%，降幅比上月收窄 7.1 个百分点。10 月份，日本进、出口同比大幅增长 26.2%和 18.6%，分别比上月加快 9.7 和 7.1 个百分点。波罗的海干散货运指数再度回升，从 11 月 1 日的 1525 点升至 12 月 5 日的 2145 点，累计上涨了 40.7%，是今年 10 月 10 日以来第二次回到海运业盈亏临界点（2000 点）以上。

四、欧元区和日本个人消费低迷

10 月份，美国零售额同比增长 3.9%，比上月加快 0.6 个百分点；日本零售额同比增长 2.3%，比上月回落 0.7 个百分点；欧元区零售量同比下降 0.1%，上月为增长 0.3%。美国个人消费同比增长 2.1%，比上月加快 0.4 个百分点；日本家庭消费支出同比增长 3%，比上月回落 0.4 个百分点。

五、价格水平低位徘徊

10 月份，世界消费价格（CPI）同比上涨 3.3%，涨幅比上月回落 0.1 个百分点。发达国家 CPI 同比上涨 1.2%，比上月回落 0.2 个百分点；发展中国家 CPI 同比上涨 6.4%，比上月升高 0.1 个百分点。美国 CPI 同比上涨 1%，涨幅比上月回落 0.2 个百分点，连续三个月回落；日本 CPI 同比上涨 1.1%，与上月持平。11 月份，欧元区 CPI 同比上涨 0.9%，比上月升高 0.2 个百分点；俄罗斯、韩国和中国台湾 CPI 同比分别上涨 6.5%、

0.9%和0.7%，涨幅比上月扩大0.2、0.2和0.1个百分点；巴西持平于5.5%。

六、三大经济体就业市场略有改善

11月份，美国失业率为7%，比上月降低0.3个百分点。经季节调整后，截至11月30日的当周，美国首次申请失业救济人数为29.8万人，环比减少2.3万人，为国际金融危机以来的较低水平。10月份，欧元区失业率为12.1%，比上月下降0.1个百分点；欧元区失业人数环比减少6.1万至1930万人，创2011年4月以来最大单月降幅；日本失业率持平于4%。

七、国际金融市场波动减弱

国际金融市场波动减弱。11月份，发达国家10年期国债收益率相对稳定，12月初在美国就业市场等数据好于预期作用下有所上升，美国和英国的10年期国债收益率分别从10月30日的近三个月低点2.494%和2.375%升至12月5日的2.883%和2.745%，但仍低于9月初的高点。11月初以来，除英国股指略有下跌外，其他主要股市均有所上涨。美国道琼斯股指于11月29日触及16174.50的历史新高。美国和欧元区融资条件略有收紧。OECD计算的美国和欧元区融资条件指数有所降低。三季度，5%的欧元区银行净收紧信贷标准（收紧比例减放宽比例），比上季度预期的本季度值高出4个百分点。

八、景气指标继续回升

11月份，全球制造业和服务业采购经理指数（PMI）分别为53.2和53.9，比上月回升1.1和2.1个点。其中，制造业PMI以及新订单与库存之比均为2011年3月以来新高，显示近期制造业增长动力有所增强。11月份，新兴市场制造业PMI为51.3，环比上升0.3点，而三季度时尚处于不景气区间；服务业PMI持平于51.9，但比三季度高出1.2个点。

（执笔：释经组；成文于2013年12月）

专栏

9 月份全球制造业 PMI 创 27 个月新高

9 月份，全球及主要经济体的制造业采购经理指数（PMI）近期陆续公布。数据显示，9 月份全球 PMI 创 27 个月新高，且主要分项指数为 2011 年 6 月以来首次全部处于景气区间（即高于 50 的景气临界点），但发达国家 PMI 明显高于新兴经济体。

一、全球制造业继续温和扩张，增速创近两年来新高

9 月份，摩根大通全球制造业 PMI 指数为 51.8，比 8 月上升 0.2 个点，已连续第 10 个月高于 50 的临界点，创 27 个月新高。其中，产出指数为 53.1，比上月上升 0.8 个点，创两年来新高；出口新订单指数改善明显，达 51.1，上升 0.8 个点，连续第 3 个月处于景气区间，创 2011 年 5 月以来新高，显示国际贸易量有明显好转趋势。

二、发达国家制造业表现明显优于新兴经济体

西方七国中，法国制造业 PMI 为 49.8，接近景气临界值。其它六国均连续 3 个月以上处于景气区间，其中英国达 56.7，居有统计数据的 31 个经济体之首；美国为 52.5，比上月回落 0.3 个点；日本为 52.5，上升 0.3 个点，连续第 2 个月回升。出口新订单指数方面，美国为 49，比上月回落 3 个点；日本和法国分别为 53.3 和 51.4，均从上月的不景气区间上升到景气区间；英国、德国、意大利和加拿大分别为 52.7、52.1、55.8 和 54.8，分别为连续第 6、2、9 和 6 个月处于景气区间。

金砖国家中，中国制造业 PMI 为 51.1，比上月上升 0.1 个点，连续第 12 个月处于景气区间；巴西为 49.9，接近景气临界值，连续第 3 个月处于不景气区间；俄罗斯持平于 49.4，连续第 3 个月处于不景气区间；南非为 49.1，为今年 4 月份以来首次回落到不景气区间。出口新订单指数方面，中国处于景气区间，而巴西、俄罗斯和印度均处于不景气区间。

（执笔：闫海琪；成文于 2013 年 10 月）

附表 1　世界制造业 PMI 及其分项指标

	制造业PMI	未完成订单指数	就业指数	投入价格指数	出口新订单指数	新订单指数	产出指数
2012 年 9 月	48.7	46.5	49.9	51.5	47.0	48.0	48.4
10 月	48.8	46.8	49.3	54.2	46.9	48.5	48.5
11 月	49.6	46.9	49.6	55.4	48.8	49.5	50.1
12 月	50.0	47.1	50.3	55.1	48.7	49.7	50.3
2013 年 1 月	51.5	48.5	50.7	55.3	49.4	51.8	52.3
2 月	50.9	48.4	50.4	54.4	49.5	51.5	51.8
3 月	51.2	48.5	50.5	53.2	51.0	52.0	52.0
4 月	50.4	48.6	50.2	50.3	50.3	50.8	51.2
5 月	50.6	49.2	50.4	50.2	50.2	51.3	51.4
6 月	50.6	49.4	49.6	50.7	48.3	51.5	51.4
7 月	50.8	49.0	50.1	52.5	50.4	51.6	51.5
8 月	51.6	49.8	50.5	55.1	50.3	53.2	52.3
9 月	51.8	50.6	50.3	55.5	51.1	52.8	53.1

注:灰色背景格表示该指标处于景气区间。

资料来源:Markit 公司。

附表 2　世界及主要经济体制造业 PMI

国家		2012年				2013年									持续处于景气（不景气）区间月数
		9月	10月	11月	12月	1月	2月	3月	4月	5月	6月	7月	8月	9月	
世界		**48.7**	**48.8**	**49.6**	**50.0**	**51.5**	**50.9**	**51.2**	**50.4**	**50.6**	**50.6**	**50.8**	**51.6**	**51.8**	**10**
欧元区		**46.1**	**45.4**	**46.2**	**46.1**	**47.9**	**47.9**	**46.8**	**46.7**	**48.3**	**48.8**	**50.3**	**51.4**	**51.1**	**3**
G7	美国	51.1	51.0	52.8	54.0	55.8	54.3	54.6	52.1	52.3	51.9	53.7	53.1	52.8	48
	日本	48.0	46.9	46.5	45.0	47.7	48.5	50.4	51.1	51.5	52.3	50.7	52.2	52.5	7
	英国	48.3	47.4	48.7	50.8	51.0	48.3	49.3	50.6	52.1	53.0	54.8	57.1	56.7	6
	德国	47.4	46.0	46.8	46.0	49.8	50.3	49.0	48.1	49.4	48.6	50.7	51.8	51.1	3
	法国	42.7	43.7	44.5	44.6	42.9	43.9	44.0	44.4	46.4	48.4	49.7	49.7	49.8	19
	意大利	45.7	45.5	45.1	46.7	47.8	45.8	44.5	45.5	47.3	49.1	50.4	51.3	50.8	3
	加拿大	52.4	51.4	50.4	50.4	50.5	51.7	49.3	50.1	53.2	52.4	52.0	52.1	54.2	6
新兴经济体		**48.8**	**49.9**	**50.6**	**51.4**	**52.0**	**51.2**	**51.6**	**50.8**	**50.0**	**49.4**	**48.5**	**49.8**	**50.4**	**1**
金砖国家	巴西	49.8	50.2	52.2	51.1	53.2	52.5	51.8	50.8	50.4	50.4	48.5	49.4	49.9	3
	俄罗斯	52.4	52.9	52.2	50.0	52.0	52.0	50.8	50.6	50.4	51.7	49.2	49.4	49.4	3
	印度	52.8	52.9	53.7	54.7	53.2	54.2	52.0	51.0	50.1	50.3	50.1	48.5	49.6	2
	中国	49.8	50.2	50.6	50.6	50.4	50.1	50.9	50.6	50.8	50.1	50.3	51.0	51.1	12
	南非	48.3	47.1	49.5	47.4	49.1	53.6	49.3	50.5	50.4	51.6	52.2	56.5	49.1	1

注：灰色背景格表示该指标处于景气区间或持续处于景气区间的月数。

资料来源：Markit 公司。中国数据来自中国国家统计局。

附表 3 世界及主要经济体制造业出口新订单指数

国家		2012年				2013年									持续处于景气（不景气）区间月数
		9月	10月	11月	12月	1月	2月	3月	4月	5月	6月	7月	8月	9月	
世界		**47.0**	**46.9**	**48.8**	**48.7**	**49.4**	**49.5**	**51.0**	**50.3**	**50.2**	**48.3**	**50.4**	**50.3**	**51.1**	**3**
欧元区		**45.3**	**45.3**	**46.4**	**46.6**	**49.5**	**51.7**	**48.7**	**48.4**	**50.1**	**49.0**	**51.1**	**53.6**	**53.4**	**3**
G7	美国	48.0	47.2	50.3	52.6	51.5	48.5	51.8	51.8	49.8	46.3	52.5	52.0	49.0	1
	日本	46.3	46.7	45.1	43.3	44.2	47.4	53.9	52.2	52.6	52.1	51.1	49.3	53.3	1
	英国	48.4	45.6	47.9	48.7	48.7	48.9	49.0	52.8	51.1	53.3	53.8	54.0	52.7	6
	德国	42.4	40.7	43.4	43.8	49.5	54.1	49.4	48.1	49.9	47.0	48.9	53.2	52.1	2
	法国	44.7	43.8	46.6	43.3	45.6	47.8	45.2	47.2	47.3	46.7	51.7	48.8	51.4	1
	意大利	48.1	51.6	48.2	49.7	50.7	51.5	50.5	50.4	52.1	52.2	53.8	55.8	55.8	9
	加拿大	50.8	52.5	48.3	49.7	50.2	51.1	48.7	51.7	54.2	52.9	52.1	51.2	54.8	6
新兴经济体		**47.3**	**47.8**	**51.2**	**49.6**	**51.0**	**50.8**	**51.1**	**49.7**	**49.7**	**47.5**	**48.6**	**48.3**	**50.2**	**1**
金砖国家	巴西	49.5	48.4	49.6	50.4	51.3	50.7	51.0	49.4	49.9	48.3	48.2	49.1	49.2	6
	俄罗斯	50.4	49.6	50.9	46.5	50.2	49.8	49.5	49.3	50.2	50.4	51.8	50.1	48.7	1
	印度	53.8	53.6	55.9	56.4	54.6	53.2	50.4	51.1	54.0	54.4	52.4	49.8	46.2	2
	中国	48.8	49.3	50.2	50.0	48.5	47.3	50.9	48.6	49.4	47.7	49.0	50.2	50.7	2

注：灰色背景格表示该指标处于景气区间或持续处于景气区间的月数。

数据来源：Markit 公司。中国数据来自中国国家统计局。

二、世界经济年度分析

地区格局悄然变化
增长动力略有增强

——2013 年世界经济回顾及 2014 年展望

回顾 2013 年，全球工业生产和贸易疲弱，价格水平回落，国际金融市场持续波动，世界经济增速继续小幅回落。其中，发达国家增长动力略有增强，发展中国家困难增多。预计 2014 年，发达国家和发展中国家内部经济会继续分化，欧洲和亚洲以外的发展中国家增长动力不足；尽管世界经济整体增速将略有提高，但我国面临的外部经济环境依然错综复杂。

一、2013 年世界经济运行基本情况

（一）世界经济增速回落。英国共识公司 2014 年 1 月份预计，2013 年美国经济增长 1.9%，比上年放缓 0.9 个百分点；欧元区经济下降 0.4%，

表 1　七国集团 GDP 增长率（%）

国家	2011 年	2012 年	2013 年	2012 年		2013 年							
				四季度		一季度		二季度		三季度		四季度	
				环比	同比	环比	同比	环比	同比	环比	同比	环比	同比
美国	1.8	2.8	1.9	0.1	2.0	1.1	1.3	2.5	1.6	4.1	2.0	1.6	2.2
英国	1.1	0.1	1.4	−0.3	0.0	0.4	0.2	0.7	1.3	0.8	1.5	0.7	2.5
法国	2.0	0.0	0.2	−0.2	−0.3	−0.1	−0.4	0.5	0.5	−0.1	0.2	0.2	0.5
德国	3.3	0.7	0.5	−0.5	0.3	0.0	−0.3	0.7	0.5	0.3	0.6	0.4	1.5
日本	−0.4	1.4	1.7	0.1	0.4	1.1	−0.1	0.9	1.3	0.3	2.4	0.9	3.2
意大利	0.6	−2.6	−1.8	−0.9	−2.8	−0.6	−2.5	−0.3	−2.2	0.0	−1.8	0.2	−0.7
加拿大	2.5	1.7	1.7	0.2	1.0	0.6	1.4	0.4	1.4	0.7	1.9	0.5	2.2

注：2013 年第四季度和 2013 年年度数据为共识公司 2013 年 12 月份和 2014 年 1 月份预测结果。

数据来源：主要经济体官方统计网站、英国共识预测公司。

降幅比上年扩大 0.2 个百分点；日本经济增长 1.7%，比上年加快 0.3 个百分点。2013 年俄罗斯、印度和南非经济增长 1.6%、4.7% 和 1.9%，增速分别比上年放缓 1.9、0.3 和 0.6 个百分点；巴西经济增长 2.4%，比上年加快 1.4 个百分点。

表 2 金砖国家及部分亚洲经济体 GDP 同比增长率(%)

	2011 年	2012 年	2013 年	2012 年	2013 年			
				四季度	一季度	二季度	三季度	四季度
巴西	2.6	1.0	2.4	1.8	1.8	3.3	2.1	–
俄罗斯	4.3	3.5	1.6	2.1	1.6	1.2	1.2	–
印度	6.2	5.0	4.7	4.7	4.8	4.4	4.8	4.7
南非	3.1	2.5	1.9	2.1	1.6	2.3	1.8	–
韩国	3.7	2.0	2.8	1.5	1.5	2.3	3.3	3.7
印度尼西亚	6.5	6.2	5.7	6.1	6.1	5.8	5.6	5.2
马来西亚	5.1	5.6	4.5	6.5	4.1	4.4	5.0	4.6
菲律宾	3.6	6.8	6.9	7.1	7.7	7.6	7.0	5.6
泰国	0.1	6.5	2.9	19.1	5.4	2.9	2.7	0.8
中国香港	4.9	1.5	3.0	2.8	2.9	3.2	2.9	3.0
中国台湾	4.2	1.5	2.0	3.8	1.4	2.7	1.7	2.0

注：2013 年第四季度和 2013 年年度数据为共识公司 2013 年 12 月份和 2014 年 1 月份预测结果。

数据来源：主要经济体官方统计网站、英国共识预测公司。

（二）世界工业生产低速增长。2013 年前 10 个月，世界、发达国家工业生产累计同比分别增长 2.7% 和 0%，比上年同期放缓 0.3 和 1.1 个百分点；发展中国家工业生产增长 6%，比上年同期加快 0.1 个百分点。

（三）世界贸易持续低迷。据国际货币基金组织最新估计，包括货物和服务在内，2013 年世界贸易量增长 2.7%，增速与上年持平。其中发达国家进口量增长 1.4%，比上年加快 0.4 个百分点；发展中国家进口量增长 5.3%，放缓 0.4 个百分点。波罗的海干散货运指数回升。2013 年，波罗的海干散货运指数波动中明显回升。1 月 4 日为 706 点；9 月 24 日回升至 2021 点，这也是 2011 年 11 月以来该指数首次突破海运业盈亏临界点（2000 点）；12 月 12 日升至年中高点 2337 点；年末略降至 2277 点。

(四)三大经济体中美国、欧元区居民消费略有起色。2013年,美国零售额同比增长4.4%,增速比上年加快0.2个百分点。2013年前11个月,日本零售额同比增长0.8%,增速比上年回落1个百分点;欧元区零售量同比下降0.7%,降幅比上年收窄1个百分点。

(五)全球价格水平走低,但发展中国家通胀压力加大。2013年,世界消费价格(CPI)上涨3.2%,涨幅比上年回落0.1个百分点;发达国家CPI上涨1.5%,涨幅回落0.5个百分点;发展中国家CPI上涨5.7%,涨幅扩大0.4个百分点。印度、印度尼西亚、巴西和俄罗斯CPI分别上涨10.1%、7.0%、6.2%和6.8%,涨幅比上年扩大0.3、2.7、0.4和1.7个百分点。

(六)三大经济体中美日就业市场持续改善。2013年,美国失业率为7.4%,比上年降低0.7个百分点。前11个月,日本失业率平均为4.1%,比上年同期降低0.3个百分点;欧元区失业率平均为12.1%,升高0.8个百分点,处于有统计数据以来最高点。

(七)国际金融市场继续波动。发达国家股市回升,而发展中国家股市停滞甚至下跌。2013年,摩根士丹利(MSCI)发达国家指数累计上涨24%,而新兴市场指数下跌近5%。美国道琼斯平均工业指数2013年50次创新高,全年累计涨幅为26.5%;德国股市涨幅为24.6%,日本股市上涨54.0%。汇市明显波动。与年初相比,2013年底美元兑欧元贬值4.2%,兑英镑贬值2.3%,兑日元升值22.1%。2013年5月下旬至年底,印度、印尼、巴西、南非及土耳其等"脆弱五国"(Fragile Five,简称BIITS)货币兑美元分别贬值了13.6%、25.5%、15.4%、10.7%和15.1%。

(八)景气指标总体向好。据OECD统计,11月份,以长期趋势为100,OECD国家整体先行指数达100.9,连续7个月上升,其中,美国、欧元区和日本分别达101.0、101.0和101.4,分别连续2、12和13个月上升,表明今后半年左右时间内发达国家经济前景看好。第四季度,全球及主要经济体制造业PMI及其中的新订单指数和出口新订单指数均有所回升,新兴市场制造业这三个指标均重回景气区间;全球服务业PMI受美国服务业PMI大幅下降的拖累比第三季度有所回落,但仍处于景气区间且显著高于上半年。12月份,全球制造业PMI升至53.3的近32个月最高水平,已连续第13个月高于50的临界点。其中,新订单指数为54.7,仅比11月份的近33个月新高略低0.1个点。

表 2 全球及主要经济体制造业和服务业 PMI

	制造业 PMI							服务业 PMI						
	一季度平均	二季度平均	三季度平均	四季度平均	10 月	11 月	12 月	一季度平均	二季度平均	三季度平均	四季度平均	10 月	11 月	12 月
全球	**51.2**	**50.5**	**51.4**	**52.8**	**52.1**	**53.1**	**53.3**	**53.3**	**51.3**	**54.8**	**53.1**	**51.8**	**53.9**	**53.6**
美国	54.9	52.1	53.2	53.8	51.8	54.7	55.0	55.2	53.0	56.3	53.6	49.3	55.9	55.7
欧元区	47.5	47.9	50.9	51.9	51.3	51.6	52.7	46.7	46.8	50.9	51.3	51.6	51.2	51.0
日本	48.9	51.7	51.8	54.8	54.2	55.1	55.2	51.4	52.6	51.6	53.1	55.3	51.8	52.1
英国	49.2	51.4	56.2	57.2	56.3	58.1	57.3	51.5	54.0	60.3	60.4	62.5	60.0	58.8
加拿大	50.5	51.9	52.8	54.8	55.6	55.3	53.5	–	–	–	–	–	–	–
新兴市场	**51.6**	**50.0**	**49.6**	**51.1**	**51.0**	**51.3**	**51.1**	**53.3**	**51.5**	**550.7**	**51.7**	**51.9**	**51.9**	**51.2**
巴西	52.5	50.5	49.3	50.1	50.2	49.7	50.5	51.3	50.6	50.2	50.0	52.1	52.3	51.7
俄罗斯	51.6	50.9	49.3	50.0	51.8	49.4	48.8	512.6	50.7	50.7	53.0	52.5	52.9	53.6
印度	53.1	50.5	49.4	50.5	49.6	51.3	50.7	53.5	51.6	46.7	47.0	47.1	47.2	46.7
南非	50.7	50.8	52.6	51.0	50.7	52.4	49.9	–	–	–	–	–	–	–
中国台湾	51.0	49.1	50.2	53.9	53.0	53.4	55.2	–	–	–	–	–	–	–
韩国	50.9	51.0	48.1	50.5	50.2	50.4	50.8	–	–	–	–	–	–	–
印度尼西亚	50.5	51.4	49.8	50.7	50.9	50.3	50.9	–	–	–	–	–	–	–
越南	49.7	48.7	49.8	51.2	51.5	50.3	51.8	–	–	–	–	–	–	–
墨西哥	53.5	51.6	50.2	51.6	50.2	551.9	52.6	–	–	–	–	–	–	–

数据来源：Markit。

表 3　全球及主要经济体制造业 PMI 新订单和出口新订单指数

	新订单指数							出口新订单指数						
	一季度平均	二季度平均	三季度平均	四季度平均	10 月	11 月	12 月	一季度平均	二季度平均	三季度平均	四季度平均	10 月	11 月	12 月
全球	**51.8**	**51.2**	**52.5**	**54.3**	**53.3**	**54.8**	**54.7**	**50.0**	**49.7**	**50.5**	**52.2**	**51.9**	**52.6**	**52.2**
美国	56.1	52.7	54.8	55.0	52.7	56.2	56.1	50.6	49.3	51.2	51.4	51.3	51.4	51.4
欧元区	46.7	47.9	52.1	52.8	51.9	52.3	54.1	50.0	49.2	52.7	53.6	53.1	54.0	53.8
日本	49.1	53.8	54.2	57.4	56.7	58.4	57.2	48.5	52.3	51.2	55.3	53.1	57.2	55.7
英国	49.3	53.3	59.7	61.7	60.9	63.9	60.4	48.7	52.2	53.9	55.2	56.8	54.7	54.0
加拿大	50.2	52.7	53.8	57.2	587.5	58.0	55.0	50.0	52.9	52.7	51.8	52.6	52.0	50.9
新兴市场	**52.9**	**50.4**	**49.7**	**52.1**	**51.7**	**52.3**	**52.3**	**51.0**	**49.0**	**49.0**	**50.7**	**51.1**	**50.9**	**50.1**
巴西	54.0	50.7	48.7	20.0	49.9	49.3	50.7	51.0	49.2	48.8	49.7	48.8	50.1	50.1
俄罗斯	55.0	52.9	50.6	51.8	54.7	50.8	49.8	49.8	50.0	50.2	46.4	45.2	46.6	47.4
印度	55.0	50.8	48.9	20.7	48.9	51.9	51.3	52.7	53.2	49.5	51.5	52.3	50.6	51.6
南非	54.4	52.9	53.5	51.3	50.6	51.6	51.8	–	–	–	–	–	–	–
中国台湾	51.9	49.0	49.7	55.9	54.4	55.2	58.2	51.3	48.7	49.0	54.5	53.2	52.8	57.5
韩国	51.0	51.4	47.2	53.2	50.7	50.1	58.7	52.1	50.8	47.2	52.1	53.7	51.9	50.7
印度尼西亚	51.4	52.0	48.9	51.8	51.3	52.2	52.0	49.7	50.6	47.6	48.4	46.3	49.1	49.9
越南	55.8	52.7	50.7	53.0	51.3	53.4	54.3	50.3	48.8	49.0	51.1	50.3	51.8	51.2
墨西哥	50.2	48.6	50.0	51.5	53.1	48.8	52.5	48.6	50.2	50.0	49.9	52.5	48.1	49.1

数据来源：Markit。

二、2013 年世界经济运行的主要特点

（一）世界经济格局悄然发生变化。一是按购买力平价法计算的发展中国家经济总量首超发达国家。IMF 最新估计，按购买力平价法计算，2013 年发展中国家 GDP 占全球的 50.4%（汇率法为 39.4%），历史上首次超过发达国家，预计 2018 年将提高到 53.9%。二是发展中国家对于世界经济增长的贡献率有所下降。2012 年下半年高达 91.9%，2013 年上半年降至 82.4%，预计 2013 年下半年降至 74.6%。

（二）主要经济体形势继续分化。2012 年世界经济形势的分化主要表现为新兴经济体和美国强、欧日弱；2013 年则主要表现为发达国家内部以及发展中国家内部分化扩大：发达国家内部继续分化，美国继续温和复苏、进入持续复苏轨道，量化宽松政策（QE）迎来转折点；日本货币和财政刺激“猛药”起效，经济复苏加快；欧元区艰难摆脱衰退，但全年仍为负增长；东亚和东南亚经济保持较快增长，而脆弱五国（印度、印尼、巴西、土耳其、南非）受制于内、外经济失衡，加上资本外流的冲击，经济发展较为困难。

（三）贸易保护加剧。2013 年，不仅诸如保障、双反、进口关税等传统贸易保护措施以及政府采购、自动配额等新型贸易保护措施有增无减，主要经济体还竞相组织排它性区域自由贸易协定并力争主导权成为贸易保护的新手段。从 2008 年以来，美国已经初步形成了以 TPP（Trans-Pacific Partnership Agreement，跨太平洋伙伴关系协定）谈判为代表的“东线”，以 TTIP（Trans-Atlantic Trade and investment Partnership，跨大西洋贸易与投资伙伴协议）谈判为代表的“西线”和以 TISA（Trade in Services Agreement，服务贸易协定）谈判为代表的“中枢”。从截至目前的进展情况来看，TPP 有望于 2014 年上半年率先达成，TTIP 和 TISA 谈判也在积极进行中，美国主导的新型贸易规则的影响力已经初步形成。以 GDP 占全球份额衡量，TPP、TTIP 和 TISA 分别高达 40%、50% 和 65%，其对于全球贸易的影响巨大。

（四）发达国家去杠杆化取得进展，发展中国家进展迟缓。“过度的杠杆化”是国际金融危机的根本原因。国际金融危机发生以后，发达国家家庭、企业、金融业、政府部门“去杠杆化”均取得不程度的进展。其

中,美国企业和家庭部门债务负担已降至长期水平之下,政府财政赤字已从2009财年10.1%的二战后峰值降至2013财年的4.1%。欧盟通过严厉的财政紧缩措施遏止了财政赤字上升势头,通过财政联盟、银行业联盟以及欧洲稳定机制等措施打破了主权债务危机—银行业危机的传播链条。欧元区15国财政赤字占GDP比重从2009年的6.4%降至2013年的2.9%。发展中国家在经历了前几年的杠杆刺激后,正在逐步转变宏观策略,朝着去杠杆化的方向发展,但相对发达国家来说才刚起步。

(五)发达国家政策动向导致世界经济波动。一是美国政策动向牵动国际金融市场。2013年初,美国政府面临“财政悬崖”,2013财年后7个月850亿美元的“预算自动削减措施”于3月1日正式生效。2013年5月下旬美联储释放可能提前削减购债规模(即逐步退出量化宽松政策)信号,由此至8月份,国际金融市场动荡加剧。逐步退出QE的预期导致发达国家长期利率上升,促使国际投资者对于资产重新估价并调整资产组合,国际资本从发展中国家特别是脆弱五国流出。由于美国国会参众两院未能在9月30日的最后期限前就政府预算方案达成妥协,陷入国债上限僵局,美国联邦政府被迫在10月1日-16日关门16天,这是17年以来的首次停摆。10月17日,美国众议院通过了“提高债务上限、为政府拨款”的议案,该协议将美国举债能力延长到今年2月7日,并为政府机构提供资金到今年1月15日。12月17日,美联储决定从2014年1月起,将月度购债规模从850亿美元减少到750亿美元。**二是日本激进措施和欧元区稳定经济措施起效。**“安倍经济学”政策已经实施一年,其内容包括宽松的货币政策、积极的财政政策和结构性改革三支箭,其中前两支箭效果显著,推动日元快速贬值(以带动出口增长)、价格稳定上涨进而提振民众信心。欧元区实施稳定经济的各项措施,包括放宽对部分成员国财政紧缩的要求,于5月3日和11月7日将主要政策利率(再融资利率)分别下调25个基点至目前的0.25%,7月5日欧洲央行承诺在较长期内维持超低政策利率的前瞻性指导;年末欧元区推出将银行业纳入统一监管的计划。**三是美国政策动向对发展中国家外溢效应巨大。**美联储提前削减QE的预期已使国际资本从发展中国家特别是“脆弱五国”撤出,造成相关国家本币大幅贬值、输入型通胀压力上升,五国央行在经济疲弱的情况下被迫连续升息来加以应对。其中,巴西在5月30日起的半年内 5 次升息，累计升息 250 个基点；印度在 9、10 月份两次升息，累计升息 50 个基点。

三、对 2014 年世界经济的初步判断

目前世界经济发展中的有利因素多于不利因素，经济增长动力略有增强。预计 2014 年世界经济发展将有所加快。

（一）经济增速将略高于上年。按照汇率法计算，世界银行 2014 年 1 月份预测 2014 年世界经济将增长 3.2%，比上年加快 0.8 个百分点；英国共识公司 2013 年 12 月份预测 2014 年全球经济将增长 3.0%，比上年加快 0.6 个百分点；联合国 2013 年 12 月份预测 2014 年世界经济将增长 3.0%，比上年加快 0.9 个百分点。按照购买力平价法计算，国际货币基金组织（IMF）2014 年 1 月份预测 2014 年世界经济将增长 3.7%，比上年加快 0.7 个百分点。

（二）全球贸易增长将有所加快。据 IMF2014 年 1 月份预测，2014 年世界贸易量将增长 4.5%，比上年加快 1.8 个百分点；据世界银行 2014 年 1 月份预测，2014 年全球贸易量将增长 4.6%，比上年加快 1.5 个百分点；据联合国 2013 年 12 月份预测，2014 年全球贸易量将增长 4.7%，加快 2.4 个百分点；据 OECD2013 年 11 月份预测，2014 年全球贸易量将增长 4.8%，加快 1.8 个百分点。

（三）全球通货膨胀水平略有上升，但初级产品价格低位徘徊。据英国共识公司 2013 年 12 月份预测，2014 年全球消费价格将上涨 3.0%，比上年扩大 0.3 个百分点；据世界银行 2014 年 1 月份预测，2014 年国际市场石油价格将下降 1.1%，非能源价格将下跌 2.6%。

（四）美国和日本失业问题将继续缓解。据共识公司 2013 年 12 月份预测，2014 年，美国失业率为 6.9%，比上年降低 0.5 个百分点；日本为 3.8%，降低 0.2 个百分点；欧元区为 12.2%，上升 0.1 个百分点。

四、外部环境对我国经济的影响及对策建议

（一）外部需求回升有利于我国出口稳定增长。随着美国引领世界经济向好，外部需求回升，给我国出口的稳定增长带来了较好的机会，有利于我国经济稳步发展。相应的政策建议是要特别注意巩固发达国家出

口市场,扩大对其出口。

(二)发达国家经济形势好转后正在致力于营造不利于我国的全球经济新秩序。美欧日紧锣密鼓地进行跨太平洋战略伙伴关系协定(TPP)、跨大西洋贸易和投资伙伴协定(TTIP)的谈判,这两个占全球GDP四成以上的协定均将中国排除在外。奥巴马总统计划在2014年完成TPP谈判。此外,日本充当了反制中国的急先锋,不仅通过我钓鱼岛与中国大打口水仗,还试图联合越南、菲律宾等东盟国家孤立遏制中国,近期又试图投资非洲抗衡中国。相应的政策建议是:一方面要努力扩大区域全面经济伙伴关系(RECP)、亚太经合组织(APEC)、金砖国家(BRICS)、上合组织的影响力,充分利用好相应平台,扩大务实合作;另一方面要积极推动全球贸易自由化进程。

(三)发达国家宏观政策动向对于我国的外溢效应。由于美元是世界货币,美国可以根据情况对国内经济进行政策调整,而发展中国家相应的经济调整总是被动且滞后的,使得包括中国在内的国家进行宏观调控难度加大。一旦美国量化宽松收紧过快,可能造成以下不利影响:一是全球资本异常流动扩大,国际资本可能大量撤离发展中经济体;二是促使美元较快升值,导致人民币随之相对于其他货币升值;三是其他经济体被动应对,可能产生第二波冲击,加剧国际金融市场动荡。相应的政策建议是:首先,继续实行积极的财政政策和稳健的货币政策,保持政策的连续性和稳定性;其次,密切关注美国经济形势和政策动向,做好应对准备;第三,扩大人民币汇率双向波动;第四,化不利因素为有利因素,努力利用人民币升值倒逼提质增效。

(四)地缘政治的影响。特别关注发展中国家可能出现的政局动荡,特别是西亚和北非动荡可能威胁到我国石油供应的安全。近年来,我国已取代美国成为西亚石油的第一大买家。近期埃及、南苏丹、泰国等国家政局出现动荡;印度、巴西、印尼、叙利亚、阿富汗和埃及等发展中国家2014年大选可能产生新的动荡。相应的政策建议是:努力提高对于我国石油国际运输线的安全保障水平。

(执笔:释经组;成文于2014年1月)

美国经济持续复苏

——2013 年美国经济回顾及 2014 年展望

2013 年,美国经济增速比上年回落,但就业市场稳中向好,工业产能利用率恢复至国际金融危机前水平,房地产市场加速复苏,股市大幅上涨,经济进入持续复苏轨道。预计 2014 年美国经济增速会快于 2013 年。

一、2013 年美国经济增长低于预期

(一)增速略有放缓。2013 年,美国 GDP 增长 1.9%,增速比上年放缓 0.9 个百分点。分季度看,GDP 环比增长先加快后放缓:一至三季度,GDP 环比折年率分别增长 1.1%、2.5% 和 4.1%,三季度创年内新高,也是 2012 年一季度以来的最高增幅;四季度,GDP 环比折年率略降至 2.6%。

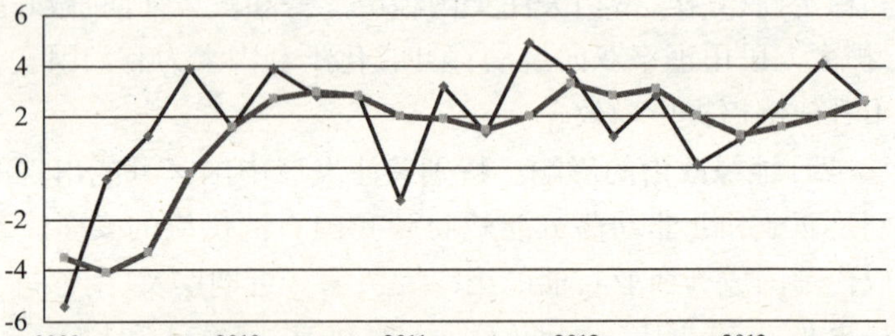

	2009年Q1	Q2	Q3	Q4	2010年Q1	Q2	Q3	Q4	2011年Q1	Q2	Q3	Q4	2012年Q1	Q2	Q3	Q4	2013年Q1	Q2	Q3	Q4
环比折年率	-5.4	-0.4	1.3	3.9	1.6	3.9	2.8	2.8	-1.3	3.2	1.4	4.9	3.7	1.2	2.8	0.1	1.1	2.5	4.1	2.6
同比	-3.5	-4.1	-3.3	-0.2	1.6	2.7	3.0	2.8	2.0	1.9	1.5	2.0	3.3	2.8	3.1	2.0	1.3	1.6	2.0	2.6

图 1 美国国内生产总值增长率(%)

(二)通胀水平有所下降。2013 年,美国消费者价格指数(CPI)上涨

1.5%，涨幅比上年回落0.6个百分点。剔除食品和能源后的核心CPI上涨1.8%，涨幅回落0.3个百分点。分月看，CPI同比涨幅波动明显：2月份和7月份均上涨2%，同为年内最高点；4月份和10月份为年内低点，涨幅分别为1.1%和1%。前3个月，核心CPI维持在1.9-2%的相对高位，其余各月在1.6-1.8%的区间小幅波动。

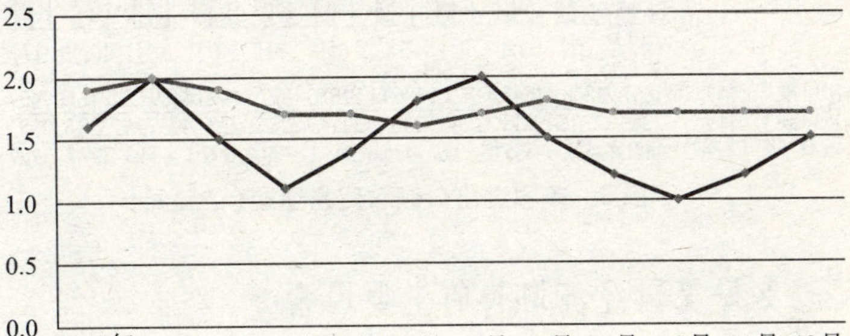

	2013年1月	2月	3月	4月	5月	6月	7月	8月	9月	10月	11月	12月
CPI	1.6	2.0	1.5	1.1	1.4	1.8	2	1.5	1.2	1	1.2	1.5
核心CPI	1.9	2.0	1.9	1.7	1.7	1.6	1.7	1.8	1.7	1.7	1.7	1.7

图2 消费者价格指数同比上涨率(%)

(三)工业产能利用率恢复至国际金融危机前水平。2013年，美国工业和制造业继续恢复，产能利用率稳步回升。全年工业和制造业生产增长分别2.6%和2.3%，增幅分别比上年回落1和1.6个百分点，连续四年实现增长。目前，工业生产已经恢复至国际金融危机前2007年的99.6%；工业产能利用率为78.2%，比上年提高0.6个百分点，已超过国际金融危机前2008年8月份77.5%的水平。

(四)居民消费增速回落。2013年，美国零售额增长4.4%，增速比上年回落0.9个百分点；个人消费支出增长3.1%，增速比上年回落1个百分点。

(五)出口增速回落，进口下降。2013年，包括货物和服务在内的出口总额为22723亿美元，比上年增长2.8%，增速比上年回落1.6个百分点，连续四年实现增长；进口总额为27439亿美元，下降0.1%，为连续三年增长后的首次下降。贸易逆差4715亿美元，比上年减少11.8%。

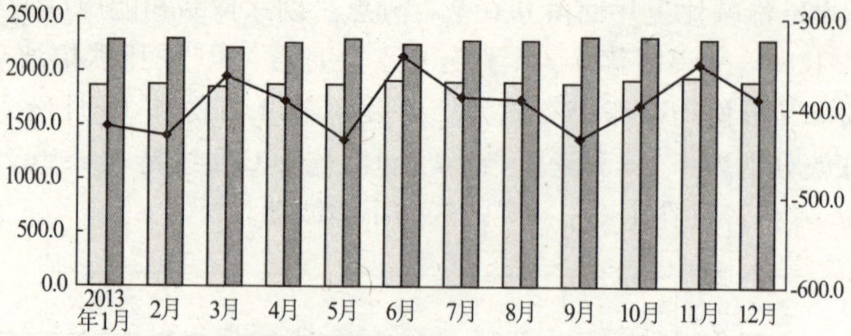

	2013年1月	2月	3月	4月	5月	6月	7月	8月	9月	10月	11月	12月
出口额（左轴）	1867.9	1868.8	1847.6	1873.1	1869.1	1910.6	1897.5	1896.4	1892.5	1931.1	1946.4	1912.9
进口额（左轴）	2289.3	2301.4	2213.2	2266.8	2305.7	2254.7	2286.5	2288.4	2326.9	2328.8	2298.2	2302.7
贸易平衡（右轴）	-421.4	-432.6	-365.6	-393.7	-436.6	-344.1	-389.0	-392.1	-434.3	-397.7	-351.7	-389.8

图 3　美国进出口额和贸易逆差(亿美元)

二、支撑美国经济增长的主要因素

(一)货币政策环境相对依旧宽松。常规货币政策宽松。美国联邦基金利率继续保持在 0-0.25%的历史最低水平。**非常规货币政策趋向收紧。**美联储继续执行每月 850 亿美元的购债规模,但 12 月份议息会议决定从次年 1 月份起每月削减 100 亿美元,量化宽松政策迎来转折点。**货币供应量和商业银行货款余额继续增加。**2013 年末,美国货币供应量(M2)增加至 11 万亿,比上年末增长 5.3%。包括国外分支机构在内的商业银行信贷余额增加至 10.1 万亿美元,比上年末增长 1.3%。

(二)财富效应扩大,居民净财富和企业利润增加。股市大幅上涨。2013 年,美国标准普尔 500 指数累计上涨 25.7%,涨幅比上年扩大 18.1 个百分点。纳斯达克指数累计上涨了 33.4%。**房价持续回升。**2013 年,美国现房和新房中位数价格从上年的 17.7 万美元/套和 24.5 万美元/套升至 19.7 万美元/套和 26.6 万美元/套,分别比上年上涨 11.5% 和 8.4%。其中,新房价格已经恢复至国际金融危机前水平,现房价格也逼近 2008 年水平。房价上涨使得房屋净值明显回升。2013 年 12 月份,仅有 930 万套住房属于"重度溺水"(即房贷余额超过房产价值 25%以上),比 2013 年 1 月减少 160 万套,占所有房贷住房的 19%,大幅低于 2013 年 1 月的 26%。**居民净财富显著增加。**受股市市值和房价双双上涨带动,2013 年末美国家庭资产净额达 80.7 万亿美元,同比增长 13.8%,增速比上年提高 4.4 个百分点。其中股票资产价值增长 5.6 万亿美元,房产价值增长 2.3 万亿美元。企业效益改善。2013 年企业共实现利润 2.1 万亿美元,比上年增长 4.6%。

(三)房地产市场加速复苏,对经济拉动作用明显。2013 年,美国房地产市场加快复苏,继续成为美国经济增长助推器。**新房开工数量大幅增加。**2013 年,完成新房开工数量 92 万套,比上年增长 18.2%,连续四年增长。全年发放建筑许可证数量为 98 万套,比上年增长 17.5%。新房开工和建筑许可证发放数量均已超过 2008 年水平。**住房销售较旺。**2013 年,共销售现房 509 万套,增长 9.2%,新房销售量从上年的 36.8 万套增加到 42.8 万套,增长了 16.3%。

(四)就业市场继续改善。2013 年,就业人数继续增加,失业率持续回落。全年非农就业人数共增加 219 万人,连续两年突破 200 万人以上。失业率降至 7.4%,比上年下降 0.7 个百分点,连续三年回落。

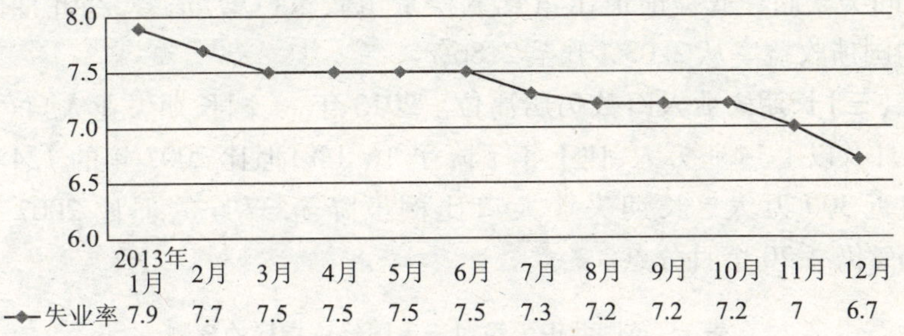

图 4 2013 年美国失业率(%)

(五)居民收入继续增加。2013 年,美国居民可支配收入 12.5 万亿美元,比上年增长 4.5%,增速比上年回落 1.1 个百分点。

三、2014 年美国经济走势判断

2014 年,美国经济将会在持续复苏轨道上运行,但由于削减量化宽松政策至完全退出、货币政策趋紧,长期失业救济措施到期,加上外部经济存在众多不确定因素,美国经济加速复苏仍然面临严峻挑战。

(一)量化宽松政策退出机制逐步实行。美国联邦政府公共债务总额已经超过 17 万亿美元并在继续膨胀,与奥巴马刚入主白宫时 10.6 万亿美元相比,增幅超过 60%,国债负担率也高达 105%。2014 年将是美国

2008 年金融危机以来货币政策收紧的关键一年，是货币政策从高度宽松逐渐转向较宽松的转折点。接下来的一段时期，美国货币政策将转向中性，然后再转向偏紧。2013 年 12 月 19 日，美联储在公布 2013 年最后一期货币政策决策声明时宣布，从 2014 年 1 月份开始，将每月削减 100 亿美元的 QE 规模。只要经济不出现大幅波动，预计每月削减购债规模计划会按序实施，并于年底前全面退出。3 月 19 日，美国联邦公开市场委员会还调整了有关短期利率走势的前瞻指引，去掉了之前使用的失业率 6.5%的参考值。取而代之的是一系列指标，包括劳动力市场状况、通胀压力和预期以及金融市场状况，但预计美联储年内调整政策利率的可能性不大。

（二）长期利率显著回升。2013 年，10 年期国债收益率从年初 1 月 2 日的 1.86%一路涨至年底的 3.04%。其上升主要缘于 5 月 22 日至 9 月 3 日间美联储释放提前退出量化宽松货币政策（QE）信号，在此期间 10 年期国债收益率从 2.03%升至 2.86%。

（三）长期失业人口数仍居高位。2013 年，美国长期失业人口（失业 6 个月及以上）431 万人，比上年下降了 16.1%，但比 2007 年的 124 万仍多将近 300 万人。长期失业人口比例虽降至 37.6%，但比 2007 年的 17.6%仍高 20 个百分点。

表 1　英国共识公司对于美国经济指标的预测

	2012 年	2013 年	2014 年预测值	2015 年预测值
GDP 增长率（%）	2.8	1.9	2.8	3.1
个人消费支出增长率（%）	2.2	2.0	2.6	2.9
消费者价格指数（比上年上涨%）	2.1	1.5	1.7	2.0
失业率（%）	8.1	7.4	6.4	5.9
经常账户赤字（亿美元）	4400	3870	3590	3880
10 年期国债收益率（%）	1.8	3.0	3.0	3.5

资料来源：英国共识公司《共识预测》2014 年 3 月。

经济合作与发展组织（OECD）2014 年 3 月份发布的预测报告指出，美国 2014 年一季度环比折年率增长 2.2%，比上季度放缓 0.1 个百分点。二季度环比折年率增长 3.1%，增速有所加快。共识公司 3 月份预测，

2014 年美国经济会好于上年。其中,GDP 将增长 2.8%,比上年加快 0.9 个百分点;个人消费增长 2.6%,比上年加快 0.6 个百分点;失业率降至 6.4%,比上年回落 1 个百分点;经常项目赤字从上年的 3870 亿美元降至 3590 亿美元。

(执笔:陈璇璇;成文于 2014 年 2 月)

欧元区经济从衰退转向复苏

——2013 年欧元区经济回顾及 2014 年展望

2013 年,在居民消费回暖和、投资回升、外需增加的拉动下,欧元区[①]经济摆脱了二战以来持续时间最长的衰退,开始缓慢复苏。但由于失业率久居高位,出现通缩风险隐忧,重债国经济依然困难,欧元区经济总体仍然低迷。2014 年,欧元区经济增长有望加快,全年经济将实现正增长。

一、2013 年欧元区经济运行情况

(一)经济摆脱衰退,开始缓慢复苏

2013 年,欧元区 GDP 下降 0.5%,降幅比上年收窄 0.2 个百分点。分季度看,第一季度,在其核心国家德国和法国经济强劲复苏的拉动,欧元区 GDP 环比降幅从上季度的 0.5%收窄至 0.2%。第二季度,受内需和出口的提振,欧元区结束了长达 6 个季度的衰退(为二战以来持续时间最长的衰退),GDP 环比增长 0.3%。第三季度,由于净出口的拖累,德国经济增速明显放缓,法国经济意外萎缩,致使欧元区 GDP 环比增幅回落 0.2 个百分点,仅增长 0.1%。第四季度,GDP 环比增长 0.3%;同比增长 0.5%,为两年来首次正增长。

从 GDP 支出构成对于经济增长的贡献来看,二至第四季度,居民消费的持续增长是经济复苏的基础;净出口增加对于第二季度 GDP 止降回升以及第四季度经济增长加快发挥了重要作用;库存变动对于第三季度

---

① 本文中的欧元区指欧元区 2013 年的地域范围,包括 17 个成员国,不包括 2014 年 1 月 1 日新加入的拉脱维亚。17 个成员国分别为:比利时、德国、爱沙尼亚、爱尔兰、希腊、西班牙、法国、意大利、塞浦路斯、卢森堡、马耳他、荷兰、奥地利、葡萄牙、斯洛文尼亚、斯洛伐克、芬兰。

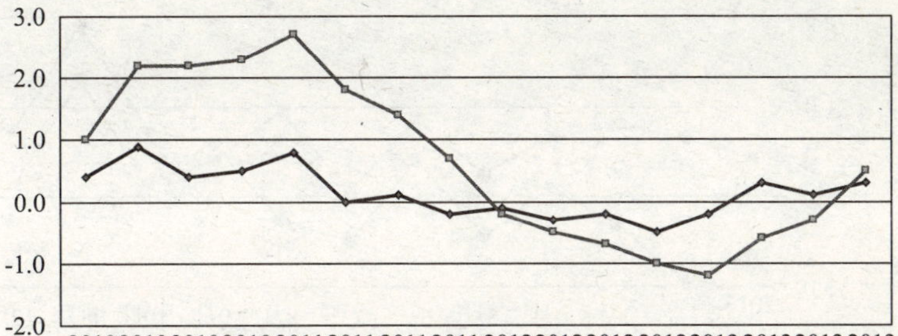

	2010 Q1	2010 Q2	2010 Q3	2010 Q4	2011 Q1	2011 Q2	2011 Q3	2011 Q4	2012 Q1	2012 Q2	2012 Q3	2012 Q4	2013 Q1	2013 Q2	2013 Q3	2013 Q4
环比	0.4	0.9	0.4	0.5	0.8	0.0	0.1	-0.2	-0.1	-0.3	-0.2	-0.5	-0.2	0.3	0.1	0.3
同比	1.0	2.2	2.2	2.3	2.7	1.8	1.4	0.7	-0.2	-0.5	-0.7	-1.0	-1.2	-0.6	-0.3	0.5

图1　2010-2013年欧元区GDP同、环比增长率(%)

继续增长起到了关键作用;二至四季度,固定资本形成对于经济增长的贡献稳步提升(详见图2)。

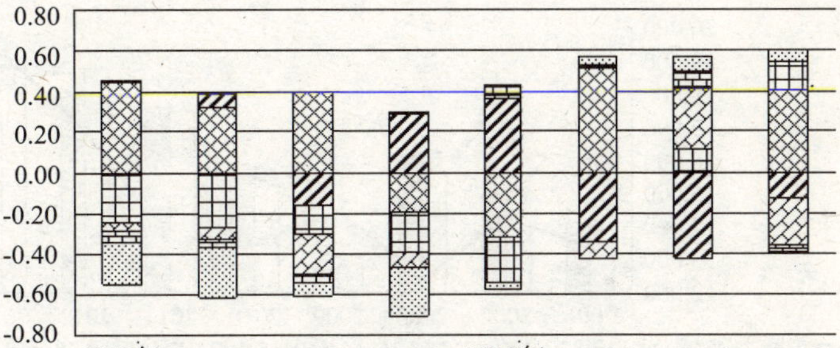

	2012年一季度	二季度	三季度	四季度	2013年一季度	二季度	三季度	四季度
居民消费	-0.17	-0.31	-0.05	-0.31	-0.05	0.09	0.08	0.08
政府支出	-0.06	-0.06	-0.04	0.01	0.06	-0.01	0.08	-0.05
库存变动	-0.03	-0.07	-0.16	-0.11	0.02	-0.16	0.29	-0.32
固定资本形成	-0.21	-0.34	-0.12	-0.25	-0.30	0.03	0.10	0.19
进口	0.01	0.09	-0.13	0.38	0.49	-0.72	-0.42	-0.18
出口	0.38	0.40	0.33	-0.26	-0.43	1.07	0.01	0.56

图2　2012-2013年GDP支出构成对经济增长的贡献(百分点)

(二)工业生产降幅收窄

2013年,欧元区工业生产下降0.8%,降幅比上年收窄1.7个百分点。1-8月份,欧元区工业生产同比均为负增长;9月份开始低速增长,11月份增速加快至2.8%,为年内最大增幅;12月份增速回落至0.5%。

(三)贸易顺差显著扩大

2013年,不包括成员国之间的贸易,欧元区进出口总额达36217亿

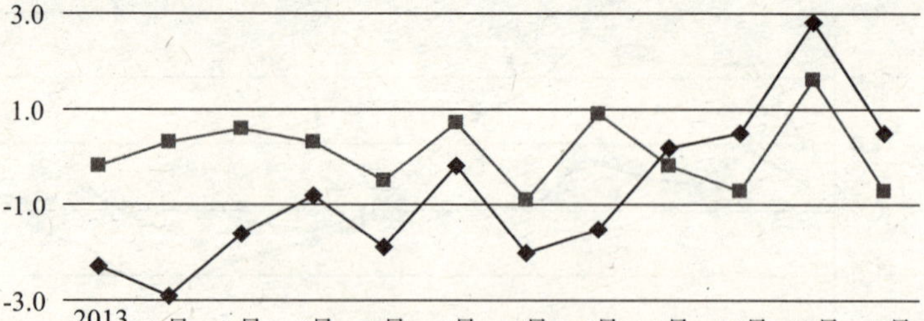

	2013年1月	2月	3月	4月	5月	6月	7月	8月	9月	10月	11月	12月
环比	-0.2	0.3	0.6	0.3	-0.5	0.7	-0.9	0.9	-0.2	-0.7	1.6	-0.7
同比	-2.3	-2.9	-1.6	-0.8	-1.9	-0.2	-2	-1.5	0.2	0.5	2.8	0.5

图 3　2013 年欧元区工业生产增长率(%)

欧元。其中,进口额为 17318 亿欧元,比上年下降 3.3%;出口额为 18898 亿欧元,小幅增长 0.6%。全年累计实现贸易顺差 1580 亿欧元,比上年增加 714 亿欧元。

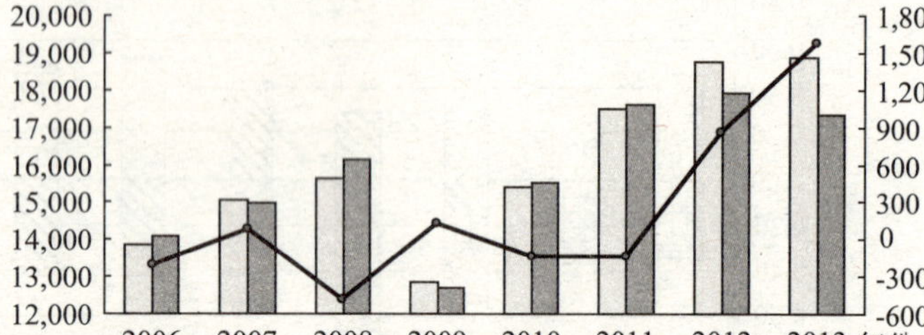

	2006	2007	2008	2009	2010	2011	2012	2013 年份
出口额（左轴）	13,870	15,072	15,636	12,840	15,389	17,481	18,781	18,898
进口额（左轴）	14,072	14,987	16,119	12,706	15,529	17,617	17,915	17,318
顺差（右轴）	-202	85	-483	134	-140	-135	866	1,580

图 4　2006-2013 年欧元区进出口贸易额(亿欧元)

(四)消费者价格指数走低

2013 年,欧元区消费者价格指数(CPI)上涨 1.4%,涨幅比上年大幅回落 1.1 个百分点,低于欧洲央行设定的 2%的长期目标。分月看,除 5-7 月份能源类价格的小幅回升拉动 CPI 略有回升外,欧元区 CPI 呈波动下行之势,1 月份同比上涨 2%,12 月份上涨 0.8%,年内最低点为 10 月份的 0.7%。

(五)失业率维持在高位

2013 年,欧元区失业率为 12%,比 2012 年上升 0.7 个百分点,处于

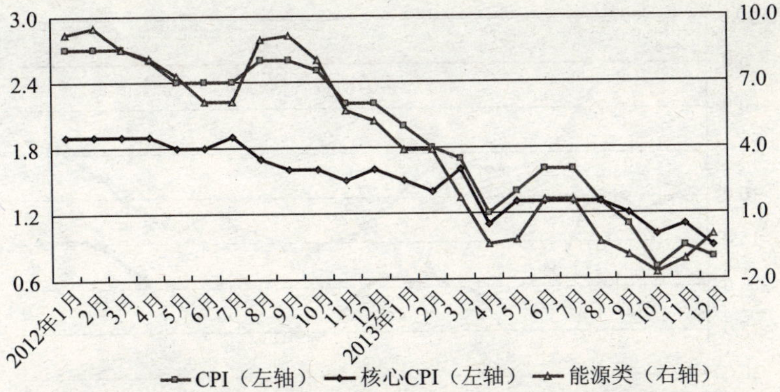

图5　2012-2013 年欧元区消费者价格指数同比上涨率(%)

有纪录以来的最高水平。分月看,1 月和后 3 个月均为 11.9%,而 2-9 月份均高达 12%。

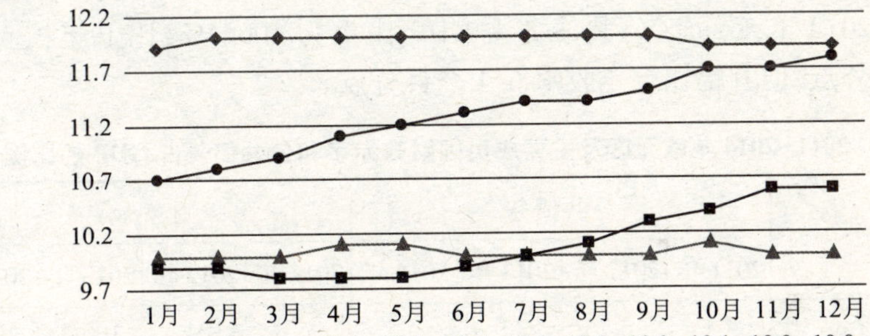

	1月	2月	3月	4月	5月	6月	7月	8月	9月	10月	11月	12月
2010年	10.0	10.0	10.0	10.1	10.1	10.0	10.0	10.0	10.0	10.1	10.0	10.0
2011年	9.9	9.9	9.8	9.8	9.8	9.9	10.0	10.1	10.3	10.4	10.6	10.6
2012年	10.7	10.8	10.9	11.1	11.2	11.3	11.4	11.4	11.5	11.7	11.7	11.8
2013年	11.9	12.0	12.0	12.0	12.0	12.0	12.0	12.0	12.0	11.9	11.9	11.9

图6　2010-2013 年欧元区失业率(%)

(六)信心指数从低位回升

2013 年,欧元区企业家信心指数和消费者信心指数均在波动中显著回升,扭转了前两年波动走低之势。其中,企业家信心指数从 1 月份的-13.3升至 12 月份的-3.4,消费者信心指数从-23.7 升至-13.5。

(七)财政赤字有所减少,但公共债务问题依然严峻

欧元区持续多年的财政整顿降低了财政赤字率,缓解了公共债务上升的压力。欧元区财政赤字占 GDP 比重从 2009 年 6.4%的峰值下降至

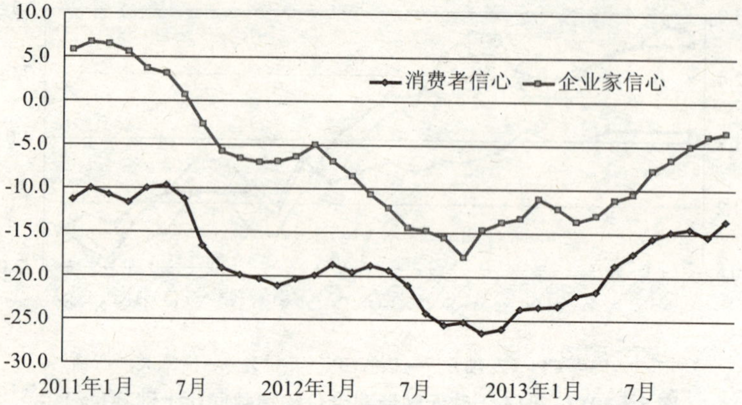

图7　2012－2013 年欧元区消费者信心指数和企业家信心指数

注：消费者信心指数及企业家信心指数为以零为基点的百分点差值。

2013 年的 2.9%。2013 年降幅达 0.8 个百分点，比上年扩大 0.4 个百分点。2013 年，欧元区公共债务占 GDP 比重为 106.4%，比上年扩大 2.1 个百分点，但升幅比上年收窄 6.4 个百分点。

表 1　2011－2014 年欧元区及主要成员国财政赤字和公共债务占 GDP 的比例（%）

	公共债务				财政赤字			
	2011 年	2012 年	2013 年	2014 年	2011 年	2012 年	2013 年	2014 年
欧元区	4.1	3.7	2.9	2.5	95.8	104.3	106.4	107.1
希腊	9.6	9.0	2.4	2.2	179.9	167.3	186.9	191.6
爱尔兰	13.1	8.1	7.4	5.0	102.8	127.5	132.3	130.8
西班牙	9.6	10.6	6.7	6.1	78.9	92.8	99.6	104.8
葡萄牙	4.3	6.5	5.7	4.6	118.4	134.5	135.4	137.9
意大利	3.7	2.9	3.0	2.8	124.0	142.2	145.7	146.7
荷兰	4.3	4.0	3.0	3.0	76.1	82.7	86.9	88.5
法国	5.3	4.8	4.2	3.7	99.3	109.3	113.0	115.8

注：2013 年为估计值，2014 年为预测值。

资料来源：OECD。

（八）债务危机继续缓解

1.国债收益率回落

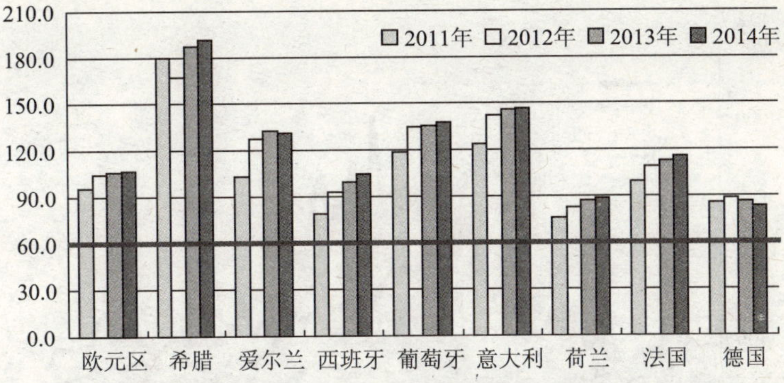

图8 2011–2014 年公共债务占 GDP 比重(%)

随着意大利、西班牙等南欧国家经济形势转好,其国债收益率持续下降。2013 年底,西班牙 10 年期基准国债收益率下跌至 4.05%,意大利 10 年期国债收益率下跌至 4.08%。总体来看,欧元区各国国债收益率差距正逐渐缩小,显示欧元区重债国经济形势有所改善。

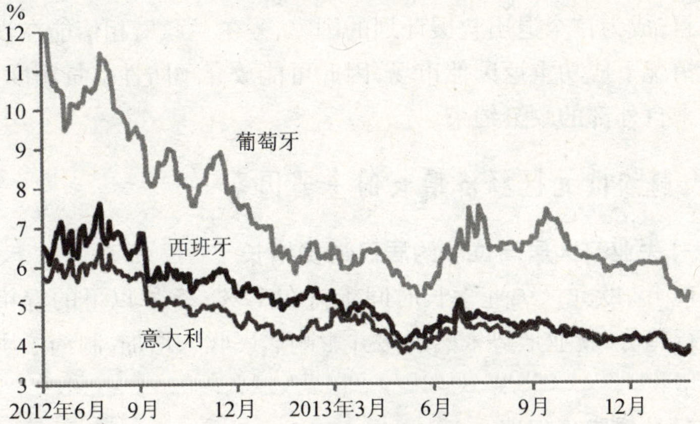

图9 10 年期国债收益率(%)

资料来源:蓬勃社。

2.主权 CDS 缩小

欧元区重债国家葡萄牙、西班牙和意大利的主权 CDS 利差从 2013 年 7 月起在波动中明显下降,表明市场对其信用风险的评估值急剧下降。

3.爱尔兰于 2013 年 11 月退出救援项目

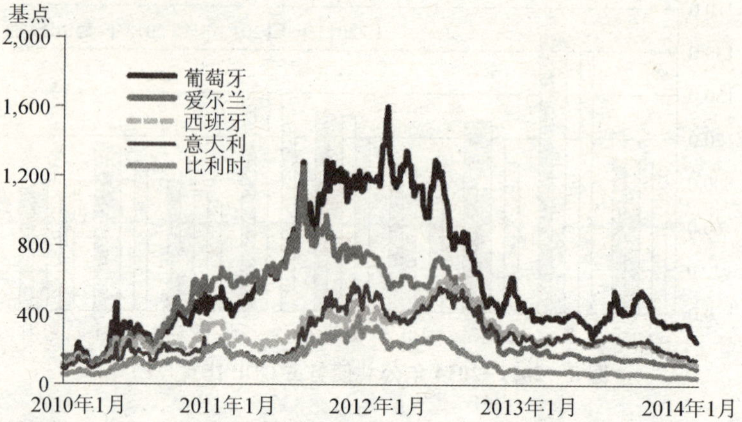

图 10　2010 年以来主权 CDS 利差

资料来源：世界银行。

爱尔兰政府在接受了国际货币基金组织（IMF）发放的最后一批救助贷款之后，于 2013 年 11 月 15 日宣布彻底退出 IMF、欧盟和欧洲央行的救援项目，成为首个退出救援计划的国家，爱尔兰政府相信能在没有外部保护的情况下成功重返国债市场，因此可能放弃预防性信贷额度，以进一步减轻来自外部的政策约束。

二、制约欧元区经济增长的主要因素

（一）失业率久居高位制约居民消费增长

2013 年，欧元区失业率长时间维持在 12%，25 岁以下的青年失业率仍呈上行趋势，就业形势依然严峻并影响居民收入增加，制约了居民消费和经济增长。

（二）信贷市场低迷

2013 年末，欧元区非金融部门的信贷余额为 4.4 万亿欧元，比 2012 年末下降 3%，已连续 19 个月负增长；家庭部门的消费信贷余额为 5.2 万亿欧元，比 2012 年末下降 0.1%。

（三）出现通缩风险隐忧

2013 年 10 月欧元区通胀率降至 0.7%，促使欧洲央行继 5 月份降息 25 个基点之后 11 月初再度降息 25 个基点，以刺激市场需求、缓解通缩风险和促进经济增长。

（四）吸引外资显著下降

2013 年，欧元区吸引外商直接投资 816 亿欧元，同比下降 57.7%；对外直接投资 1983 亿欧元，同比下降 16.5%；资金净流出 1167 亿欧元，同比上升 160.4%。

三、预计 2014 年欧元区经济将实现正增长

展望 2014 年，制约欧元区经济增长的因素仍将存在，乌克兰局势演变以及欧盟对俄罗斯制裁措施等还可能对欧元区经济增长造成不利影响。但综合分析，2014 年欧元区全年经济将实现正增长。

（一）欧债危机继续缓解

爱尔兰于 2013 年 12 月 15 日正式退出 850 亿欧元的援助项目后，在 2014 年 1 月上旬发售了 130 亿欧元的 10 年期国债，需求量远超预定发售量，爱尔兰财政部原计划发售 30 亿欧元到 35 亿欧元的国债，但高涨的投资者需求导致国债发售量和价格双双提升。由于经济增长和财政整顿，国际评级机构穆迪 2014 年 1 月 18 日宣布，将爱尔兰主权信用评级由 Ba1 上调至 Baa3，评级前景为“正面”。标普则在 2014 年 1 月 17 日宣布将葡萄牙主权信用评级从信用观察名单中撤出。另外，随着经济形势的好转，葡萄牙有望于 5 月中旬继爱尔兰之后成为第二个退出援助项目的国家。

（二）欧洲银行业联盟进展顺利

2013 年 10 月 15 日，欧盟财长会议通过了建立银行业单一监管机制的决议，为建立欧洲银行业联盟打下基础。12 月 17 日，欧盟部长理事会就共同存款保险机制达成协议。今年 3 月 20 日，欧洲议会、欧盟委员会和代表 28 个成员国的欧盟理事会宣布，经过谈判，三方就银行业单一清算机制规则取得一致，向建立欧洲银行业联盟迈出了最为关键的一步。

（三）欧洲央行年内可能推出新的宽松货币政策

面对通缩风险上升的形势，尽管 4 月份的货币政策例会上欧洲央行未如市场预期那样推出新的宽松货币政策，但一致同意授权欧洲央行必要时采用非常规的货币工具以有效对抗过久的低通胀风险，表明今后不久新推出宽松货币政策的可能性大大增加。

(四)外部经济环境好转

国际社会普遍预期 2014 年世界经济形势将略好于上年,全球 GDP 和贸易量增长均将有所加快,这将有利外贸依存度较高的欧元区经济的增长。

国际货币基金组织(IMF)2014 年 4 月预测 2014 年欧元区 GDP 增长 1.2%,世界银行 1 月和英国共识公司 3 月均预测增长 1.1%。欧盟委员会 2 月预测 2014 年欧元区 GDP 增长 1.2%。

表 2　欧元区 GDP 季度同比增长率预测(%)

	2008 年	2009 年	2010 年	2011 年	2012 年	2013 年	2014 年
第一季度	2.0	−5.4	1.0	2.7	−0.2	−1.2	1.0
第二季度	1.1	−5.3	2.2	1.8	−0.5	−0.6	1.0
第三季度	−0.1	−4.4	2.2	1.4	−0.7	−0.3	1.2
第四季度	−2.1	−2.3	2.3	0.7	−1.0	0.5	1.3

注:2014 年为预测值。

数据来源:英国共识公司 2014 年 3 月份预测。

(执笔:郭瑾;成文于 2014 年 3 月)

日本经济温和复苏可持续性存疑

——2013年日本经济回顾及2014年展望

在“安倍经济学”①政策刺激下，2013年日本经济得到温和复苏，国内消费有所回升，物价水平明显上涨，就业市场有所改善。但其贸易逆差和主权债务双双再创新高，政府财政不堪重负，政策刺激效力也不断减退，预计2014年日本经济将低速增长，长期持续增长遭受质疑。

一、2013年日本经济状况有所改善

2013年日本国内需求好转，出口回升，物价上涨，就业状况有所改善，股市大幅上涨。

（一）全年经济增长加快，但季度环比增长逐季放缓

2013年日本GDP增长1.5%，增速比上年加快0.1个百分点。虽然只有0.1个百分点的差距，但这一增速是在2012年1.4%的较快增长基数上实现的。分季度看，日本经济虽然摆脱了低迷状态，但增长呈逐季放缓态势。第一季度，日本GDP环比增长1.1%，结束了连续三个季度的下滑；二至四季度环比增速逐季放缓，分别为1.0%、0.2%和0.2%。从同比来看，一至四季度分别增长0%、1.2%、2.3%和2.6%。

（二）物价出现上涨，通缩风险缓解

在大规模货币供应量的作用下，2013年日本CPI上涨0.4%，为2009年以来首次上涨；剔除生鲜食品和能源的核心CPI同比下跌0.2%，降幅

---

① “安倍经济学”（Abenomics）是指日本第96任首相安倍晋三2012年底上台后加速实施的一系列刺激经济政策，力求通过创造通胀预期、刺激消费及投资，扭转通缩困境以及消费与投资极度的经济长期低迷状况。有三根支柱，即宽松的货币政策、积极的财政政策和结构性改革。

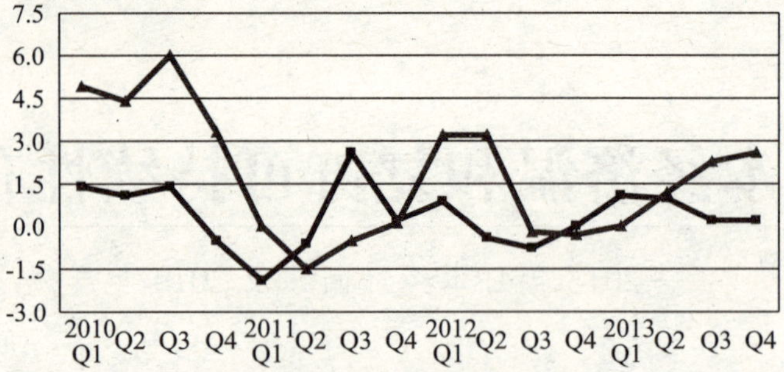

	2010 Q1	Q2	Q3	Q4	2011 Q1	Q2	Q3	Q4	2012 Q1	Q2	Q3	Q4	2013 Q1	Q2	Q3	Q4
环比	1.4	1.1	1.4	-0.5	-1.9	-0.6	2.6	0.2	0.9	-0.4	-0.8	0.0	1.1	1.0	0.2	0.2
同比	4.9	4.4	6.0	3.3	0.0	-1.5	-0.5	0.1	3.2	3.2	-0.2	-0.3	0.0	1.2	2.3	2.6

图 1　2010-2013 年日本季度 GDP 增长率(%)

比上年收窄 0.4 个百分点。日本消费价格 4、5 月份跌幅缩小,6-12 月份持续上行,12 月份升至 1.6%,已逼近央行 2%的通胀目标。核心消费价格也止降回升,从 1 月份的下跌 0.7%逐渐回暖至 12 月份的上涨 0.7%。

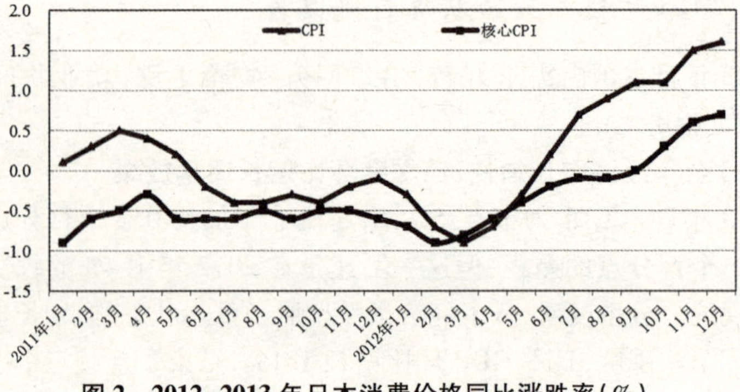

图 2　2012-2013 年日本消费价格同比涨跌率(%)

(三)出口逊于进口,逆差再创新高

2013 年日元持续大幅贬值,在拉动了出口回升的同时,也导致进口成本增加。2013 年,日本出口总额为 69.8 万亿日元,增长 9.5%;进口总额为 81.2 万亿日元,增长 14.9%。2013 年日本贸易逆差高达 11.5 万亿日元,是 2012 年的 1.7 倍,创 1979 年有纪录以来的新高,连续 3 年出现贸易逆差。

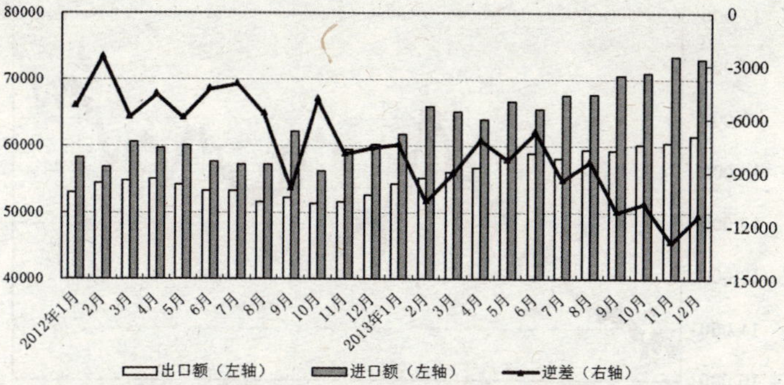

图 3　2012-2013 年日本进出口贸易(亿日元)

(四)就业市场改善,招聘岗位增加

2013 年,日本失业率为 4.0%,比上年下降 0.3 个百分点,连续三年改善;有效求人倍率为 0.93,创 2008 年以来最高。12 月份有效求人倍率为 1.03,是 2007 年 11 月份以来首次超过 1,意味着每 100 个求职者对应 103 个就业岗位。

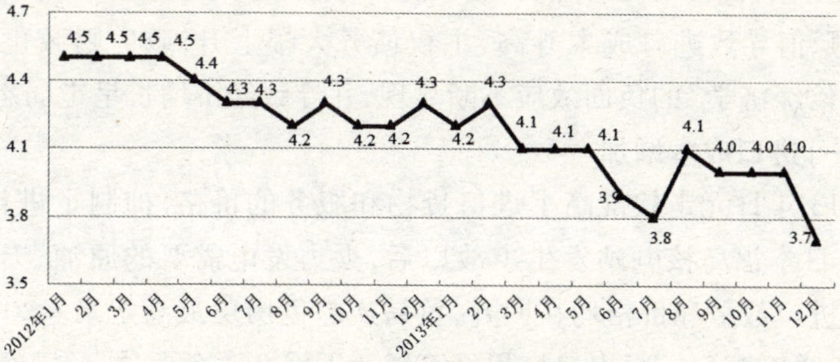

图 4　2012-2013 年日本失业率走势(%)

(五)股市大幅上涨,日元持续贬值

2013 年,日经 225 种股票价格指数平均为 13595 日元,比上年大幅上涨 49.4%,结束了连续两年的下跌。日元继 2012 年开始贬值之后,2013 年相对于美元和人民币又分别大幅下跌 18.2%和 20.3%,连续两年贬值。

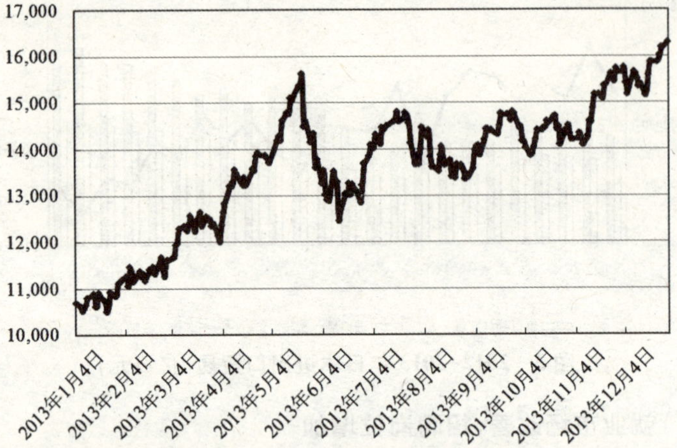

图 5　2013 年日经 225 指数走势

二、"安倍经济学"负面效应显现

2013 年，日本的经济好转，主要是"安倍经济学"政策刺激所致。由于日元贬值导致进口成本升高，主权债务大幅上升，政府财政也不堪重负，"安倍经济学"的负面效应不断显现，并导致经济增长呈走弱态势。

（一）进口成本增加

2013 年日元走软推高了进口货物和服务的价格，抑制了进口需求。2011 年日本福岛核电站发生事故以后，火力发电需要的原油、天然气及煤炭的进口数量和价格均在回升，贸易逆差创历史最高纪录。2013 年日本 GDP 增长 1.5%，净出口拖累经济增速下滑 0.3 个百分点，已经连续三年掣肘经济复苏。

（二）政策刺激效力减退

"安倍经济学"中宽松货币政策和积极财政政策效果，短期内推动了日元快速贬值、物价上涨和股市回升，推动了经济增长。但其固本培元的结构性改革进展迟缓，经济增长的持续性受到普遍质疑。2013 年日本经济增长 1.5%，其主要动力来自个人消费和政府支出，分别贡献 1.2 和 0.4 个百分点。但从分季度情况看，个人消费增长有放缓趋势，一至四季度环比增速分别为 1.6%、0.6%、0.2%和 0.4%。

(三)主权债务再创新高

主权债务不断攀高是20多年来困扰日本经济的顽疾。安倍上台以来,大规模的财政刺激政策导致政府债务规模再创新高。截止2013年12月31日,日本主权债务(包括国债、政府短期证券和借款)余额高达1017.9万亿日元,首次突破1000万亿日元。2013年的主权债务余额与国内生产总值比例高达212.8%,较上年又提高了2.3个百分点,居发达国家首位。

(四)政府财政不堪重负

2013财年(为当年4月至次年3月)日本政府债务支出预计为22.2万亿日元,占财政支出总额的24%。2014财年日本财政预算为95.9万亿元,达到历史最高,约有43%的巨额缺口需要依靠发行国债来填补,其“以债养债”模式极易陷入债务规模螺旋上升的恶性循环。

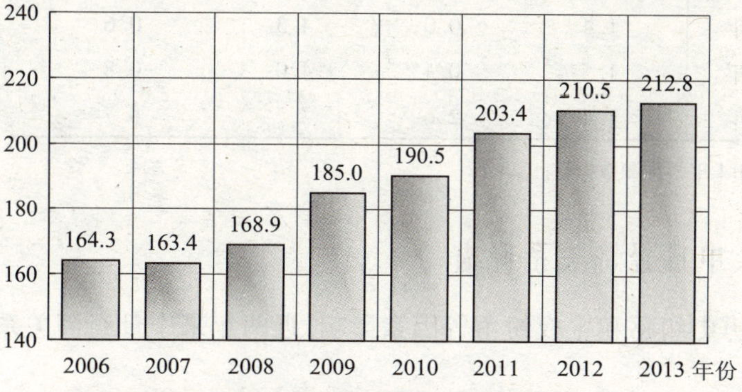

图6 日本政府主权债务占GDP比重(%)

三、2014年日本经济增长将放缓

日本经济的基本面并无实质性改善,加上今年消费税率上调和刺激性政策的负面效应,2014年日本经济将放缓。

为了增加政府收入、重建财政平衡,日本政府决定于4月1日起将消费税从目前的5%提高到8%,这是1997年以来日本政府首次提高消费税率。由于个人消费是日本经济增长的重要拉动力,消费税率的提高势必会在一定时间内抑制个人消费,并抑制企业投资、生产和住宅投资等,拖累经济复苏。

据英国共识公司(Consensus Forecast)2014 年 3 月份预测,2014 年,日本经济将增长 1.4%,比上年小幅回落 0.1 个百分点;消费价格将上涨 2.6%,涨幅比上年大幅提高 2.2 个百分点,从 1992 年以来将首次突破 2%的通胀目标;失业率预计为 3.7%,比 2013 年下降 0.3 个百分点;工业生产增长 4.7%,上年为下降 0.8%;个人消费支出增长 0.6%,增幅与上年持平。

表 1　2014 年日本经济主要指标预测(%)

	GDP 增长率	消费价格上涨率	失业率	工业生产增长率	个人消费支出增长率
2009 年	-5.5	-1.4	5.1	-21.9	-0.7
2010 年	4.7	-0.7	5.1	15.6	2.8
2011 年	-0.5	-0.3	4.6	-2.8	0.5
2012 年	1.4	0.0	4.3	0.6	2.3
2013 年	1.5	0.4	4.0	-0.8	0.6
2014 年	1.4	2.6	3.7	4.7	0.6

注:2014 年为预测数据。

四、中日经济关系降温

受历史纠葛和主权纷争等因素影响,近两年来中日经济关系呈现降温态势。

(一)双边贸易有所下降

2013 年,我国进出口总值为 25.83 万亿元人民币(4.16 万亿美元),比上年增长 7.6%。但中日双边贸易总值为 3125.5 亿美元,下降 5.1%。我国对日本出口 1502.8 亿美元,下降 0.9%;自日本进口 1622.8 亿美元,下降 8.7%,其中汽车进口大幅下滑 35.1%;对日贸易逆差为 119.9 亿美元,收窄了 54%。

(二)日本对华直接投资减少

2013 年,我国实际使用外资金额 1175.86 亿美元,增长 5.3%。但日本对华投资为 70.64 亿美元,下降 4.3%,而美国和欧盟 28 国分别对华实际投入外资 33.53 亿美元和 72.14 亿美元,分别增长 7.1%和 18.1%。

(三)贸易合作与摩擦并存

2013年中日韩多边自贸协定(FTA)谈判开启,分别于3月、7月和11月进行了三轮的谈判,受敏感产业、谈判方积极性等因素影响,谈判进展缓慢。而日本积极参加TPP谈判,谋求在亚洲的主导权。2014年2月份,日本政府意外宣布对中国产甲苯二异氰酸酯(简称TDI)展开为期约一年的反倾销调查,并将在调查结束后决定是否征收反倾销税。显而易见,中日既是合作伙伴,又是竞争对手,经济合作和贸易摩擦并存。

(执笔:邹丽婷;成文于2014年3月)

2013 年新兴经济体经济回顾及 2014 年初步展望

新兴经济体的整体经济运行不断呈现新的特征，密切关注其发展变化对于把握全球经济形势具有重要意义。我们以 20 国集团中的 11 个发展中国家阿根廷、巴西、中国、印度、印度尼西亚、韩国、墨西哥、俄罗斯、沙特阿拉伯、南非和土耳其作为新兴经济体的代表，对其经济形势变化的特点、发展趋势以及与世界经济的相互影响进行了分析。

一、新兴经济体经济在调整中复苏

新兴经济体在 2013 年仍然保持了持续复苏的态势，但复苏的步伐并不快。这既有全球经济复苏缓慢的影响，也有这些国家主动调整增长方式的内在因素。

（一）整体经济增速基本与上年持平

新兴经济体 2013 年的经济增长预计为 3.7%，较上年回落约为 0.1 个百分点。从季度同比增速看，新兴经济体均呈现出在波动中增长的态势。

韩国和巴西四季度同比增长分别为 4.0% 和 2.0%，保持了增长态势，但整体增速并不快；南非四季度同比增长 2.1%，比前三个季度加快了 0.3 个百分点。土耳其增长较快，第三季度同比增长 4.7%，比一季度加快了 1.3 个百分点；阿根廷第三季度同比增长 5.6%，比一季度加快 2.0 个百分点。印度、沙特、印尼等经济体增速相对较快。印度第四季度经济同比增长 4.7%，比一季度略微加快了 0.3 个百分点；沙特增长 4.7%，比一季度加快 2.0 个百分点；印尼同比增长 5.7%，略微回落了 0.4 个百分点。俄罗斯和墨西哥增长明显放慢，平均仅增长 1.3%。俄罗斯

表 1　新兴经济体经济增速

	巴西	阿根廷	韩国	土耳其	南非	俄罗斯	墨西哥	印度	沙特	印尼	中国
2012.1	0.7	4.5	2.6	2.3	2.5	4.1	3.8	5.5	7.1	6.3	7.9
	(−0.2)	(0.4)	(0.7)	(−0.4)	(0.6)	(−0.1)	(0.6)	(1.1)	(0.9)	(1.4)	(1.4)
2	0.5	0.7	2.2	3.0	2.7	4.4	4.5	4.7	5.9	6.4	7.7
	(0.2)	(−0.7)	(0.4)	(1.4)	(0.7)	(0.7)	(1.6)	(0.7)	(1)	(1.6)	(2.1)
3	1.0	0.6	1.5	2.0	2.5	3.8	3.1	4.6	6.3	6.3	7.6
	(0.5)	(0.7)	(0)	(0.3)	(0.3)	(0.9)	(0)	(1.2)	(1.5)	(1.4)	(2)
4	1.8	1.9	1.5	1.5	2.2	1.7	3.3	4.4	4.0	6.2	7.7
	(0.9)	(1.5)	(0.4)	(0.2)	(0.6)	(0.2)	(0.9)	(1.3)	(0.5)	(1.7)	(1.9)
2013.1	1.7	3.6	1.5	3.4	1.8	2.0	2.8	4.3	2.7	6.1	7.7
	0.0	(2.1)	(0.7)	(1.5)	(0.2)	(0.2)	(0.2)	(1.1)	(−0.4)	(1.3)	(1.5)
2	3.3	6.6	2.2	4.1	1.9	1.3	0.5	4.5	3.8	5.8	7.6
	(1.8)	(2.2)	(1.1)	(2)	(0.8)	(−0.1)	(−0.7)	(0.9)	(2.1)	(1.3)	(1.8)
3	2.2	5.6	3.3	4.7	1.8	0.6	1.4	4.8	4.0	5.6	7.7
	(−0.5)	(−0.2)	(1.1)	(0.9)	(0.2)	(0.2)	(0.9)	(1.5)	(1.7)	(1.2)	(2.2)
4	2.0		4.0		2.1		0.6	4.7	4.7	5.7	7.7
	(0.7)		(1.1)		(0.9)		(0.2)	(1.2)	(1.2)	(1.7)	(1.8)
2013 年	2.3	*4.9*	2.8	4.0	1.9	*1.3*	1.3	4.6	3.8	5.8	7.7
2014 年	2.8	1.8	3.6	2.1	2.6	2.0	3.2	5.4	4.1	5.4	7.5 左右

注：括号中为环比增长率，2013 年红色斜字体以及 2014 年数据为预计值。资料来源：各国统计局。

第三季度经济同比增长 0.6%，比前两个季度大幅回落；墨西哥从一季度的 2.8%持续回落，第四季度同比增长 0.6%。韩国、巴西、南非增长都在 3.0%以下。

(二)消费者价格水平总体处于可控区间

总体看，新兴经济体消费者价格指数上涨幅度不大，2013 年估计数为 5.9%，基本与上年持平。但个别经济体面临的价格上涨压力较大，印尼的通胀状况较为严重，其 CPI 从 1 月份的 4.6%涨至 12 月份的 8.4%。

从各经济体的通胀调控目标看，中国、韩国和沙特的消费者价格上涨处于比较合理的区间，在 1.0%-3.0%之间，这三个国家的消费者价格上涨率都显著低于其经济增长率。

从价格涨落趋势看，韩国、沙特、巴西、印度全年消费者价格呈持续回落趋势。韩国已经回落至 1.0%左右；印度从 1 月份的 10.8%回落至 9.1%；中国和南非先涨后落。中国从年初的 2.0%上涨到 10 月的高点 3.2%，然后又回落至年底的 2.5%；南非从年初的 5.4%上涨到 8 月的高点 6.4%，后又回落至年底的 5.4%；土耳其、墨西哥的价格水平上涨幅度不大，但一直保持着上涨态势。土耳其从年初的 7.3%上涨到年底的 7.4%，墨西哥也从 3.3%持续上涨到 4.0%。阿根廷的通胀保持在高位，是目前新兴经济体中唯一一个消费者价格指数呈两位数增长的国家。

(三)失业率总体下降

随着经济增长，新兴经济体的就业市场有所好转，2013 年失业率的估计值为 7.6%，比上年下降 0.5 个百分点左右。除了韩国以外，中国的失业率最低(失业统计口径与其他国家不同)。韩国失业率在 2013 年呈现上升趋势，从年初的 3.2%升至年底的 3.9%。巴西和俄罗斯的失业率虽呈降低趋势，但都在 5.0%以上。墨西哥为 4.9%。印尼、印度和阿根廷虽然波动幅度不大，但都在 6.0-7.0%的高位区间。土耳其和南非的失业率最高，其中土耳其失业状况加剧，已经突破两位数；南非失业率常年高达 25%。

现上升趋势，从年初的 3.2%升至年底的 3.9%。巴西和俄罗斯的失业率虽呈降低趋势，但都在 5.0%以上。墨西哥为 4.9%。印尼、印度和阿根廷虽然波动幅度不大，但都在 6.0-7.0%的高位区间。土耳其和南非的失业率最高，其中土耳其失业状况加剧，已经突破两位数；南非失业率

表 2　新兴经济体消费者价格上涨率（同比：%）

	韩国	中国	墨西哥	印尼	沙特	俄罗斯	巴西	南非	土耳其	印度	阿根廷
2013.1	1.5	2.0	3.3	4.6	3.9	7.1	6.2	5.4	7.3	10.8	
2	1.4	3.2	3.6	5.3	3.9	7.3	6.3	5.9	7.0	10.9	
3	1.3	2.1	4.3	5.9	3.9	7.0	6.6	5.9	7.3	10.4	10.8
4	1.2	2.4	4.6	5.6	4.0	7.2	6.5	5.9	6.1	9.4	
5	1.0	2.1	4.6	5.5	3.8	7.4	6.5	5.6	6.5	9.3	
6	1.1	2.7	4.1	5.9	3.4	6.9	6.7	5.5	8.3	9.9	10.4
7	1.6	2.7	3.5	8.6	3.7	6.5	6.3	6.3	8.6	9.6	
8	1.5	2.6	3.5	8.8	3.6	6.5	6.1	6.4	8.3	9.5	
9	1.1	3.1	3.4	8.4	3.2	6.1	5.9	6.0	7.9	9.8	10.6
10	0.9	3.2	3.4	8.3	3.0	6.3	5.8	5.5	7.7	10.2	
11	1.2	3.0	3.6	8.4	3.1	6.5	5.5	5.3	7.4	11.5	
12	1.1	2.5	4.0	8.4	3.0	6.5	5.9	5.4	7.4	9.1	10.7
2014.1	1.1	2.5	4.5	8.2	2.8	6.1	5.6	5.8	7.7	7.2	
2	1.0	2.0	4.2	7.8	2.7	6.2	5.7	5.9	7.9		
2013 年	1.2	2.6	3.8	6.9	3.5	6.8	6.2	5.8	7.5	10.1	10.6
2014 年	1.7	2.9	4.5	7.0	3.6	6.5	5.0	5.4	8.0	7.3	21.8

注：2014 年数据为预测值。资料来源：各国统计局。

表 3　新兴经济体失业率

	巴西	俄罗斯	韩国	墨西哥	土耳其	印度	中国	阿根廷	南非	印尼	沙特
2013.1	5.4	6.0	3.2	5.4							
2	5.6	5.8	3.5	4.8							
3	5.7	5.7	3.2	4.5	9.4	7.0	4.1	7.8	25.2	6.0	5.8
4	5.8	5.6	3.1	5.0							
5	5.8	5.2	3.2	4.9							
6	6.0	5.4	3.2	5.0	9.6	7.0	4.1	7.1	25.6	6.0	5.7
7	5.6	5.3	3.2	5.1							
8	5.3	5.2	3.1	5.2							
9	5.4	5.3	3.0	5.3	10.1	7.0	4.0	6.7	24.7	6.1	5.6
10	5.2	5.5	3.0	5.0							
11	4.6	5.4	2.9	4.5							
12	4.3	5.6	3.0	4.3	10.2	7.0	4.1	6.7	24.1	6.1	5.5
2014.1	4.9	5.6	3.2	5.1							
2	5.1	5.6	3.9	4.6							
2013	5.5	5.5	3.1	4.9	9.8	7.0	4.1	7.1	24.9	6.1	5.7
2014	5.1	6.0	3.1	4.4	10.3	7.0	4.1	7.0	24.5	6.5	5.5

注:2014 年数据为预计值。资料来源:各国统计局。

表 4　新兴经济体出口(亿美元)

	阿根廷	南非	土耳其	印尼	巴西	印度	沙特	墨西哥	俄罗斯	韩国	中国
2013.1	56.7	70.7	114.8	153.5	159.7	257.8		273.0	388.6	456.7	1873.7
2	57.4	80.6	123.9	145.7	155.5	266.7		291.5	418.5	423.3	1393.7
3	59.7	79.4	131.2	153.1	193.2	307.4	905.7	318.8	445.1	473.1	1821.9
4	75.7	83.0	124.7	149.4	206.3	241.9		328.6	444.8	461.6	1870.6
5	84.3	80.7	132.8	157.6	218.2	246.4		328.4	410.2	483.1	1827.7
6	75.5	77.1	123.9	148.5	211.3	237.2	902.4	310.2	419.1	466.9	1743.2
7	78.3	87.7	130.6	154.0	208.1	255.4		322.1	438.0	458.3	1859.9
8	77.4	80.3	111.2	135.2	214.2	262.5		326.7	426.0	463.1	1906.1
9	70.0	76.9	130.6	152.3	210.0	278.6	950.0	313.9	448.5	446.5	1856.4
10	72.7	85.0	120.6	158.4	228.2	272.6		350.9	435.6	504.8	1854.1
11	68.3	84.6	142.0	158.3	208.6	238.0		317.0	467.4	479.1	2022.0
12	54.5	74.7	131.9	169.4	208.5	259.5		320.9	491.6	479.8	2077.4
2014.1	52.3	71.3	124.7	143.9	160.3	267.5		270.4	394.6	456.0	2071.3
2	53.9				159.3	256.9		305.2		429.8	1140.9
2013	830.3	958.4	1518.1	1835.5	2421.8	3117.2	3718.1	3802.0	5233.3	5596.3	22106.6
2014	870.4	988.3	1669.1	1915.6	2988.3	3205.8	3986.4	3990.5	5897.9	6091.7	23966.2

注:2013 年斜字以及 2014 年数据为预计值。资料来源:各国统计局。

常年高达25%。

(四)出口增长加快

当前新兴经济体的出口贸易额增长加快。中国、韩国、俄罗斯、印度和墨西哥等较大的出口国增长依然保持较快态势。中国和俄罗斯12月出口为分别2077.4和491.6亿美元,为全年的较高水平;韩国和墨西哥10月份分别出口504.8和350.9亿美元,创造了本国历史最高水平;印度3月达到历史最高值307.4亿美元,但12月出口降为259.5亿美元;土耳其、巴西和印尼等国呈平稳波动态势,但波动幅度不大。沙特出口呈现增长趋势,从一季度的905.7亿美元一直增加至三季度的950亿美元。阿根廷和南非出口先升后降。阿根廷12月份出口54.5亿美元,低于年初的56.7亿美元,更低于5月的84.3亿美元的年内高点;12月份南非出口74.7亿美元,高于年初的70.7亿美元,但低于7月87.7亿美元的年内高点。

二、新兴经济体面临的主要问题

新兴经济体具有很大的增长潜力,但一些制约经济进一步增长的因素也存在,如长期增长率放慢、环境约束与环境成本上升、价格水平易受国际大宗商品价格波动影响等等。

(一)长期增长率有可能放慢

短期来看,外部环境恶化是新兴经济体减速的直接诱因。新兴经济体的一个主要特征是对外部需求的依存度较高,发达国家的需求疲软客观上抑制了新兴经济体的快速增长。长期来看,新兴经济体面临的内外部环境都将发生重大变化,目前的经济减速有可能成为中长期内潜在增长率下调的一个标志:尽管新兴经济体经济增速会继续高于发达国家的水平,也会高于全球的平均水平,但很难再回升到危机发生前10年的高速增长状态。

(二)环境约束与环境成本上升

当前,寻找新一轮经济增长周期的支柱产业成为各国的一项战略任务。其中,低碳经济被人们看成是一个潜在的经济增长点。但由于发展中国家与发达国家在气候变化谈判中存在分歧,全球气候变化规则尚未最终形成。但可以肯定,制定全球气候变化规则是大势所趋。与发达国

表 5　新兴经济体贸易差额（亿美元）

	印度	土耳其	南非	墨西哥	印尼	巴西	阿根廷	韩国	俄罗斯	沙特	中国
2013.1	−189.8	−73.2	−20.1	−36.6	−3.6	−49.4	2.8	3.8	172.1		291.5
2	−141.2	−70.1	−2.9	−6.7	−6.2	−20.9	5.2	18.7	153.3		152.3
3	−98.1	−74.4	−1.5	9.9	1.4	−7.3	5.1	33.4	157.7	492.5	−8.2
4	−179.1	−103.6	−9.8	−20.8	−13.3	−19.8	11.5	25.1	142.7		181.6
5	−200.6	−99.7	−4.1	−13.3	−8.7	−2.0	13.4	59.2	146.1		204.2
6	−121.6	−86.2	−1.1	0.9	−9.2	14.5	11.6	59.7	135.8	456.4	271.2
7	−124.8	−99.1	−5.6	−23.0	−23.5	−28.6	7.7	24.5	133.1		178.2
8	−106.0	−70.8	−10.6	−10.9	2.9	3.1	5.7	47.2	139.8		285.2
9	−63.6	−75.6	−11.2	−1.3	−2.1	13.0	8.5	36.0	159.2	577.1	152.2
10	−106.2	−74.3	−10.1	−10.3	0.8	−12.1	7.1	48.8	127.1		311.1
11	−98.6	−72.0	0.2	−4.4	7.7	8.6	9.0	48.0	165.5		338.0
12	−105.1	−99.5	2.5	8.7	15.5	18.0	2.7	36.3	158.0		256.4
2014.1	−99.1	−68.2	−15.7	−40.6	−8.2	−50.0	0.4	7.8	188.6		318.7
2	−81.3			1.3		−29.7	0.4	9.3			−229.9
2013	−1546.0	−998.4	−74.1	−107.5	−38.2	−82.7	90.2	440.5	1790.4	2114.9	2613.6
2014	−1505.4	−911.2	−40.9	−33.0	87.2	12.9	65.8	486.9	1992.6	2358.1	2910.8

注：2013 年斜字以及 2014 年数据为预计值。资料来源：各国统计局。

家相比,新兴经济体工业化进程尚未完成,以高碳排放为特征的重化工业还将是经济增长的支柱产业,加上低碳技术研发能力的限制,一旦全球气候变化规定付诸实施,新兴经济体工业化进程将会面临全新环境约束。

(三)贸易不平衡状况仍需改善

新兴经济体国家的国际贸易不平衡问题主要表现为盈余国家顺差缩小不明显或逆差持续增加。印度和土耳其是传统的贸易赤字国家,2013年印度贸易逆差为1546亿美元,土耳其为998.4亿美元。作为传统贸易逆差国家的南非和墨西哥经历了先缩小再扩大的走势,贸易不平衡又开始扩大。长期贸易顺差国中国、韩国、沙特、阿根廷和俄罗斯的平衡状况在不断改善,2013年总体呈现了盈余减少的走势。印尼和巴西基本上处于贸易平衡的经济发展模式,在经济发展过程中并没有出现较大的不平衡,但存在着扩大的趋势。

(四)大宗商品价格上升趋势不会轻易改变

新兴经济体的工业化发展速度与大宗商品价格上升趋势客观上形成了正相关。国际金融危机前的10年间,全球大宗商品价格出现了巨幅上涨,与20世纪稳中有降的走势形成了鲜明的反差,其上涨幅度抵消了过去一个世纪的下降幅度。金融危机爆发之后,大宗商品价格有所回调,但未来其上升趋势仍将会持续。原因是,一方面后危机时代全球流动性泛滥,另一方面,更重要的是,超过世界总人口80%的发展中国家都将迈入工业化的进程。这种强大持续的需求是人类历史上所没有过的。大宗商品价格上升,对一部分新兴经济体的资源出口来说是一个福音,但对多数新兴经济体来说是一项挑战。

三、新兴经济体增长展望

(一)经济增速回落,但仍将保持在一定水平

当前世界经济虽然已经有所复苏,尤其是美国经济增长较好,但新兴经济体仍然处于整体减速的态势之中。预计2014年新兴经济体经济增长3.7%,与上年基本持平。其中中国仍将保持较快增速7.5%左右;巴西、土耳其、南非和俄罗斯增速处于2-3%之间;韩国和墨西哥增速在3-4%的水平上;沙特增长将超过4%;印度和印尼仅次于中国,增长率将保持在5.0%以上;由于社会动荡,预计阿根廷的增长不到2.0%。

(二)短期内价格水平在可控范围之内

不考虑当前阿根廷严重的通货膨胀,2014 年新兴经济体的消费者价格上涨率将仍然维持在 2%~8%的区间,平均为 5.2%左右,比上年回落 0.2 个百分点。需要注意的是,印度与俄罗斯两个国家在过去一年中成功地控制了通胀,目前虽然较高,但已经处于可以承受的范围之内。

(三)就业状况改善需要较长时间

目前来看,新兴经济体的失业率将长期保持在目前的水平。主要原因:一是新兴经济体正面临着新一轮的经济结构调整,势必将淘汰一些落后的产能和产业,会使得就业压力加大。二是经济增速放慢不可能大规模地创造就业机会,只有在经济进入快速增长期,才会形成较多的新就业岗位。

(四)加快贸易发展仍是重要发展战略

外向型模式是新兴经济体取得成功的必要条件。像巴西、阿根廷、印度等国都是放弃了原先的"进口替代"模式之后,才走上经济起飞之路的。在经济全球化背景下,外部冲击不应该成为放弃外向型模式的理由。虽然目前全球需求增速放缓,但新兴经济体占世界货物贸易出口总额的 30%、进口总额的 25%,占世界服务贸易出口总额的 20%、进口总额的 23%,说明对外贸易还有较大的发展潜力和空间。所以继续发展贸易,包括与发达国家之家的贸易以及相互之间的贸易就成为重要的战略方向。

(执笔:马岩;成文于 2014 年 2 月)

专栏

2013 年中国经济总量超过 9 万亿美元 人均 GDP 提升至 84 位

据国际货币基金组织《2014 年世界经济展望春季报告》(简称 WEO),2013 年中国 GDP 为 91814 亿美元,占世界的比重由上年的 11.4%提高到 2013 年的 12.4%,相当于美国的比例由上年的 50.6%提高到 54.7%,与美国的差距进一步缩小。

2013 年 GDP 位居世界前十位国家分别是美国、中国、日本、德国、法国、英国、巴西、俄罗斯、意大利和印度(见表 1)。

表 1 2012-2013 年国内生产总值位列世界前十位的国家

单位:亿美元

	2013 年			2012 年		
	GDP	位次	占世界比重(%)	GDP	位次	占世界比重(%)
世界	739821		100.0	721058		100.0
美国	167997	1	22.7	162446	1	22.5
中国	91814	2	12.4	82294	2	11.4
日本	49015	3	6.6	59378	3	8.2
德国	36360	4	4.9	34279	4	4.8
法国	27374	5	3.7	26127	5	3.6
英国	25358	6	3.4	24844	6	3.4
巴西	22429	7	3.0	22477	7	3.1
俄罗斯	21180	8	2.9	20043	9	2.8
意大利	20720	9	2.8	20144	8	2.8
印度	18707	10	2.5	18587	10	2.6

资料来源:国际货币基金组织《2014 年世界经济展望春季报告》。

2013 年中国人均 GDP 为 6747 美元,比上年增加 669 美元,居世界的位次由上年的第 88 位提高到第 84 位,前进了 4 位。

2013 年人均 GDP 位居世界前十位的国家分别是卢森堡、挪威、卡塔尔、瑞士、澳大利亚、丹麦、瑞典、新加坡、美国和加拿大。2013 年中国人均 GDP 仅相当于卢森堡的6.1%、挪威的6.7%、美国的12.7%，与发达国家的差距十分明显(见表2)。在金砖国家中，中国的人均GDP高于印度，首次超过南非，但与俄罗斯和巴西仍有一定距离。

表2 2012-2013年主要经济体人均GDP

单位:美元

国家	2013年		2012年	
	金额	位次	金额	位次
卢森堡	110424	1	103807	2
挪威	100318	2	99249	3
卡塔尔	100260	3	104756	1
瑞士	81324	4	79344	4
澳大利亚	64863	5	67856	5
丹麦	59191	6	56476	6
瑞典	57909	7	54829	7
新加坡	54776	8	53516	8
美国	53101	9	51709	10
加拿大	51990	10	52489	9
中国	6747	84	6078	88
俄罗斯	14819	51	14016	49
印度	1505	144	1515	142
巴西	11311	62	11437	63
南非	6621	86	7314	77

资料来源:国际货币基金组织《2014年世界经济展望春季报告》。

(执笔:任小燕;成文于2014年3月)

美国房地产市场强劲复苏 欧洲国家房市初现向好迹象

——2013 年全球主要国家房地产市场形势分析

2013 年，世界经济整体呈现缓慢复苏态势。美国经济加速复苏，欧洲经济有望摆脱衰退，亚太各主要国家（地区）经济保持较快增长。经济形势向好带动全球主要经济体房地产市场形势趋好。

一、美国房地产市场强劲复苏

2013 年，美国建筑市场加速回暖，销售量和房价稳定回升，房地产市场呈现强劲复苏态势。

（一）建筑商信心大幅改善，新房开工量持续增长。 2013 年，美国建筑商信心指数屡创新高，从 1 月份的 47 升至 12 月份的 58，2013 年 6 月开始持续保持在 50 临界点之上，显示出建筑商普遍看好未来房地产市场发展。新房开工数量直线上升。2013 年，新房开工 92 万套，比上年增长 18.2%，连续 4 个月增长。全年发放建筑许可证 98 万套，比上年增长 17.5%。新房开工和建筑许可证发放数量均已超过 2008 年水平。分月看，新房开工量从 1 月份的 90 万套增加到 11 月份 109 万套，同比增速基

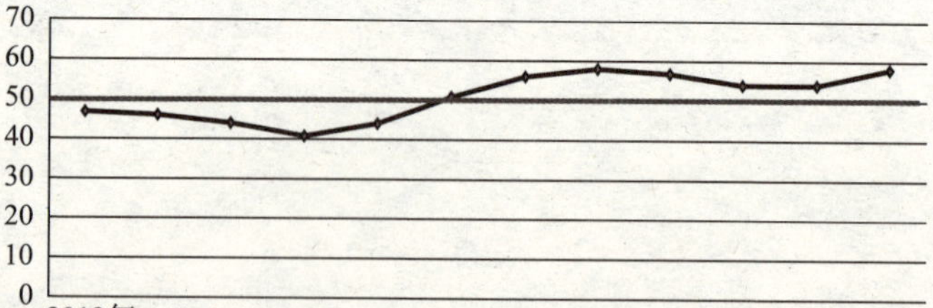

	2013年1月	2月	3月	4月	5月	6月	7月	8月	9月	10月	11月	12月
信心	47	46	44	41	44	51	56	58	57	54	54	58

图 1　美国建筑商信心指数

本保持在20%以上。建筑许可证发放量从1月份的92万套增加到101万套,同比增速连续27个月正增长。

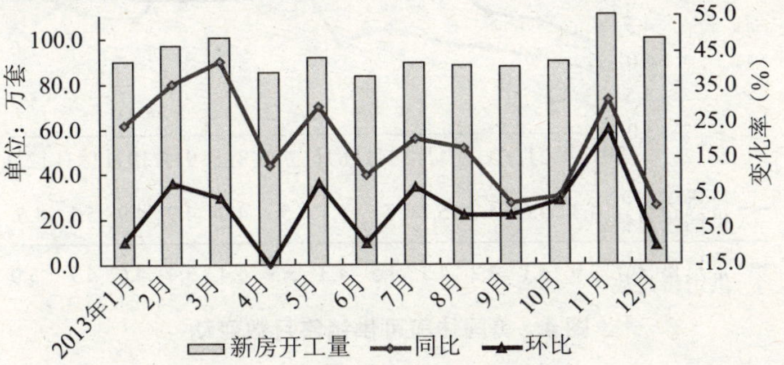

图2 美国新房开工数量变化

(二)销售量继续增加,库存压力不断得到释放。销售量显著增加。2013年,共销售现房509万套,同比增长9.2%,连续三年增加,已经接近危机前560万套水平。全年新房销售量从上年的36.8万套增加到42.8万套,增长了16.3%,连续两年增加。**库存压力继续得到释放。**2013年,现房存量房数量为208万套,明显低于2007年397万套水平。2013年,待售现房和新房可供销售月数分别降至4.9和4.6个月,均继续保持在6个月健康水平之下。

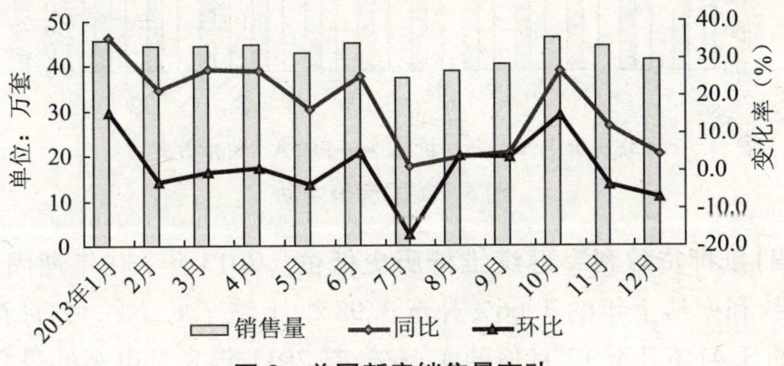

图3 美国新房销售量变动

(三)房价稳定回升。2013年,美国现房和新房中位数价格从上年的17.7万美元/标准套和24.5万美元/标准套升至19.7万美元/标准套和26.6万美元/标准套,分别比上年上涨11.5%和8.4%,其中,新房价格已经恢复至金融危机前水平,现房价格也逼近2008年水平。11月份,

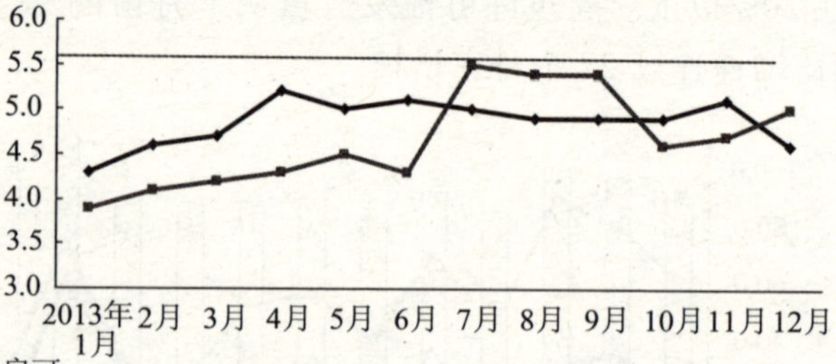

	2013年1月	2月	3月	4月	5月	6月	7月	8月	9月	10月	11月	12月
待售现房可供销售月数	4.3	4.6	4.7	5.2	5	5.1	5	4.9	4.9	4.9	5.1	4.6
待售新房可供销售月数	3.9	4.1	4.2	4.3	4.5	4.3	5.5	5.4	5.4	4.6	4.7	5.0

图 4　美国住房可供销售月数变动

FHFA 房价指数从 1 月份的 194. 7 升至 207. 1，连续 22 个月上升，同比增速从 6. 6%扩大至 7. 6%。房价上涨使得房屋净值明显回升。2013 年 12 月份，仅有 930 万套住房属于“重度溺水”（即房贷余额超过房产价值 25%以上），比 2013 年 1 月减少 160 万套，占所有房贷住房的 19%，大幅低于 2013 年 1 月的 26%。

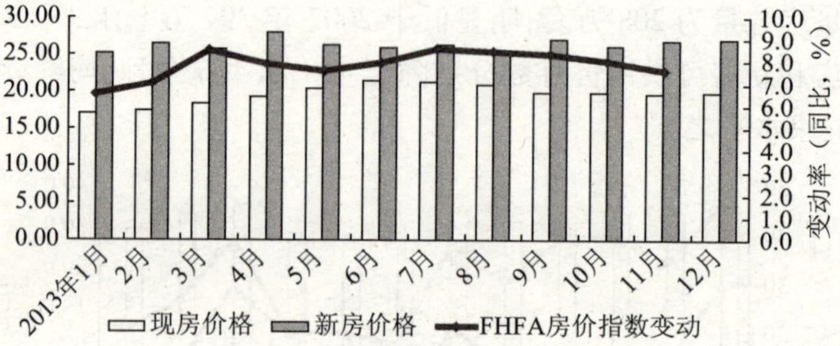

图 5　美国房价变动

（四）抵押贷款利率继续维持历史低位。2013 年，30 年期固定利息抵押贷款利率从上年的 3. 66%升至 3. 98%，上涨了 8. 7%。分月看，则从 1 月份的 3. 41%升至 12 月份的 4. 46%，是 2011 年 8 月以来的最高水平。虽然抵押贷款利率回升，但仍远低于危机前 6. 4%的水平。止赎房数量明显回落。2013 年 11 月，收到止赎通知的房屋数量为 11. 3 万套，同比大幅下降 37%，环比下降 15%，是 2010 年 11 月以来最大降幅。其中，首次进入止赎程序的房屋数量为 5. 3 万套，同比下降 32%，环比下降 10%，是2005年12月以来的最低水平。

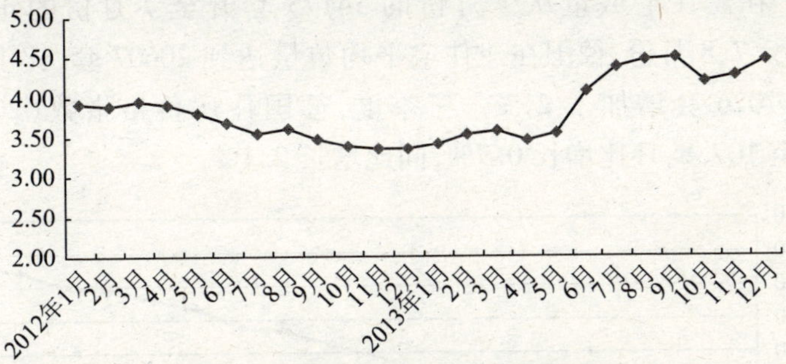

图6 美国30年期抵押贷款平均利率变化(%)

美国房地产从2010年开始先于经济复苏,2012年房地产市场明显回暖,2013年其复苏基础更趋牢固,不仅没有受到诸如政府关门、财政悬崖等因素影响,反而继续成为支撑经济增长的主要推动力之一。预计2014年,美国的房贷利率会继续上升,销售量大幅增长,房价会平稳上涨,房地产市场复苏步伐将更趋稳健。但由于某些指标尚未恢复到金融危机前水平,美国房地产的复苏仍将会受到一些制约。

二、欧洲房地产市场初现向好迹象

2013年,欧洲经济有望走出衰退,欧洲各主要国家房地产市场也初现向好迹象。但西班牙等国家仍然遭受高失业率等问题困扰,房地产市场全面复苏尚需时日。

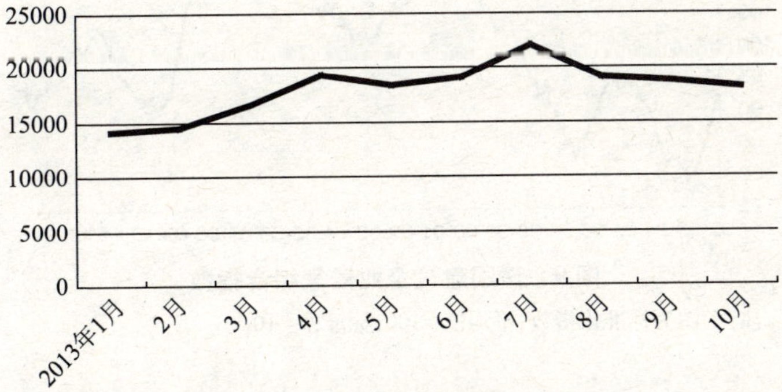

图7 德国在建住宅数量(单位:套)

(一)德国在建住宅数量回升,房价上涨。2013 年,德国建筑市场稳定回升。在建住宅数量从 1 月份的 14175 套升至 7 月份的年中高点 22077 套。7、8 月份,德国在建住宅平均数量达到 20607 套,比上半年的平均值 17026 套增加了 21%。三季度,德国住房价格指数(2010 年 = 100)升至 107.8,环比增长 0.7%,同比增长 2.1%。

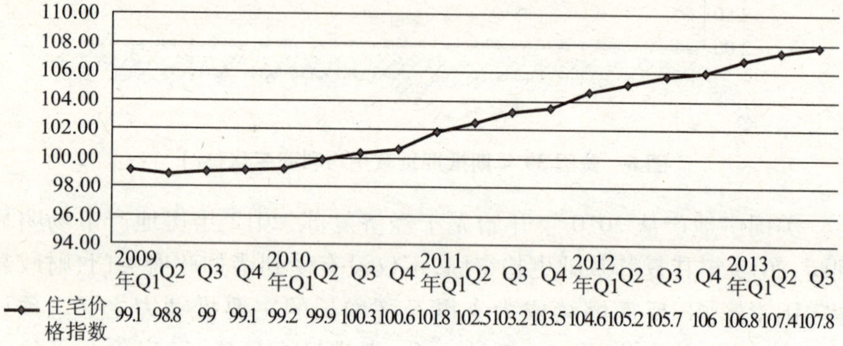

图 8 德国住宅价格变化率(单位:%)

(二)法国房地产市场保持稳定。2013 年,法国建筑企业景气指数先降后升,由年初的 93 下降至年中低点 90.5,后回升至 12 月份的 94.5。新房需求触底反弹,从 1 月份的标准化值 -45 降至年中最低点 -49,10 月份回升至 -40。

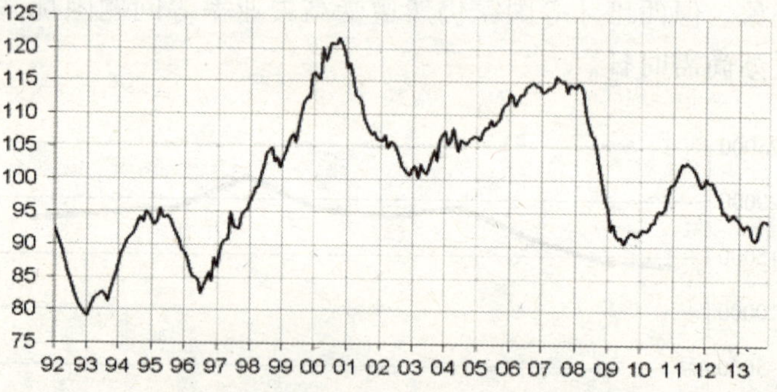

图 9 法国建筑企业景气综合指数

注:上图为标准化指数:平均值 = 100;标准差 = 10。

表 1　法国房地产市场主要指标

	平均值*	2013 年 1 月	2013 年 4 月	2013 年 7 月	2013 年 10 月
新房需求量	-6	-45	-49	-43	-40
新房开工量预期	-6	-27	-30	-28	-21
新房购买数量	-14	-44	-40	-45	-29
新房租用数量	1	-4	-16	-3	-5
住房存量规模	-27	-16	-20	-20	-16
房屋销售平均价格	8	-20	-22	-26	-20
首付	-20	-40	-40	-43	-46
融资能力	-22	-50	-62	-48	-48

注：* 为 1991 年 7 月以来平均值。数据均为季节调整后数据，标准化值。

（三）英国房价持续上扬。2013 年，随着经济稳步复苏，英国房价从 1 月份的每标准套 16.2 万英镑涨至 11 月份的 17.5 万英镑，环比从去年 10 月开始，连续 14 个月增长；同比增速从年初的 0%加快至 11 月份的 6.5%，是 2010 年 7 月以来的最快增速。反映房价变动趋势的三个月移动平均增长率从年初的 0.2%升至 2.6%。英国住房市场向好，一是由于经济明显回暖，信心显著增强。消费者信心从年初的-26 升至 12 月份的-13，全年波动回升 13 个点。二是劳动力市场的明显改善以及对经济预期看好，潜在住房需求明显回升。11 月份，英国共售出 9.7 万套住宅，是自 2009 年 12 月以来的最高值。截至 11 月份，英国银行过去一年所批准的按揭贷款增加了 39%，11 月份当月就有 4.5 万个购房者成功申请到了银行贷款。三是英国政府旨在降低成本和改善信贷条件的政策刺激也是房价回升的因素之一。英国政府从 2013 年 10 月起投入多达 300 亿元英镑的财政资金，实施购房援助计划。对于价值不高于 60 万英镑的新建房地产，政府将提供最高达房价 20%的抵押贷款，购房者只需支付 5%的首付，旨在帮助 8 万名新房买主。这一措施激活了银行信贷供应，活跃了英国房地产市场。

受家庭消费和上扬的房地产市场推动，英国商会将英国 2013 年 GDP 增长率从 1.3%上调到 1.4%，将 2014 年增长率从 2.2%上调到 2.7%。随着经济继续好转，预计英国房地产市场会加快复苏。

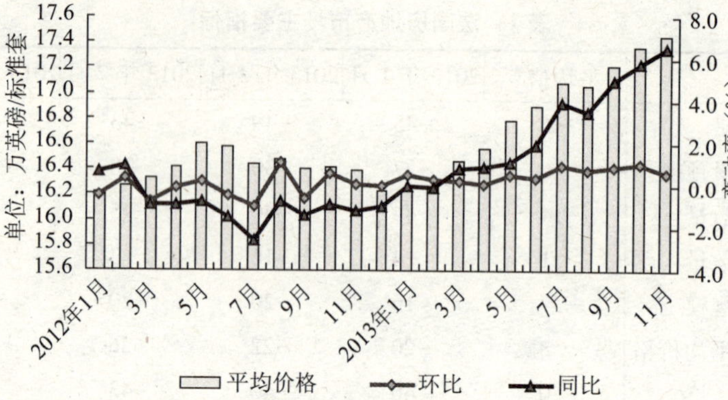

图 10　英国房价变动

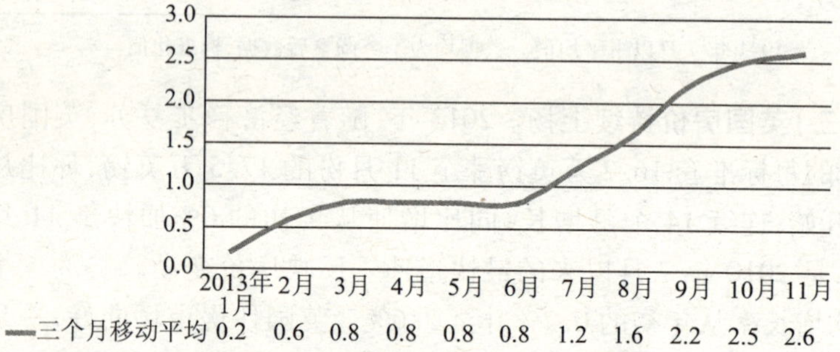

图 11　英国房价三个月移动平均变动

（四）西班牙房价低位反弹。2013 年，西班牙房价下跌速度在年中有所放缓。二季度，新房和二手房价格环比降幅分别比一季度收窄 4. 4 和 6. 4 个百分点。三季度房价触底回升，新房价格环比上涨 2. 3%，二手房价格上涨 0. 1%。但西班牙经济增长疲弱，四季度 GDP 环比仅增长 0. 3%，再加上就业状况没有明显改善，四季度失业率升至 26%，这些都将

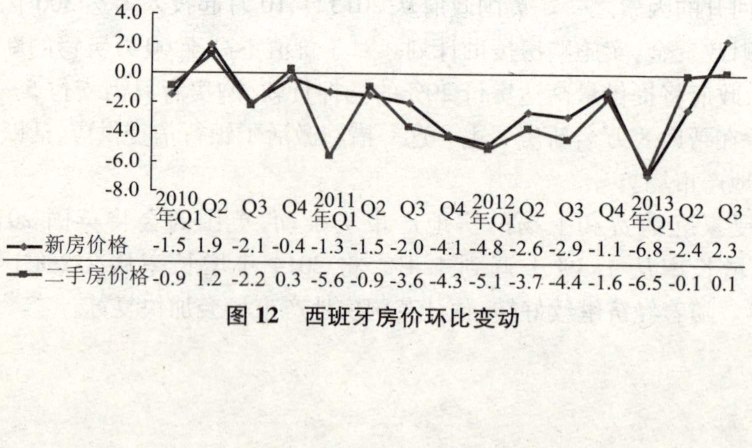

图 12　西班牙房价环比变动

拖累未来房地产市场的稳固复苏。

三、日本房地产市场回暖

2013 年,“安倍经济学”三支利箭(宽松的货币政策、积极的财政政策和结构性改革)的实施,推动了日元快速贬值(以带动出口增长)、经济暂时好转,价格上涨,房地产市场也随之明显回暖。前 11 个月,共完成新房开工量 89 万套,比上年同期增长 10.4%。分月看,开工数量逐月上升,从 1 月份的 69289 套增加到 11 月份的 91475 套,同比增速从年初的 5%加快至 11 月份的 14.1%。

四、亚太部分国家(地区)住房市场保持稳定增长

2013 年,亚太部分国家(地区)经济保持较快增长,房地产市场也保持稳定。

(一)澳大利亚住房市场继续回暖。一是建设住宅数量波动增长。2013 年前 11 个月,批准建设住宅数量为 15.9 万套,比上年同期增长 6.4%。分月看,从 1 月份的 13083 套升至 11 月份的 16396 套,同比增速从 7.6%波动加快至 20.7%。二是住房价格回升。2013 年前三季度,房价指数平均值升至 146.7,比上年同期增长 2.8%。其中,三季度房价指数窜升至 153.8 的纪录高位,同比增长 7.6%,环比增长 1.9%。

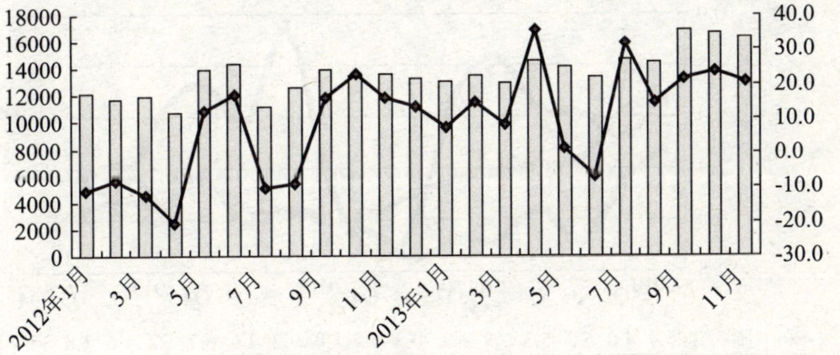

图 13 澳大利亚批准建设住宅数量(单位:套)

(二)中国香港房市过热势头得到有效遏制。由于房市增长势头过猛,2013 年 2 月,香港特区政府对楼市“重拳出击”,征收双倍买房印花

税，总额 200 万港元以下的交易由此前的 100 港元增至房屋总价的 1.5%，其他税率则增加 1 倍，最多由 4.3%增加至 8.5%。房价在政策作用下得到有效遏制，同比增速从 1 月份的 29.3%大幅降至 11 月份的 8.5%。同时，中国香港政府向非香港永久居民征收的 15%买家印花税也令港外人购买香港房地产的热潮受到控制，销售量从高位回落。2013 年前 11 个月，平均销售住房 4183 套，比上年同期下降 41%，显著低于 2010 年平均 11314 套水平。

（三）新加坡房产市场趋稳。2013 年，在年初第七次房价调控措施（将外国买家的额外买方印花税税率从 10%增加至 15%，原本不受买方印花税影响的经济适用型住房或私宅的永久居民，以及购买第二套私宅的新加坡公民，现在也必须分别支付 5%和 7%的额外买方印花税）抑制作用下，新加坡房地产市场趋于平稳。2013 年第四季度房价指数下降至 214.5 点，是连续六个季度上涨后首次回落。环比下降 0.8%，此前三个季度均有不同程度上涨。2013 年全年，房价增长了 1.2%，低于 2012 年 2.8%的增长幅度。2013 年前 11 个月新房销售量为 1.5 万套，低于 2012 年 2.2 万套的成交量。

新加坡房价从 2009 年开始飙升，政府多次出手干预。由于调控措施的效果还会持续，预计 2014 年新加坡私宅市场的交易量可能进一步减少，价格也会保持平稳。

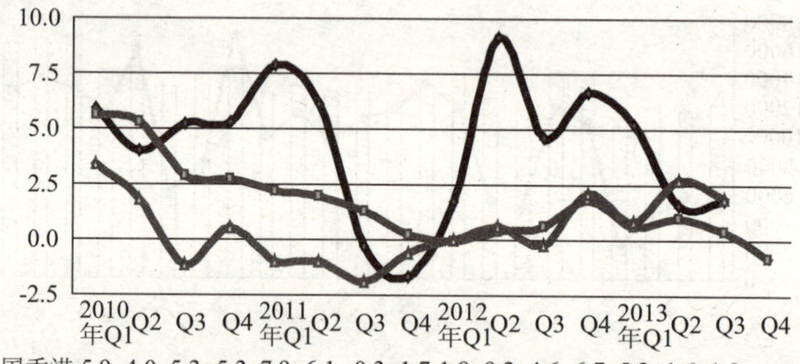

	2010年Q1	Q2	Q3	Q4	2011年Q1	Q2	Q3	Q4	2012年Q1	Q2	Q3	Q4	2013年Q1	Q2	Q3	Q4
中国香港	5.9	4.0	5.3	5.3	7.9	6.1	-0.3	-1.7	1.8	9.2	4.6	6.7	5.2	1.6	1.8	
新加坡	5.6	5.3	2.9	2.7	2.2	2.0	1.3	0.2	-0.1	0.4	0.6	1.8	0.6	1.0	0.4	-0.8
澳大利亚	3.4	1.8	-1.1	0.5	-1.0	-1.0	-1.9	-0.6	0.0	0.6	-0.2	2.1	0.8	2.7	1.9	

图 14　澳大利亚、新加坡和中国香港房价变动

（执笔：陈璇璇；成文于 2014 年 2 月）

三、国际比较研究

2013 年全球外商直接投资由降转增

据联合国贸易与发展会议(UNCTAD)初步估算,2013 年全球外商直接投资(FDI)由 2012 年的 1.32 万亿美元升至 1.46 万亿美元,增长 10.9%,2012 年为下降 22.1%。

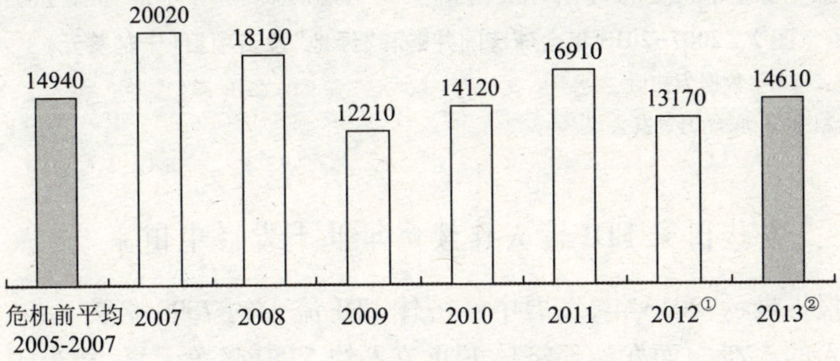

图 1 全球 FDI 流入(亿美元)

注:①为修订后数据。②为初步估算数据。

资料来源:联合国贸发会议。

一、全球并购止降回升,绿地投资降幅明显收窄

2013 年,全球跨国并购金额为 3370 亿美元,增长 5%,比上年增加 160 亿美元。全球并购止降回升主要得益于发展中经济体之间跨国并购的增加。2013 年,发展中经济体跨国并购较上年增长了 64%,并购金额达 880 亿美元,已回升至国际金融危机前的水平。其中,东亚和东南亚的拉动作用尤为明显,特别是中国和泰国。拉丁美洲的增长主要是受到墨西哥 180 亿美元交易额的拉动。大西洋两岸的发达国家跨国并购下降了约 10%,但有迹象表明,欧洲信心正在恢复。

2013 年,全球"绿地"项目投资①额约为 600 亿美元,比上年下降 1.7%,但降幅比上年大幅收窄 31.3 个百分点。发达经济体"绿地"投资项目金额大幅下降 17%,但尼加拉瓜、墨西哥、伊拉克、约旦、缅甸和越南等新兴经济体的绿地投资增长较快,对减缓全球"绿地"投资额下降起到了重要作用。

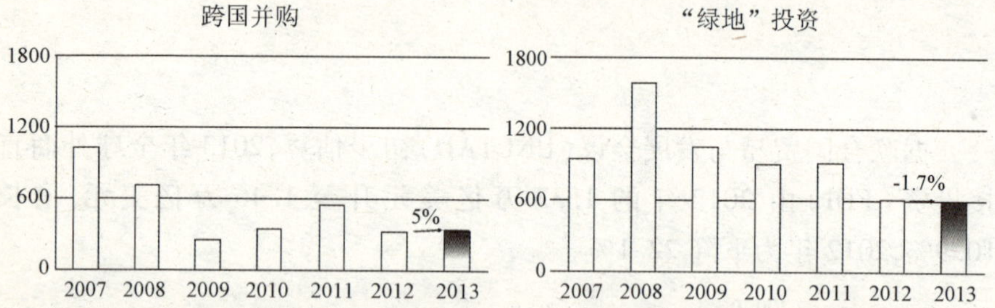

图 2 2007-2013 年全球跨国并购和"绿地"投资项目(十亿美元)

注:2013 年数据为初值。

资料来源:联合国贸发会议。

二、发达国家 FDI 流入连续两年低于发展中国家

报告显示,2013 年,发展中经济体 FDI 流入约 7590 亿美元,占全球总流入的 52%。而发达经济体 FDI 流入约 5760 亿美元,仅相当于 2007 年峰值水平的 44%,占全球的比重仅为 39%,连续第二年低于发展中国家所占比重。转型经济体 FDI 流入创下新高,达 1260 亿美元,增长 44.8%。

2013 年,发达经济体、发展中经济体和转型经济体的外商直接投资流入均扭转了上年下降势头。得益于拉丁美洲和加勒比地区以及非洲地区 FDI 流入的拉动,发展中经济体 FDI 流入增长 6.2%。亚洲发展中经济体基本保持了 2012 年的水平,仍为全球最大的外商直接投资流入地。

① "绿地"项目投资又称创建投资或新建投资,是指跨国公司等投资主体在东道国境内依照东道国的法律开办的部分或全部资产所有权归外国投资者所有的企业。早期跨国公司的海外拓展业务基本上都是采用这种方式。绿地投资有两种形式:一是建立国际独资企业,其形式有国外分公司、国外子公司和国外避税地公司;二是建立国际合资企业,其形式有股权式合资企业和契约式合资企业。

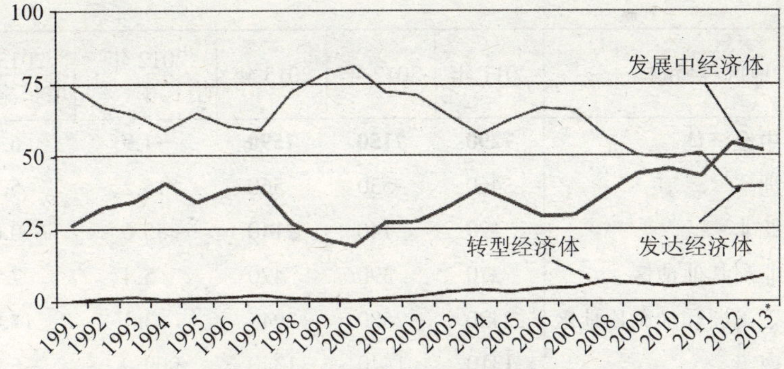

图 3　1991-2003 年发达、发展及转型经济体 FDI 流入占比(%)

发达经济体 FDI 流入增长 11.6%,其中欧盟增长 38.2%,上年为下降 56.2%。欧盟国家中,德国 FDI 流入增幅最大,增长 392%至 323 亿美元;其次是西班牙,增长 37%至 371 亿美元。法国下降 77%至 57 亿美元。

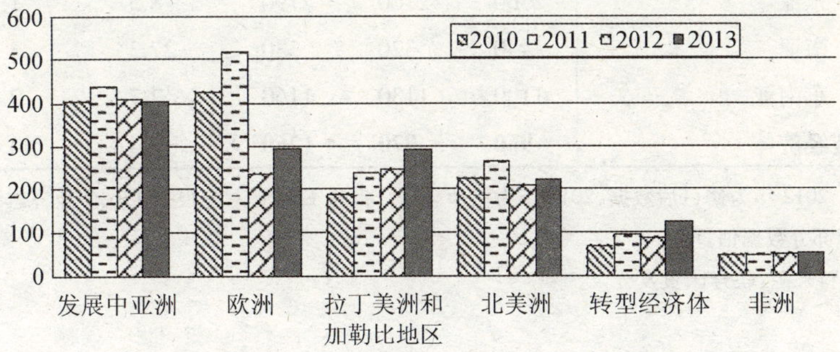

图 4　2010-2013 年分地区 FDI 流入(十亿美元)

资料来源:联合国贸发会议。

表 1　2011-2013 年主要地区 FDI 流入(亿美元)

地区/经济体	2011 年	2012 年	2013 年	2012 年增长率(%)	2013 年增长率(%)
世界	**16910**	**13170**	**14610**	**-22.1**	**10.9**
发达经济体	**8660**	**5160**	**5760**	**-40.4**	**11.6**
欧洲	5210	2360	2960	-54.7	25.4
欧盟	4730	2070	2860	-56.2	38.2
北美	2670	2110	2230	-21.0	5.7

续表

地区/经济体	2011 年	2012 年	2013 年	2012 年增长率(%)	2013 年增长率(%)
发展中经济体	**7290**	**7150**	**7590**	**-1.9**	**6.2**
非洲	460	530	560	15.2	5.7
北非	90	140	140	55.6	0.0
非洲其他地区	370	390	420	5.4	7.7
拉丁美洲和加勒比地区	2420	2500	2940	3.3	17.6
南美	1310	1440	1340	909	-6.9
美洲中部	330	250	480	-24.2	92.0
加勒比地区	790	820	1130	3.8	37.8
亚洲	4390	4090	4060	-6.8	-0.7
西亚	490	480	380	-2.0	-20.8
东亚	2360	2160	2190	-8.5	1.4
南亚	440	320	330	-27.3	3.1
东南亚	1100	1130	1160	2.7	2.7
转型经济体	**960**	**870**	**1260**	**-9.4**	**44.8**

注:2012 年为修订后数据,2013 年为估计数据。世界 FDI 流入是根据 136 个经济体现有的 2013 年部分数据估算的。

资料来源:联合国贸发会议。

三、美国和中国仍居 FDI 流入前两名,俄罗斯首次升至第三位

2013 年,美国仍是全球外商直接投资第一大流入国,达 1590 亿美元,比上年增长 8. 8%,上年为大幅下降 35. 3%。中国 FDI 流入达 1176 亿美元,比上年增长 5. 3%,稳居世界第二,与美国的差距进一步缩小至 414 亿美元。俄罗斯 FDI 流入增长 83%,由上年的 514 亿美元增加至 940 亿美元,跃居全球第三。英属维尔京群岛仍居第四位。中国香港由上年的第三位下滑至第五位,加拿大由第十位跃居至第六位,巴西、新加坡和英国的位次均有所下滑,分别位列第七、八、九名,爱尔兰从第十一位上升至第十位。

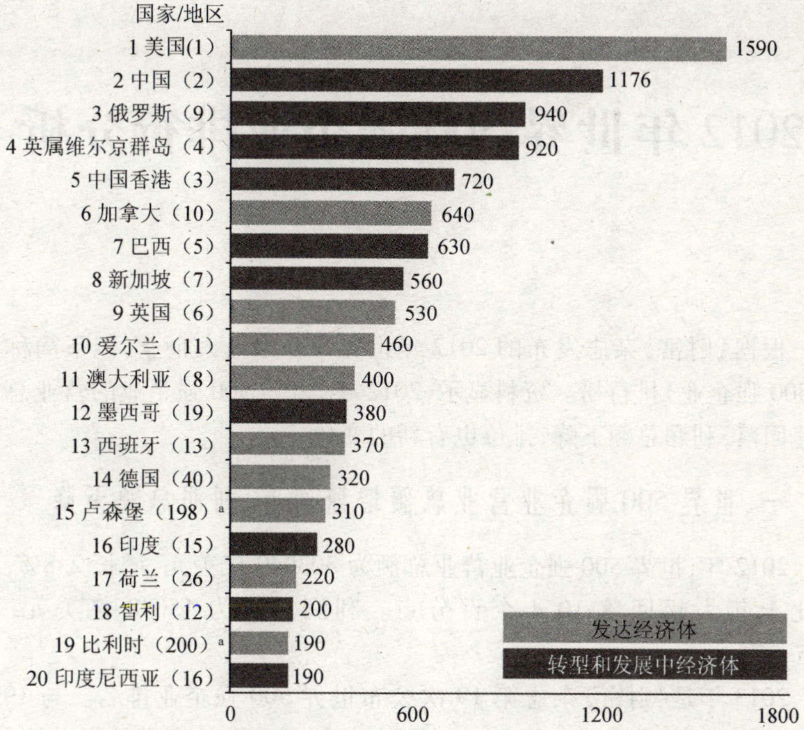

图5　2013年FDI流入排名前20位的国家及地区(亿美元)

注:1.“( )”内数字为2012年该经济体所处的位次;标a的经济体2012年为负流入。

2.中国的数据来自商务部。

资料来源:联合国贸发会议。

（执笔:郭瑾;成文于2014年2月）

2012 年世界 500 强企业排行分析

根据《财富》杂志发布的 2012 年世界 500 家最大企业(以下简称世界 500 强企业)排行榜。资料显示,2012 年,世界 500 强企业的营业总额增速回落,利润总额下降,排位也有新的变化。

一、世界 500 强企业营业总额增速回落,利润总额下降

2012 年,世界 500 强企业营业总额为 303049 亿美元,增长 2.8%,增幅比上年大幅回落 10.4 个百分点。利润总额为 15048 亿美元,下降 5.5%。

2013 年是《财富》杂志第 19 次公布世界 500 强企业排名。与 1995 年相比,2012 年营业总额增长 1.7 倍,年均增长 5.9%;利润总额增长 3.8 倍,年均增长 9.6%。

表 1　1994-2012 年世界 500 强企业营业总额和利润总额及其增长情况

年　份	营业额（亿美元）	比上年增长（%）	利润额（亿美元）	比上年增长（%）
1994 年	102460	-	-	-
1995 年	113784	11.1	3233	14.7
1996 年	114348	0.5	4044	25.1
1997 年	114535	0.2	4520	11.8
1998 年	114634	0.1	4403	-2.6
1999 年	126960	10.6	5540	25.7
2000 年	140650	10.8	6670	20.4

续表

年 份	营业额（亿美元）	比上年增长（%）	利润额（亿美元）	比上年增长（%）
2001 年	140100	-0.4	3060	-54.1
2002 年	137290	-2.0	1330	-56.0
2003 年	148824	8.4	7291	4.5 倍
2004 年	167981	12.9	9295	27.5
2005 年	189294	12.7	12149	30.3
2006 年	209003	10.4	15292	25.9
2007 年	236185	13.0	15929	3.9
2008 年	251755	6.6	8217	-48.3
2009 年	230851	-8.3	9605	16.9
2010 年	260206	12.7	15268	59.0
2011 年	294885	13.2	16301	7.0
2012 年	303049	2.8	15408	-5.5

二、超强企业继续领先，石油精炼业营业额仍居各行业之首

2012 年，世界 500 强企业排名前十位企业与上年变化不大，前三名与上年相同。在世界 500 强企业的 52 个行业中，石油精炼业的营业额居各行业首位。

（一）超强企业连续领先，前三甲企业与上年相同

排行榜显示，名列前三甲的企业与上年相同。其中，荷兰皇家壳牌石油公司以 4817 亿美元的营业额蝉联榜首，美国沃尔玛和埃克森美孚分别居第二和第三位。

前十强企业中，有 6 家是石油公司，分别是荷兰皇家壳牌石油公司、埃克森美孚公司、中国石油化工集团公司、中国石油天然气集团公司、英国石油公司和道达尔公司；一般商品零售和公用事业各 1 家，分别是沃尔玛公司、国家电网公司；汽车公司 2 家，分别是丰田汽车公司和大众公司。

超强企业继续领先。前 10 强企业的营业额为 36719 亿美元，占世界 500 强企业营业总额的 12.1%，比上年提高 0.3 个百分点；利润额为 1920

亿美元,占世界 500 强企业利润总额的 12.5%,比上年提高 0.9 个百分点。

(二)石油精炼业营业额和银行业利润额分别居各行业首位

从营业额看,2012 年世界 500 强企业中营业额最高的行业是石油精炼业,43 家上榜企业的营业额达 51843 亿美元,占世界 500 强企业营业总额的 17.1%。排在第 2 位至第 5 位的行业依次是:银行业,营业额为 31988 亿美元,占世界 500 强企业营业总额的 10.6%;汽车及零部件业,营业额为 24348 亿美元,占 8.0%;人寿与健康保险(股份)业,营业额为 14290 亿美元,占 4.7%;食品杂货业,营业额为 13148 亿美元,占 4.3%。

从利润额看,银行业位居各行业榜首。实现利润额 3328 亿美元,占世界 500 强企业利润总额的 21.6%,比上年提高 2 个百分点。排在第 2 位至第 5 位的行业依次是:石油精炼业,利润额达 2687 亿美元,占世界 500 强企业利润总额的 17.4%;汽车及零部件业,利润额达 1134 亿美元,占 7.4%;制药业,利润额达 775 亿美元,占 5.0%;采矿及原油生产业,利润额达 664 亿美元,占 4.3%。

表 2　2012 年世界 500 强企业中营业额和利润额最高的十个行业

营业额前十位	企业数(家)	营业额(亿美元)	占 500 强企业(%)	利润额前十位	企业数(家)	营业额(亿美元)	占 500 强企业(%)
石油精炼	43	51843	17.1	银行	54	3328	21.6
银行	54	31988	10.6	石油精炼	43	2687	17.4
汽车及零部件	32	24348	8.0	汽车及零部件	32	1134	7.4
人寿与健康保险(股份)	23	14290	4.7	制药	10	775	5.0
食品店和杂货店	24	13148	4.3	采矿及原油生产	25	664	4.3
电信	20	12463	4.1	电信	20	509	3.3
公用设施	18	10704	3.5	能源	13	498	3.2
电子及电气设备	16	10558	3.5	多元化金融	6	479	3.1
采矿及原油生产	25	10155	3.4	财产与意外保险(股份)	14	435	2.8
能源	13	10072	3.3	计算机及办公设备	9	354	2.3

三、发达国家上榜企业数减少，新兴市场和发展中国家上榜企业继续增多

2012年世界500强企业分布的国家和地区由上年的26个扩展到38个。其中，发达国家和地区企业上榜379家，占75.8%，比上年减少17家。发达国家企业的营业额为234277亿美元，占世界500强企业营业总额的77.3%，比上年下降2.8个百分点；利润额为11062亿美元，占71.8%，下降1.8个百分点。而新兴市场和发展中国家上榜企业则继续增多，营业额和利润额均实现增长。

（一）美国上榜企业数和营业额仍居各国之首

2012年美国上榜企业达132家，与上年持平。上榜企业实现营业额85977亿美元，比上年增长2.3%，占世界500强企业的28.4%，占比较上年下降0.1个百分点。实现利润额5675亿美元，比上年增长2.4%，占世界500强企业的36.8%，占比较上年提高2.8个百分点。2012年美国的上榜企业数和营业总额仍均居各国之首，说明美国企业在世界经济中的主导地位未变。

（二）欧洲上榜企业减少9家，营业额和利润额占比均下降

2012年欧洲上榜企业达151家，比上年减少9家。其上榜企业营业额为98917亿美元，比上年下降2.6%；利润总额为4052亿美元，大幅下降24.5%。其营业额和利润额在世界500强企业的占比分别为32.6%和26.3%，比上年下降1.7和6.6个百分点。

分国别看，法国上榜企业有31家，比上年减少1家。营业额为20366亿美元，下降3.7%。利润额546亿美元，下降38.9%；德国上榜企业29家，比上年减少3家。营业额为20718亿美元，增长5.5%。利润额724亿美元，下降9.4%。

（三）日本上榜企业数继续减少，营业额占比进一步下降

2012年日本上榜企业62家，比上年减少6家，上榜企业数仍居第三位。营业额达34494亿美元，比上年下降5.0%，占世界500强企业的11.4%，比上年下降0.9个百分点；利润额955亿美元，增长21.7%，占世界500强企业的6.2%，比上年提高1.8个百分点。其中，日本上榜企业的营业额仅次于美国和中国，仍居世界第3位。

(四)新兴市场和发展中国家上榜企业继续增加,营业额和利润额实现双增长

随着新兴市场和发展中国家的上榜企业数量继续增加,企业实力显著增强。2012 年上榜企业达 121 家,比上年增加了 17 家。实现营业额 68772 亿美元,比上年增长 17.3%;实现利润额 4347 亿美元,增长 1.0%。营业额占世界 500 强企业的 22.7%,比上年提高 2.8 个百分点;利润额占 28.2%,提高 1.8 个百分点。

金砖国家中,中国、巴西、印度和俄罗斯四国上榜企业数量延续了前几年持续增加的良好势头。中国上榜企业 95 家,居新兴市场和发展中国家之首,仅次于美国(132 家),居世界第二位;巴西、印度上榜企业各有 8 家,俄罗斯有 7 家,均与上年相同。

表 3 世界 500 强企业最多的前五个国家情况

位次(按企业数排列)		国家	企业数		营业额(亿美元)	占世界 500 强企业的比重(%)		利润额(亿美元)	占世界 500 强企业的比重(%)	
2012 年	2011 年		2012 年	2011 年		2012 年	2011 年		2012 年	2011 年
1	1	美国	132	132	85977	28.4	28.5	5675	36.8	34.0
2	2	中国	95	79	52437	17.3	14.4	2656	17.2	14.0
3	3	日本	62	68	34494	11.4	12.3	955	6.2	4.4
4	4	法国	31	32	20366	6.7	7.2	546	3.5	5.5
5	5	德国	29	32	20718	6.8	7.4	724	4.7	4.9

注:中国包括中国香港和台湾地区。

四、中国上榜企业数再创新高,实力和地位不断提升

2012 年中国上榜企业数再创新高至 95 家,比上年增加 16 家;上榜企业数相当于美国的比例从上年的 59.8%升至 72.0%。其中,内地上榜 85 家,香港 4 家,台湾地区 6 家。内地有 16 家企业首次上榜,分别是:北京汽车集团(第 336 位)、正威国际集团(第 387 位)、山西焦煤集团有限责任公司(第 403 位)、山西阳泉煤业(集团)有限责任公司(第 407 位)、中国民生银行(第 411 位)、江西铜业集团公司(第 414 位)、兴业银行(第 428 位)、潞安集团(第 430 位)、大同煤矿集团有限责任公司(第 432 位)、山西晋城无烟煤矿业集团有限责任公司(第 435 位)、中国医药集团

(第446位)、上海浦东发展银行股份有限公司(第460位)、陕西延长石油(集团)有限责任公司(第464位)、百联集团(第466位)、中国有色矿业集团有限公司(第482位)和广州汽车工业集团(第483位)。

香港有4家企业上榜,分别是来宝集团、中国华润总公司、怡和集团和香港和记黄埔有限公司;台湾地区有6家,分别是鸿海精密工业股份有限公司、台湾中油股份有限公司、广达电脑有限公司、台塑石化股份有限公司、和硕联合科技股份有限公司和国泰人寿保险股份有限公司。

2012年中国上榜企业(包括中国香港和台湾地区)营业总额达52437亿美元,比上年增长23.5%;利润总额2656亿美元,增长16.3%。营业额占世界500强企业的15.6%,比上年提高1.2个百分点;利润额占16.5%,提高2.5个百分点。

值得注意的是,中国内地上榜企业显现出严重的结构失衡。上榜企业主要分布在钢铁、汽车、资源、化工、金融等领域;上榜的9家商业银行的利润总额占85家企业利润总额的57.6%,这说明银行和实体经济背离的现象非常突出;上榜企业的主体是国有控股企业,而民营企业则较少。2012年中国内地有7家民营企业上榜。其中,正威国际集团(第387位)和中国民生银行(第411位)首次上榜。另外5家上榜的民营企业分别是中国平安保险(集团)股份有限公司(排名第181位)、江苏沙钢集团(排名第318位)、华为投资控股有限公司(排名第315位)、山东魏桥创业集团有限公司(第388位)和浙江吉利控股集团(排名第477位),这说明中国经济通过改革开放进一步提升效率的空间仍然很大。另外,中国内地上榜企业规模已经够大,但缺的是强大的品牌影响力和国际竞争力。与此同时,中国内地上榜企业杠杆率过高,显示企业潜在经营风险较大。世界500强企业的总杠杆率为8.35倍(以总资产除以总股东权益),美国企业总体为6.65倍,而中国内地企业总体为8.67倍。如果剔除掉金融企业,中国非金融上榜企业的杠杆率为4.42倍,而美国仅为2.79倍。

(执笔:王强;成文于2013年9月)

附表 1　2012 年世界 500 强企业中前 100 家企业排行榜

次位		企业名称	国家和地区	营业额		利润额	
2012	2011			亿美元	比上年增长%	亿美元	比上年增长%
1	1	荷兰皇家壳牌石油公司	荷兰	4817.0	−0.6	265.9	−14.0
2	3	沃尔玛	美国	4691.6	5.0	170.0	8.3
3	2	埃克森美孚	美国	4498.9	−0.7	448.8	9.3
4	5	中国石油化工集团公司	中国	4281.7	14.1	82.2	−13.0
5	6	中国石油天然气集团公司	中国	4086.3	16.0	182.0	11.5
6	4	英国石油公司	英国	3882.9	0.5	115.8	−54.9
7	7	国家电网公司	中国	2984.5	15.2	123.2	116.9
8	10	丰田汽车	日本	2657.0	12.9	115.9	222.6
9	12	大众公司	德国	2476.1	11.8	279.1	30.3
10	11	道达尔	法国	2342.8	1.2	137.4	−19.5
11	8	雪佛龙	美国	2339.0	−4.8	261.8	−2.7
12	14	嘉能可斯特拉塔	瑞士	2144.4	15.2	10.0	−75.2
13	13	日本邮政控股	日本	1908.6	−9.6	67.8	14.1
14	20	三星电子	韩国	1785.5	19.9	205.9	70.7
15	16	意昂集团	德国	1697.6	8.1	28.5	−
16	−	菲利普斯 66	美国	1695.5	−	41.2	−
17	17	埃尼石油公司	意大利	1679.0	9.3	100.1	4.9
18	24	伯克希尔哈撒韦	美国	1624.6	13.1	148.2	44.6
19	55	苹果公司	美国	1565.1	44.6	417.3	61.0
20	25	安盛集团	法国	1545.7	8.3	53.4	−11.3
21	15	俄罗斯天然气工业公司	俄罗斯	1535.3	−2.7	380.9	−14.3
22	19	通用汽车	美国	1522.6	1.3	61.9	−32.7
23	21	戴姆勒	德国	1468.9	−0.8	78.3	−0.6
24	22	通用电气	美国	1468.7	−0.5	136.4	−3.6
25	23	巴西国家石油公司	巴西	1441.0	−1.2	110.3	−45.2
26	45	Exor 集团	意大利	1422.3	21.3	5.1	−27.0
27	35	瓦莱罗能源公司	美国	1382.9	10.5	20.8	−0.3
28	27	福特汽车	美国	1342.5	−1.5	56.7	−72.0
29	54	中国工商银行	中国	1336.4	22.6	378.1	17.4
30	43	鸿海精密集团	台湾地区	1320.8	12.4	32.0	15.4
31	28	安联集团	德国	1307.7	−2.5	66.4	87.7
32	29	日本电报电话公司	日本	1288.6	−3.2	63.1	6.5
33	18	荷兰国际集团	荷兰	1283.5	−14.8	41.9	−36.5

续表 1

次位		企业名称	国家和地区	营业额		利润额	
2012	2011			亿美元	比上年增长%	亿美元	比上年增长%
34	32	美国电话电报公司	美国	1274.3	0.6	72.6	84.2
35	26	房利美	美国	1272.3	−7.4	172.2	−
36	34	墨西哥石油公司	墨西哥	1252.0	−0.1	2.0	−
37	33	苏伊士	法国	1247.1	−1.1	19.9	−64.2
38	36	委内瑞拉国家石油公司	委内瑞拉	1244.6	−0.2	26.8	1.4
39	40	挪威国家石油公司	挪威	1243.8	4.0	118.5	−15.7
40	56	CVS Caremark	美国	1231.3	14.3	38.8	12.0
41	30	法国巴黎银行	法国	1230.3	−3.5	84.2	0.1
42	37	麦克森公司	美国	1224.6	−0.2	13.4	−4.6
43	31	惠普	美国	1203.6	−5.4	−126.5	−278.8
44	41	Jx 控股公司	日本	1195.0	0.2	19.2	−11.1
45	64	本田汽车	日本	1189.5	18.2	44.2	65.1
46	49	卢克石油	俄罗斯	1163.4	4.4	110.0	6.2
47	42	日产汽车	日本	1159.6	−2.7	41.2	−4.6
48	50	威瑞森电信	美国	1158.5	4.5	8.8	−63.6
49	48	忠利保险	意大利	1137.9	1.0	1.2	−90.3
50	77	中国建设银行	中国	1133.7	26.5	306.2	17.0
51	63	联合健康集团	美国	1106.2	8.6	55.3	7.5
52	52	意大利国家电力公司	意大利	1090.9	−1.3	11.1	−80.7
53	47	西门子	德国	1089.9	−3.8	57.8	−32.5
54	38	日立	日本	1088.7	−11.1	21.1	−52.0
55	51	摩根大通	美国	1081.8	−2.4	212.8	12.2
56	61	卡地纳健康集团	美国	1075.5	4.8	10.7	11.5
57	65	Sk 集团	韩国	1062.6	5.8	9.3	−38.3
58	44	西班牙国家银行	西班牙	1060.8	−9.7	28.3	−61.9
59	39	家乐福	法国	1060.0	−12.9	15.8	207.2
60	53	汇丰控股	英国	1052.9	−4.4	140.3	−16.5
61	67	法国兴业银行	法国	1050.6	6.7	9.9	−70.0
62	57	国际商用机器	美国	1045.1	−2.3	166.0	4.7
63	59	特易购	英国	1044.2	0.6	2.0	−95.6
64	84	中国农业银行	中国	1034.8	22.0	230.0	21.9
65	62	巴斯夫	德国	1011.8	−1.0	62.7	−27.1
66	46	美国银行	美国	1000.8	−13.0	41.9	189.6

续表 2

次位		企业名称	国家和地区	营业额		利润额	
2012	2011			亿美元	比上年增长%	亿美元	比上年增长%
67	78	好市多公司	美国	991.4	11.5	17.1	16.9
68	69	宝马	德国	987.6	3.2	65.5	-3.5
69	71	雀巢	瑞士	984.8	4.3	113.2	5.9
70	93	中国银行	中国	984.3	22.7	221.0	15.1
71	81	中国移动通信集团公司	中国	968.7	10.7	118.5	1.3
72	75	克罗格公司	美国	967.5	7.1	15.0	148.6
73	58	农业信贷银行	法国	951.8	-9.5	-83.2	-
74	213	美国快捷药方控股公司	美国	944.2	104.7	13.1	2.9
75	68	马来西亚国家石油公司	马来西亚	942.7	-3.2	160.0	-27.0
76	91	来宝集团	中国香港	940.5	16.5	4.7	9.3
77	73	法国电力集团	法国	934.7	2.9	42.6	1.8
78	80	富国银行	美国	912.5	4.2	189.0	19.1
79	60	花旗集团	美国	907.7	-11.8	75.4	-31.9
80	100	中国建筑工程总公司	中国	906.0	19.2	12.9	16.6
81	95	泰国国家石油有限公司	泰国	899.4	12.9	33.7	-2.5
82	92	ADM 公司	美国	890.4	10.4	12.2	-39.9
83	66	松下电器	日本	879.4	-11.5	-90.8	-
84	162	英国保诚集团	英国	879.1	50.2	34.8	45.7
85	131	英国劳埃德银行集团	英国	868.5	29.5	-22.6	-
86	74	日本生命保险公司	日本	867.2	-4.5	29.9	4.8
87	72	麦德龙	德国	857.7	-7.5	0.0	-99.6
88	83	印度石油公司	印度	855.2	-0.6	8.2	-7.3
89	86	宝洁	美国	851.2	3.1	107.6	-8.8
90	195	保德信金融集团	美国	848.4	73.0	4.7	-87.2
91	70	安塞乐米塔尔公司	卢森堡	842.1	-10.8	-37.3	-264.6
92	76	慕尼黑再保险集团	德国	840.5	-6.8	41.1	320.7
93	101	中国海洋石油总公司	中国	834.6	10.5	77.4	-12.5
94	87	索尼	日本	819.0	-0.4	5.2	-
95	123	波音	美国	817.0	18.9	39.0	-2.9
96	79	房地美	美国	806.4	-8.6	109.8	-
97	82	西班牙电话公司	西班牙	801.4	-8.3	50.5	-32.8
98	94	美源伯根公司	美国	797.2	-0.6	7.2	1.7
99	137	俄罗斯石油公司	俄罗斯	796.1	22.3	109.8	-11.8
100	111	中国铁道建筑总公司	中国	771.6	8.0	8.2	66.6

附表 2 2012 年中国企业在世界 500 强企业中的排名情况

	企业数（家）	企业名称	次位		营业额		利润额	
			2012	2011	亿美元	比上年增长%	亿美元	比上年增长%
中国内地	85	中国石油化工集团公司	4	5	4281.7	14.4	82.2	-13.0
		中国石油天然气集团公司	5	6	4086.3	16.0	182.0	11.5
		国家电网公司	7	7	2984.5	15.2	123.2	116.9
		中国工商银行	29	54	1336.4	22.6	378.1	17.4
		中国建设银行	50	77	1133.7	26.5	306.2	17.0
		中国农业银行	64	84	1034.8	22.0	230.0	21.9
		中国银行	70	93	984.3	22.7	221.0	15.1
		中国移动通信集团公司	71	81	968.7	10.7	118.5	1.3
		中国建筑股份有限公司	80	100	906.0	19.2	12.9	16.6
		中国海洋石油总公司	93	101	834.6	10.5	77.4	-12.5
		中国铁道建筑总公司	100	111	771.6	8.0	8.2	66.6
		中国中铁股份有限公司	102	112	767.1	7.6	11.7	12.6
		上海汽车集团股份有限公司	103	130	762.3	13.4	32.9	5.2
		中国人寿保险(集团)公司	111	129	736.7	9.5	-17.4	-266.4
		中国中化集团公司	119	113	718.2	1.2	8.1	-30.9
		中国南方电网有限责任公司	134	152	666.9	10.2	10.2	35.1
		中国第一汽车集团公司	141	165	648.9	13.8	26.2	14.1
		东风汽车集团	146	142	617.2	-1.9	13.3	0.9
		中国兵器工业集团公司	161	205	580.3	20.5	6.8	12.9
		中国中信集团有限公司	172	194	554.4	12.4	47.8	-15.4
		神华集团	178	234	545.2	25.7	61.5	8.4
		中国平安保险(集团)股份有限公司	181	242	537.6	27.7	31.8	5.5
		中国电信集团公司	182	221	533.8	18.2	10.7	91.5
		中国五矿集团公司	192	169	518.1	-5.0	7.0	-6.6
		中国邮政集团公司	196	258	509.3	27.3	40.8	32.3
		中国南方工业集团公司	209	238	479.7	11.1	2.2	23.8
		中国航空工业集团公司	212	250	473.5	16.0	10.2	9.8
		中国交通建设集团有限公司	213	216	473.3	3.0	12.3	1.0
		宝钢集团有限公司	222	197	456.8	-6.6	9.2	-50.8
		中国华能集团公司	231	246	443.4	6.9	0.9	237.9

续表 1

	企业数（家）	企业名称	次位		营业额		利润额	
			2012	2011	亿美元	比上年增长%	亿美元	比上年增长%
中国内地		交通银行	243	326	430.9	27.2	92.5	17.9
		中国人民保险集团股份有限公司	256	292	407.9	11.6	10.8	35.0
		中国联合网络通信股份有限公司	258	333	406.2	21.8	3.8	71.8
		河北钢铁集团	269	269	392.8	1.4	−1.8	−191.9
		中国铝业公司	273	298	388.2	8.3	−7.9	−1129.2
		中国航空油料集团公司	277	318	384.5	11.9	1.3	−25.7
		中国铁路物资股份有限公司	292	349	371.7	16.2	0.9	−44.5
		中国国电集团公司	299	341	368.5	13.1	2.1	–
		中国冶金科工集团有限公司	302	280	367.6	−2.3	−8.1	–
		冀中能源集团	311	330	353.2	4.9	0.6	−55.1
		华为投资控股有限公司	315	351	349.0	10.6	24.4	34.2
		江苏沙钢集团	318	346	345.6	7.7	0.9	−80.5
		中国建筑材料集团有限公司	319	365	344.6	14.8	4.7	−28.2
		首钢集团	322	295	343.3	−4.9	1.3	−37.7
		中国机械工业集团有限公司	326	367	339.5	13.8	7.2	13.5
		武汉钢铁(集团)公司	328	321	338.8	−1.1	0.3	−95.1
		联想集团	329	370	338.7	14.5	6.4	34.3
		北京汽车集团	336	–	333.7	7.3	10.7	6.7
		天津市物资集团总公司	343	416	328.6	24.4	1.1	349.2
		中国电力建设集团有限公司	354	390	319.7	13.0	6.8	93.2
		中国化工集团公司	355	402	319.7	15.4	−1.9	−286.6
		中粮集团有限公司	357	393	317.5	12.6	5.8	−19.8
		绿地控股集团有限公司	359	483	317.4	38.8	12.0	24.0
		浙江物产集团	364	426	312.0	20.8	0.5	−52.0
		山东能源集团有限公司	373	460	307.1	27.3	9.5	−39.2
		中国大唐集团公司	376	369	304.0	2.7	−1.4	–
		正威国际集团	387	–	295.9	49.0	5.7	241.6
		山东魏桥创业集团有限公司	388	440	295.6	18.7	10.7	−4.7
		中国华电集团公司	389	433	293.4	16.1	4.8	–
		山西煤炭运销集团有限公司	390	447	293.2	19.5	0.1	−95.7
		中国电子信息产业集团有限公司	395	425	290.1	11.5	2.4	16.4
		中国远洋运输(集团)总公司	401	384	287.4	−0.2	−3.8	–

续表 2

	企业数（家）	企业名称	次位		营业额		利润额	
			2012	2011	亿美元	比上年增长%	亿美元	比上年增长%
中国内地		山西焦煤集团有限责任公司	403	–	286.5	47.7	0.0	−99.7
		河南煤业化工集团有限责任公司	404	397	286.4	2.6	−4.4	−295.2
		新兴际华集团	406	484	285.8	25.2	3.0	25.1
		山西阳泉煤业（集团）有限责任公司	407	–	285.8	71.3	0.3	−84.5
		中国电力投资集团公司	408	451	285.6	17.0	1.8	–
		中国民生银行	411	–	284.4	35.5	59.5	37.9
		招商银行	412	498	280.4	26.9	71.8	28.4
		江西铜业集团公司	414	–	278.8	33.0	2.8	−24.5
		开滦集团	415	490	278.4	23.6	1.2	13.3
		中国船舶重工集团公司	417	434	277.5	10.4	10.3	22.6
		兴业银行	428	–	272.5	49.1	55.0	39.5
		中国太平洋保险（集团）股份有限公司	429	450	271.7	11.2	8.0	−37.4
		潞安集团	430	–	271.1	54.0	0.0	−99.2
		大同煤矿集团有限责任公	432	–	269.8	52.8	−0.7	–
		山西晋城无烟煤矿业集团有限责任公司	435	–	267.6	64.6	3.3	−20.0
		中国医药集团	446	–	261.9	35.4	3.4	16.3
		上海浦东发展银行股份有限公司	460	–	254.2	28.2	54.2	28.4
		陕西延长石油（集团）有限责任公司	464	–	253.4	47.3	24.4	12.3
		百联集团	466	–	252.0	15.1	0.9	41.0
		浙江吉利控股集团	477	475	245.5	5.1	0.5	−41.8
		中国有色矿业集团有限公司	482	–	241.5	143.6	0.8	−22.0
		广州汽车工业集团	483	–	241.4	−2.1	0.7	−80.5
		鞍钢集团公司	493	462	235.9	−2.1	−15.9	−744.0
中国香港	4	来宝集团	76	91	940.5	16.5	4.7	9.3
		中国华润总公司	187	233	524.5	20.7	19.1	1.3
		怡和集团	266	275	395.9	4.3	16.9	−51.1
		和记黄埔有限公司	363	362	313.4	4.4	33.7	−53.2
台湾地区	6	鸿海精密工业股份有限公司	30	43	1320.8	12.4	32.0	15.4
		台湾中油股份有限公司	305	337	365.0	11.4	−11.4	–
		广达电脑	321	279	344.1	−8.9	7.8	−0.7
		台塑石化股份有限公司	379	408	301.9	11.1	0.9	−88.0
		和硕	384	–	298.2	46.1	2.1	5346.0
		国泰人寿保险股份有限公司	499	–	232.8	16.7	1.1	614.9

2012 年世界 1000 家最大银行排名分析

近期,英国《银行家》杂志(The Banker,以下简称《银行家》)公布了按照一级资本额排序的世界 1000 家最大银行结果。数据显示,2012 年,世界 1000 家最大银行(以下简称 1000 家大银行)的一级资本、总资产和税前利润均有不同幅度增长,但一级资本回报率略有下降。以中国为代表的新兴市场国家银行业资本实力和盈利能力有较大提高,但存在潜在风险,必须采取多种措施,不断提高中国银行业的抗风险能力和竞争力。

一、总规模扩大,税前利润恢复增长

2012 年,在世界经济形势持续低迷的背景下,世界各国银行业都积极扩充资本,提高融资水平,1000 家大银行的税前利润恢复增长,一级资本、总资产有不同幅度的增长。

(一)一级资本总额较快增长

2012 年,1000 家大银行的一级资本总额为 61630 亿美元,比上年增长 13.4%,比 2011 年高出 7.7 个百分点。按一级资本的排位基本稳定,前 25 名大银行排位未变,依旧是大多来自发达国家,部分来自中国。排行榜前五名分别为中国工商银行、摩根大通、美洲银行、汇丰控股和中国建设银行。

(二)资本回报率略有下降

2012 年,1000 家大银行一级资本回报率(税前利润总额/一级资本总额)为 12.16%,比 2011 年的 12.23%略降 0.07 个百分点。意大利的 Mediolanum 银行的资本回报率高达 68.81%,居首位;巴布亚新几内亚的 South Pacific 银行、秘鲁的 Nacion 银行,分别以 68.69%、62.38%的回报率位列第二和第三。

表1 1996-2012年1000家大银行主要指标

单位:亿美元

年份	一级资本		总资产		税前利润		资本回报率(%)
	总计	比上年增长(%)	总计	比上年增长(%)	总计	比上年增长(%)	
1996年	14956		327000		2161		14.44
1997年	14881	-0.05	332000	1.52	2049	-5.18	13.77
1998年	16758	12.61	355000	6.92	1744	-8.27	10.11
1999年	17848	6.50	367000	3.38	3097	77.58	17.35
2000年	17700	-0.83	379000	3.27	3170	2.36	17.91
2001年	18314	3.47	396000	4.49	2228	-2.97	12.34
2002年	19742	7.80	439000	10.86	2524	14.09	12.79
2003年	23773	20.42	524000	19.36	4174	65.37	17.56
2004年	27395	15.24	605000	15.46	5441	30.35	19.86
2005年	28413	3.71	638258	5.50	6451	18.56	22.70
2006年	33651	18.40	742322	16.60	7863	21.90	23.37
2007年	38994	15.90	902560	21.60	7808	-0.70	20.02
2008年	42760	9.70	963950	6.80	1150	-85.30	2.69
2009年	49150	14.94	955320	-0.90	4010	2.49倍	8.16
2010年	54340	10.60	1016400	6.40	7090	77.00	13.10
2011年	57460	5.70	1072330	5.50	7020	-1.00	12.23
2012年	61630	13.40	1123910	4.80	7500	6.70	12.16

资料来源:英国《银行家》。

(三)1000家银行税前利润恢复增长

2012年1000家大银行税前利润总额为7500亿美元,同比增长6.7%,2012年为下降1%。新兴市场国家银行表现突出,按照利润额排名,前25家银行中有10家来自拉美地区。

(四)银行间贷款存款率差别较大

贷款存款率是衡量银行风险规避能力的重要指标,过高的贷款存款率表明银行投资过热,风险大;而过低的贷款存款率则说明银行没有充分发放贷款,难以达到应有的盈利水平。从2012年1000家大银行的统计数据来看,中、南美地区银行的贷款存款率数据高于全球其他地区,为122.82%;其次分别是西欧(114.12%)和中东欧(107.61%)。

二、1000家大银行的地区特点明显

2012年1000家大银行的地区分布结构基本稳定,但在不同地区呈现不同的发展特点。

(一)美国银行走向复苏

美国银行表现稳健,上榜银行总资产、一级资本和税前利润都实现了平稳增长,税前利润在全球的占比达19.2%。美国银行业盈利增长得益于成本控制措施得当、贷款损失准备金减少以及在各自专长领域表现较好。摩根大通投行业务位列各项业务收入增幅之首位,投行服务费收入也排在全球同业之首,其资产管理业务收入增势强劲。富国银行作为全美最大的抵押贷款银行,税前利润达280亿美元,增长20.1%,得益于美国房地产市场的复苏,低息环境有利于发挥其在房地产抵押贷款市场的份额优势。花旗税前利润达74.97亿美元,盈利主要得益于营业收入增加和净信贷损失下降。摩根士丹利的机构证券销售业务表现强劲。

美国银行业实现强势复苏的主要因素有:一是美国银行业去杠杆化取得显著进展。二是美国银行业始终坚持业务多元化。三是美国银行业经营效率有所提高。四是美国经济复苏趋稳,银行业在国内市场发力。总体来看,伴随着美国经济的温和复苏,其银行业也正悄然再起,实体经济和银行业复苏相得益彰,使美国经济复苏的稳定性和可持续性增强。

(二)西欧银行大量关闭分支机构

国际金融危机前,西欧银行总资产和税前利润在1000家大银行的占比分别为58%和46%,2012年该两项占比分别降至43%和1.6%。在欧债危机的冲击下,欧元区银行业在全球的地位一落千丈,2012年亏损额达到490亿美元,其中西班牙亏损725亿美元,最为惨重。一级资本规模从上年的1.7万亿美元下降到1.3万亿美元。2012年,西欧银行业共关闭了5500家分支机构,约占其分支机构总数的2.5%。欧元区重债国的银行关闭现象尤多。希腊关闭的分支机构约占该国银行分支机构总数的

5.7%,西班牙关闭了1963家分支机构,约占总数的4.9%,爱尔兰和意大利的分支机构数量在2012年分别减少了3.3%和3.1%。英国银行分支机构数量继续保持在11870家。欧债危机重创欧盟银行业,迫使银行业精简机构、裁减员工。希腊、西班牙等重债国银行业今后仍可能继续关闭一些分支机构。

(三)日本银行再度开始扩张

在欧美银行忙于冲抵金融危机造成的不良资本、疲于应付行业新规带来的压力之际,日本银行已经日益成为欧美企业重要的信贷资金来源。数据显示,上世纪80年代末,日本银行业在全球信贷市场占有率曾一度高达30%,但随后一落千丈。2008年后,日本的市场占有率开始再度上升,目前已回升至10%,为本世纪初以来最高水平。由于海外对手特别是受欧债危机困扰的欧洲银行现在大多疲弱不堪,日本银行正面临难得的市场扩张机遇。

(四)新兴市场银行规模和效率显著提高

新兴市场特别是亚太地区的银行,不论是总体业务规模,还是经营效率都得到较大的提升。亚太银行在1000家大银行中的利润占比达到了57%;中国上榜银行总资产规模为15.7万亿美元,连续两年超过美国成为全球最大的银行业市场。全球银行业资产回报率最高的是非洲地区,尽管总资产只占世界的0.8%,但其银行业利润却占世界的2.3%,已经超过了欧洲的份额;非洲银行业的资产回报率高达2.1%,也远高于世界0.7%的平均水平。

三、中国银行业发展状况和面临的挑战

(一)四大商业银行再次同时跻身世界10大银行行列

2012年,中国内地进入1000家大银行排行榜的银行数达110家,与上年持平。与上年相同,中国四大商业银行再次同时跻身世界10大银行行列。按照一级资本额排位,中国工商银行为1606.4亿美元,继续列第1位;中国建设银行为1376.0亿美元,从第6位升至第5位;中国银行为1215.0亿美元,继续列第9位;中国农业银行为1114.9亿美元,仍列第10位。

（二）中小银行取得长足进步

在扩张最快的前 25 家银行中，中国的银行占 4 席，且均为中小型银行。中国内地的河北银行、广西北部湾银行和汉口银行，分别在攀升最快排名中列第 3 位、第 15 位、第 21 位。中小型银行的快速发展是中国银行业结构优化以及行业内部差距缩小的体现，说明中国银行业已呈现出不同规模的银行相互促进、共同发展的良好势头。

（三）市场风险越来越突出

受国内外经济形势错综复杂影响，中国银行业的运行和风险管理面临着许多挑战，新旧矛盾相交织，不确定因素较多。当前，我国银行业贷款在行业上向重化工业、房地产等领域集中，在期限上向中长期贷款集中，在客户上向大企业集团和政府融资平台集中。随着利率市场化和人民币汇率形成机制改革以及经济金融对外开放的不断推进，市场风险会越来越凸显，有关部门必须高度重视，有效防范。

（执笔：高析；成文于 2013 年 10 月）

附表 1　2012 年世界 1000 家最大银行排行榜前 25 家银行

排名	银行	国家	一级资本（百万美元）	增长率（%）	总资产（百万美元）	增长率（%）	税前利润（百万美元）	增长率（%）	资本回报率（%）	资产回报率（%）	BIS 资本充足率①（%）	不良贷款比率（%）
1	中国工商银行	中国	1606.46	14.72	27889.06	5.76	1.76	13.66	5.76	1.76	13.66	0.85
2	摩根大通	美国	1600.02	6.40	23591.41	6.78	1.23	15.27	6.78	1.23	15.27	4.57
3	美洲银行	美国	1554.61	−2.37	22120.04	7.03	0.14	16.31	7.03	0.14	16.31	7.22
4	汇丰控股	英国	1510.48	8.21	26925.38	5.61	0.77	16.10	5.61	0.77	16.10	3.30
5	中国建设银行	中国	1376.00	15.50	22214.35	6.19	1.80	14.32	6.19	1.80	14.32	0.99
6	花旗集团	美国	1365.32	3.53	18646.60	7.32	0.40	17.26	7.32	0.40	17.26	2.93
7	三菱日联金融集团	日本	1295.76	10.73	27094.02	4.78	0.58	16.68	4.78	0.58	16.68	
8	美国富国银行	美国	1266.07	11.11	14229.68	8.90	1.97	14.63	8.90	1.97	14.63	5.93
9	中国银行	中国	1215.04	9.29	20159.96	6.03	1.48	13.63	6.03	1.48	13.63	0.95
10	中国农业银行	中国	1114.93	15.64	21056.19	5.30	1.42	12.61	5.30	1.42	12.61	1.33
11	法国巴黎银行	法国	992.23	9.02	25162.14	3.94	0.54	15.60	3.94	0.54	15.60	4.60
12	苏格兰皇家银行	英国	881.57	0.05	20698.66	4.26	−0.40	14.50	4.26	−0.40	14.50	8.48
13	法国农业信贷银行	法国	813.55	1.41	26492.77	3.07	−0.08	14.00	3.07	−0.08	14.00	3.20
14	西班牙国际银行	西班牙	812.60	1.71	16749.71	4.85	0.28	13.09	4.85	0.28	13.09	4.54
15	英国巴克莱银行	英国	801.10	5.36	23506.64	3.41	0.02	17.20	3.41	0.02	17.20	3.80
16	日本三井住友金融集团	日本	789.02	3.31	17180.45	4.59	0.72	14.71	4.59	0.72	14.71	
17	瑞穗金融集团	日本	749.56	−3.75	20498.10	3.66	0.40	14.18	3.66	0.40	14.18	
18	劳埃德银行集团	英国	674.35	−0.87	14582.84	4.62	−0.06	17.30	4.62	−0.06	17.30	8.60
19	高盛集团	美国	669.77	5.87	9387.70	7.13	1.19	20.11	7.13	1.19	20.11	0.20
20	德意志银行	德国	666.00	4.95	26547.88	2.51	0.04	17.10	2.51	0.04	17.10	1.67
21	意大利联合信贷银行	意大利	644.70	16.10	12227.27	5.27	−0.05	14.52	5.27	−0.05	14.52	7.58
22	法国 BPCE 集团	法国	613.55	15.38	15138.80	4.05	0.33	12.50	4.05	0.33	12.50	3.70
23	交通银行	中国	576.13	37.78	8383.75	6.87	1.43	14.07	6.87	1.43	14.07	0.92
24	摩根士丹利	美国	543.60	3.84	7809.60	6.96	−0.02	18.46	6.96	−0.02	18.46	1.28
25	中央农林金库	日本	521.93	−3.05	9416.15	5.54	0.13	23.56	5.54	0.13	23.56	

资料来源：英国《银行家》

注：①资本充足率是指资本总额与加权风险资产总额的比例。资本充足率反映商业银行在存款人和债权人的资产遭到损失之后，该银行能以自有资本承担损失的程度。BIS 资本充足率指按照国际清算银行标准计算的资本充足率。

附表 2　2012 年 1000 家大银行中排名前 20 位的中国内地银行

序号	银行名称	2012 年排名	2011 年排名	一级资本（亿美元）	一级资本增长率(%)
1	中国工商银行	1	3	1606.46	14.72
2	中国建设银行	5	6	1376.00	15.50
3	中国银行	9	9	1215.04	9.29
4	中国农业银行	10	10	1114.93	15.64
5	交通银行	23	30	576.13	37.78
6	中信银行	47	48	311.71	14.50
7	招商银行	50	56	288.68	16.34
8	上海浦东发展银行	53	57	271.41	17.13
9	中国民生银行	54	62	260.99	30.43
10	兴业银行	55	69	260.16	46.90
11	中国光大银行	75	83	175.80	22.03
12	平安银行	97	97	122.25	
13	华夏银行	102	111	113.62	15.35
14	北京银行	105	132	110.39	39.23
15	广发银行	118	123	99.22	19.70
16	上海银行	158	172	64.88	21.01
17	江苏银行	179	200	54.24	22.92
18	重庆农村商业银行	199	206	48.02	15.29
19	上海农村商业银行	212	213	43.66	10.17
20	汇丰中国			39.42	28.19

资料来源：英国《银行家》。

2013 年全球竞争力指数排名分析

世界经济论坛(WEF)近期发布了《2013-2014 年全球竞争力报告》。报告显示,在 148 个主要经济体的全球竞争力指数排名中,2013 年中国竞争力指数居第 29 位,与上年相同。中国在宏观经济稳定以及市场规模等方面竞争优势明显,但在制度环境质量、高等教育改革、企业经营环境改善、金融改革以及科技创新等方面仍具有较大的提升空间。

一、全球竞争力指数的指标体系及评价方法

全球竞争力排名基于撒拉-伊-马丁教授为世界经济论坛设计的全球竞争力指数,于 2004 年开始发布。

(一)竞争力指数指标体系

2013 年全球竞争力指数指标体系包括基础条件、效率推进和创新与成熟性因素三个分类指数,设置 12 个大类指标(详见表 1)和 112 个小类指标。

(二)竞争力指数评价方法

《全球竞争力报告》将全球划分为五大区域:欧洲和北美地区、亚太地区、拉丁美洲和加勒比海地区、中东和北非地区,以及撒哈拉以南非洲地区。

报告对各经济体的经济发展程度用两个标准来衡量:一是按市场汇率计算的人均 GDP 水平,二是用货物与服务出口总额中矿产出口比重来衡量各国的要素驱动。根据上述两个标准,一个国家的经济发展程度被划分为三个阶段:第一阶段是生产要素驱动阶段,该阶段经济体主要依靠非熟练工和自然资源等因素发展生产、从事经济活动,工资和生产力发展

水平最低;第二阶段是效率驱动阶段,该阶段的经济体由于工资水平提高和科学技术发展,开始寻找更有效的生产方式,并努力提高生产效率和产品质量;第三阶段是创新驱动阶段,该阶段的经济体市场成熟性最好,能够生产和提供创新产品和服务,工资和经济发展水平最高,并能维持高收入和较高的生活水平。另外,根据一些经济体的经济增长和变化情况,世界经济论坛还定义了从第一阶段到第二阶段的过渡阶段和从第二阶段到第三阶段的过渡阶段。

表 1　全球竞争力指数的分类指数和大类指标体系

<table>
<tr><th colspan="2">分类指数</th><th>大类指标(括号中为小类指标数)</th></tr>
<tr><td rowspan="12">全球竞争力指数(GCI)</td><td rowspan="4">A.基础条件</td><td>1.制度(21)</td></tr>
<tr><td>2.基础设施(9)</td></tr>
<tr><td>3.宏观经济环境(5)</td></tr>
<tr><td>4.医疗卫生和基础教育(10)</td></tr>
<tr><td rowspan="6">B.效率推进</td><td>5.高等教育与培训(8)</td></tr>
<tr><td>6.商品市场效率(16)</td></tr>
<tr><td>7.劳动力市场效率(10)</td></tr>
<tr><td>8.金融市场发展水平(8)</td></tr>
<tr><td>9.技术就绪度(7)</td></tr>
<tr><td>10.市场规模(2)</td></tr>
<tr><td rowspan="2">C.创新与成熟性因素</td><td>11.商业成熟度(9)</td></tr>
<tr><td>12.创新(7)</td></tr>
</table>

2013 年全球竞争力指数的计算仍采用对各类指标加权汇总的方法,阶段不同,在计算竞争力总指数时分类指数的权重也不相同。表 2 列出了不同发展阶段的人均 GDP 临界值及各分类指数的权重。对于处于第一到第二、第二到第三的过渡阶段的经济体,随着其经济的不断发展,各分类指数的权重在两个相邻阶段的权重之间平滑变化。

在 2013 年参加测评的 148 个经济体中,处于第一阶段的有 38 个经济体,处于第一阶段到第二阶段过渡阶段的有 20 个经济体,处于第二阶段的有 31 个经济体,处于第二阶段到第三阶段过渡期的有 22 个经济体,处于第三阶段的有 37 个经济体。中国自 2009 年至今处于第二阶段。

表2 不同经济发展阶段的划分标准及竞争力各分类指数的权重

指标	第一阶段：要素驱动	从第一阶段到第二阶段的过渡阶段	第二阶段：效率驱动	从第二阶段到第三阶段的过渡阶段	第三阶段：创新驱动
人均 GDP(美元)	小于 2000	2000-2999	3000-8999	9000-17000	大于 17000
基础条件分类指数权重	60%	40-60%	40%	20-40%	20%
效率推进分类指数权重	35%	35-50%	50%	50%	50%
创新与成熟性因素分类指数权重	5%	5-10%	10%	10-30%	30%

(三)构造竞争力指数变量的调整

在对2012年调查工作进行彻底审查之后，2013年的指数计算略作调整。

在第一个大类指标“制度”中去掉了旧变量“政府服务”以提高企业效率。将2012年全球竞争力指数中的“税收对工作和投资激励的效果”替换为两个来自调查问卷中的新指标：一是“税收对投资的激励效果”，作为第六个大类指标“商品市场效率”中的新变量；二是“税收对工作的激励效果”，作为第七个大类指标“劳动力市场效率”中的新变量。将2012年全球竞争力指数中的变量“人才流失”，替换为两个来自调查问卷中的新指标，分别为第七个大类指标的一部分，即“留住人才的能力”和“吸引人才的能力”。

二、全球竞争力指数排名及分析

《全球竞争力报告》显示，竞争力指数排名位居全球前10位的经济体与2012年一致，但排名有变化，依次为：瑞士、新加坡、芬兰、德国(上升2位)、美国(上升2位)、瑞典(下降2位)、中国香港(上升2位)、荷兰(下降3位)、日本(上升1位)和英国(下降2位)。

(一)瑞士连续五年为全球最具竞争力经济体，北欧国家排名继续位居前列

瑞士几乎在所有方面都持续全面地表现出了强劲的竞争力。2013年瑞士竞争力指数为5.67，连续五年位居世界第一。瑞士最显著的优势包括劳动力市场效率(居全球第2位)、商业成熟度(居第2位)、创新(居第 2 位）和高等教育与培训（居第 4 位）等。这些因素，使瑞士成为全球顶级的创新国家。此外，瑞士的公共制度（第 5）在世界上可以说是最为有效和透明的国家之一。先进的治理结构对于确保公平的竞争环境，增强企业信心发挥了重要作用，其中包括独立的司法机构、强有力的法治（法律规则），以及高度负责任的公共部门。完善的基础设施（第 6）和高度发达的金融市场（第 11）同样对该国的竞争力起到支撑作用。但瑞士大学入学率、女性在经济中的参与率指标持续落后。

欧洲有 10 个国家和地区进入排名前 20 位。凭借预算盈余和较低的公共债务，北欧国家排名继续位居前列。芬兰全球竞争力指数为 5.54，排名保持第 3；瑞典竞争力指数降至 5.48，排名第 6；丹麦竞争力指数降至 5.18，排名第 15。

由于要努力解决公共债务问题并避免解体，欧元区成员国难以充分关注到影响其竞争力的深层次问题，竞争力有所下降。除德国排名第 4、荷兰第 8 不变外，法国下降两位至第 23，意大利下降七位至第 49，葡萄牙下降两位至第 51。

（二）美国扭转竞争力连续四年下降势头，2013 年升至第 5 位

2013 年美国竞争力指数为 5.48，竞争力排名上升两位至第 5。

美国的排名之所以上升，主要是因为美国的金融市场有所完善，金融市场发展水平指标从 2010 年的第 31 位跃升至今年第 10 位。民众对于公共机构的信心也有所回升，今年的调查显示，企业家对公共制度的评估比往年更为积极。同时，由于银行业去杠杆化进展顺利，美国金融市场的稳定性和效率也有所提高。

然而，美国在某些领域排名仍靠后。比如，公众对政府的信任度（排名第 50）、公众对政府与私人部门保持合理距离的能力（第 54），以及公众普遍认为政府浪费资源（第 76）等。另外，虽然今年美国的财政赤字首次缩小，但民众依然非常担心美国宏观经济的稳定性，宏观经济环境排名在 148 个经济体中排名第 117 位。

（三）新加坡为亚太地区排名最高的经济体

2013 年，新加坡的全球竞争力指数为 5.67，连续第三年排名第 2，且 12 个大类指标中有七个都排前三位。新加坡的商品市场效率和劳动力市场效率居世界首位，基础设施、高等教育与培训以及金融市场发展水平位居第二,制度排名第3,创新排名第9。

但是,亚洲(仅指东亚、东南亚和南亚,不包括西亚和中亚,下同)国家的竞争力参差不齐,其发展趋势也显示出巨大差异。中国香港、日本、中国台湾、马来西亚、韩国和中国内地均依然位列全球竞争力前30位,展现出亚洲经济体的强劲活力。其中,中国香港排名比2012年上升两位至第7,日本排名上升一位至第9,中国台湾排名上升一位至第12位,马来西亚上升一位至第24,韩国下降六位至第25,中国内地排名未发生变化。

排名30以外的亚洲国家中,印度尼西亚排名大幅上升12位至第38,是2006年以来二十国集团中竞争力提升最为显著的经济体。菲律宾上升六位至第59,印度下降一位至第60,越南上升五位至第70,柬埔寨下降三位至第88。而孟加拉国、尼泊尔和巴基斯坦全球排名明显靠后,分别居第110、117和133位。老挝、不丹和缅甸首次参与竞争力排名,排名分别为81、109和139位。

(四)拉美地区经济体竞争力排名都在30位以外

在拉美地区,2013年智利的全球竞争力指数依然最高,为4.61,但排第34位,比2012年下降一位。随后依次为巴拿马(第40)、巴巴多斯(第44)、哥斯达黎加(第54)、墨西哥(排名第55,下降2位)和巴西(第56,下降8位)。

三、我国竞争力指数排名情况分析

2013年我国的全球竞争力指数由2012年的4.83微升至4.84,全球排名持平于第29位,继续在发展中经济体中位列前茅,仍具有较大的提升空间。

从竞争力的三个分类指数看,基础条件指数为5.28,比上年上升0.03,排名持平于第31位;效率推进指数为4.63,微降0.01,排名下降一位至第31位;创新与成熟性因素指数为4.10,上升0.05,排名持平于第34位。

从12个大类指标看,中国最具优势的仍然是广阔并且发展迅速的国际和国内市场规模,得分为6.85,上升0.03,排名仅次于美国(得分为6.94)居全球第2位;宏观经济环境指标得分为6.29,上升0.07,排名上升一位至第10位。

排名居中(第20位至第50位)的指标中,基础设施、劳动力市场效率、商业成熟度和创新的得分和排名均有所提高,基础设施的排名与上年相同,医疗卫生和基础教育的排名和得分有所下降。

排名第51位以外的指标有:金融市场发展水平,得分从4.31微升至4.32,排名持平于第54位;商品市场效率、高等教育与培训和技术就绪度,得分分别为4.32、4.23和3.44,排名为61位、70位和85位。

表3　中国全球竞争力指数的排名和得分

指　标	2013年		2012年	
	排名	得分	排名	得分
全球竞争力指数	29	4.84	29	4.83
分类指数 A:基础条件	**31**	**5.28**	**31**	**5.25**
大类指标:1.制度	47	4.24	50	4.22
2.基础设施	48	4.51	48	4.46
3.宏观经济环境	10	6.29	11	6.22
4.医疗卫生和基础教育	40	6.06	35	6.11
分类指数 B:效率推进	**31**	**4.63**	**30**	**4.64**
大类指标:5.高等教育与培训	70	4.23	62	4.32
6.商品市场效率	61	4.32	59	4.31
7.劳动力市场效率	34	4.63	41	4.60
8.金融市场发展水平	54	4.32	54	4.31
9.技术就绪度	85	3.44	88	3.50
10.市场规模	2	6.85	2	6.82
分类指数 C:创新与成熟性因素	**34**	**4.10**	**34**	**4.05**
大类指标:11.商业成熟度	45	4.31	45	4.25
12.创新	32	3.89	33	3.85

与德国、美国、英国、日本、加拿大、澳大利亚和法国等主要发达国家相比,除了在基础条件上稍稍领先于美国外,无论是在总体水平还是在分类指数方面,中国明显落后。

从12个大类看,中国竞争力的明显特点有:一是宏观经济环境是唯一领先主要发达国家的指标。二是市场规模除落后于美国外，领先其他主要发达国家。三是与德国、澳大利亚和法国相比，中国在劳动力市场效率方面占优。四是医疗卫生和基础教育、创新方面继续落后于发达国家，排名相差 10 位以内。五是制度、基础设施、高等教育与培训、商品市场效率、金融市场发展水平、技术就绪度、商业成熟度与主要发达国家比较处于明显劣势，排名至少相差 10 位以上。

表 4　2013 年中国与主要发达国家全球竞争力 12 个大类指标排名情况

	德国	美国	日本	英国	加拿大	澳大利亚	法国	中国
1.制度	15	35	17	12	14	23	31	47
2.基础设施	3	15	9	8	12	18	4	48
3.宏观经济环境	27	117	127	115	50	25	73	10
4.医疗卫生和基础教育	21	34	10	16	7	23	24	40
5.高等教育与培训	3	7	21	17	16	15	24	70
6.商品市场效率	21	20	16	14	17	31	45	61
7.劳动力市场效率	41	4	23	5	7	54	71	34
8.金融市场发展水平	29	10	23	15	12	7	33	54
9.技术就绪度	14	15	19	4	21	12	17	85
10.市场规模	5	1	4	6	13	18	8	2
11.商业成熟度	3	6	1	9	25	30	21	45
12.创新	4	7	5	12	21	22	19	32

在金砖国家中，中国仍继续领跑，之后依次为南非、巴西、印度和俄罗斯。与上年相比，金砖国家排名一升一平三降：俄罗斯由上年的第 67 位升至第 64 位，中国持平于第 29 位，南非由第 52 位降至第 53 位，巴西由第 48 位降至第 56 位，印度由第 59 位降至第 60 位。中国和印度之间位次差距从 2008 年相差 8 位扩大到了今年的 31 位。

中国在宏观经济环境、医疗卫生和基础教育、劳动力市场效率、市场规模与创新方面均居金砖国家首位。在制度、基础设施、高等教育与培训和商品市场效率方面具有一定的竞争优势，但在制度和商品市场效率这两大类上落后于南非，在基础设施、高等教育与培训上落后于俄罗斯。在金融市场发展水平、技术就绪度和商业成熟度方面中国处于明显劣势，金融市场发展水平和商业成熟度仅优于俄罗斯，技术就绪度仅优于印度。

表 5　金砖国家竞争力排名比较

	2013 年	2012 年	2013 年与上年相比
中国	29	29	保持不变
南非	53	52	下降一位
巴西	56	48	下降八位
印度	60	59	下降一位
俄罗斯	64	67	上升三位

表 6　金砖国家全球竞争力 12 个大类指标排名情况

	中国	巴西	南非	印度	俄罗斯
1.制度	47	80	41	72	121
2.基础设施	48	71	66	85	45
3.宏观经济环境	10	75	95	110	19
4.医疗卫生和基础教育	40	89	135	102	71
5.高等教育与培训	70	72	89	91	47
6.商品市场效率	61	123	28	85	126
7.劳动力市场效率	34	92	116	99	72
8.金融市场发展水平	54	50	3	19	121
9.技术就绪度	85	55	62	98	59
10.市场规模	2	9	25	3	7
11.商业成熟度	45	39	35	42	107
12.创新	32	55	39	41	78

四、对进一步提高中国竞争力的思考

2013 年中国竞争力指数与排名虽然继续在发展中国家保持领先，但保持和提升竞争力将面临很大挑战。

(一)进一步提高制度环境质量，提升政府效率

《全球竞争力报告》显示，中国制度环境质量排名比上年继续提高，但得分不变。从制度构成的小类指标看，政府支出的浪费情况从上年的第 39 位升至第 29 位，政府管制的负担从第 23 位升至第 14 位，政府决策

的透明度从第51位升至第46位。但产权从第47位降至第50位，对投资者保护程度从第80位降至84位，表明我国制度环境亟待进一步改善，如信息爆炸时代易导致的网络谣言，正常上访渠道不畅，政府决策民众参与和透明度低等问题。政府应该继续致力于创建受约束的预算制度，确保资金支出的效率，杜绝政府支出的浪费情况；要依法整治网络谣言，同时切实拓宽人民群众正常表达意见的渠道；提高政府决策的透明度，对涉及民生的政策应尽可能的采取听证机制，避免政策出台可能带来的负面效应。

（二）继续深化高等教育改革，提高人才社会契合度

目前，中国已普及了初等教育，但在高等教育、中等教育与培训方面竞争力相对较低。中学入学率保持第90位，大学入学率降至第83位，这两方面依然较为落后。另外，研究及培训服务的有效性降至第62位，员工培训的程度降至第48位。说明中国的高等教育方式与市场需求存在一定程度脱节，部分大学毕业生并没有将所接受的专业知识应用到实际工作中，浪费了国家在高等教育上的投入。目前，社会上对高级蓝领及高级技术工人的需求日益增加，国家应大力发展高等职业教育及高等技能教育，使人才培养更贴近市场对人才的实际需求。

（三）努力提升市场效率，改善经营环境

无论从得分还是排名来看，中国企业的总体经营环境依然没有改善，中国企业经营中仍存在较为明显的障碍。例如企业税负（从上年的第125位降至第131位）、贸易及关税占税收的比重（从第122位降至123位）、创办企业所需要的手续（从第134位降至135位）和所需天数（从第116位升至第112位）。要提升企业竞争力、改善经营环境，应继续提高小微企业增值税和营业税免征起点，减少企业在货物流通环节的各项费用，严查乱收费乱罚款，切实降低小微企业经营负担；推进政府扁平化管理，加快落实简政放权措施，尽可能利用市场化手段调节经济结构，逐步弱化政府主导投资的基础项目建设对经济的贡献度；减少地方政府为政绩考虑而对产能过剩企业支付的财政补贴和扶持，依靠市场机制加快企业兼并、重组和淘汰进程。

（四）加快金融改革，防范金融风险

在效率推进指标方面，中国的金融市场发展水平大类排名拖累了整个国家的竞争力表现。中国金融部门的效率和可信赖度依然居后，金融服务有效性排名不高（从上年的第68位降至第70位），银行业健全度不够（从第71位降至第72位），合法权利指数没有改进（依旧排名第65位）。建议扩大上海自贸区内金融制度改革范围，择机逐步开放人民币资本项下可自由兑换，推动跨境人民币业务发展，拓展境外人民币回流渠道，提高人民币国际化地位；开放金融领域，逐步推进存款利率市场化和存款保险机制，鼓励互联网金融产品创新，促进经济健康发展；清理地方政府债务，加快地方政府融资平台去杠杆化进程，减少圈地造城运动的融资冲动，限制地方土地抵押总量。

（五）加大科技投入力度，提高科技创新水平

中国的科技有效性排名从2012年的第107位升至第105位，知识产权保护从第80位升至第51位。世界经济论坛全球竞争力与表现中心副主任梯也尔·杰格认为，中国已经具备了一定的竞争力，现在应该更多依靠发展服务产业、高附加值产业和创新提高竞争力。目前，我国大量科研经费流失在项目之外，浪费严重，应该在设立项目时一并建立经费实时审查制度，进行严格的中期检查与事后审计。同时，应在环保、医药、新能源等热门领域或新新领域加大投入，尽快推出可利用的新技术和新产品。

（执笔：李婧婧；成文于2013年11月）

附表1 2013年全球竞争力指数排行榜前50位的国家和地区

国家和地区	2013年排名	得分	2012年排名	名次变化
瑞士	1	5.67	1	0
新加坡	2	5.61	2	0
芬兰	3	5.54	3	0
德国	4	5.51	6	2
美国	5	5.48	7	2
瑞典	6	5.48	4	−2
中国香港	7	5.47	9	2
荷兰	8	5.42	5	−3
日本	9	5.40	10	1
英国	10	5.37	8	−2
挪威	11	5.33	15	4
中国台湾	12	5.29	13	1
卡塔尔	13	5.24	11	−2
加拿大	14	5.27	14	0
丹麦	15	5.18	12	−3
奥地利	16	5.15	16	0
比利时	17	5.13	17	0
新西兰	18	5.11	23	5
阿联酋	19	5.11	24	5
沙特阿拉伯	20	5.10	18	−2
澳大利亚	21	5.09	20	−1
卢森堡	22	5.09	22	0
法国	23	5.05	21	−2
马来西亚	24	5.03	25	1
韩国	25	5.01	19	−6
文莱	26	4.95	28	2
以色列	27	4.94	26	−1
爱尔兰	28	4.92	27	−1
中国	**29**	**4.84**	**29**	**0**

续表

国家和地区	2013 年排名	得分	2012 年排名	名次变化
波多黎各	30	4.67	31	1
冰岛	31	4.66	30	-1
爱沙尼亚	32	4.65	34	2
阿曼	33	4.64	32	-1
智利	34	4.61	33	1
西班牙	35	4.57	36	1
科威特	36	4.56	37	1
泰国	37	4.54	38	1
印度尼西亚	38	4.53	50	12
阿塞拜疆	39	4.51	46	7
巴拿马	40	4.50	40	0
马耳他	41	4.50	47	6
波兰	42	4.46	41	-1
巴林	43	4.45	35	-8
土耳其	44	4.45	43	-1
毛里求斯	45	4.45	54	9
捷克	46	4.43	39	-7
巴巴多斯	47	4.42	44	-3
立陶宛	48	4.41	45	-3
意大利	49	4.41	42	-7
哈萨克斯坦	50	4.41	51	1

附表 2　中国竞争力指数的大类指标和小类指标详细得分及排名

各级指数(括号内为该指数占上级指数分值的比重)	排名	得分(1-7)
全球竞争力指数	**29**	**4.84**
分类指数 A:基础条件(40%)	**31**	**5.28**
1.制度(25%)	**47**	**4.24**
A.公共制度(75%)		
1.产权(20%)		
1.01 产权	50	4.6
1.02 知识产权保护	53	3.9
2.道德规范与腐败(20%)		
1.03 公共资金的挪用	44	3.9
1.04 公众对政府的信任度	26	4.1
1.05 腐败	68	4.0
3.威胁手段(20%)		
1.06 司法独立	57	4.0
1.07 政府官员在决策中的徇私舞弊现象	29	4.0
4.政府效率(20%)		
1.08 政府支出的浪费情况	29	3.9
1.09 政府管制负担	14	4.3
1.10 解决争端时法律体制的效率	43	4.2
1.11 挑战规章制度时法律体制的效率	47	3.8
1.12 政府决策的透明度	46	4.4
5.安全(20%)		
1.13 恐怖主义导致的商业活动成本	98	5.0
1.14 犯罪和暴力导致的商业活动成本	62	4.8
1.15 有组织犯罪	88	4.7
1.16 警察所提供服务的可靠性	59	4.4
B.私人制度(25%)		
1.企业伦理(50%)		
1.17 公司的职业道德	54	4.2
2.责任义务(50%)		
1.18 审计报告标准的严格程度	80	4.5
1.19 董事会决定的有效性	84	4.4
1.20 对少数股东利益的保护	75	4.1

续表 1

各级指数(括号内为该指数占上级指数分值的比重)	排名	得分(1-7)
1.21 对投资者保护程度,0-10	84	5.0
2.基础设施(25%)	**48**	**4.51**
A.交通基础设施(50%)		
2.01 整体基础设施质量	74	4.3
2.02 道路质量	54	4.5
2.03 铁路基础设施质量	20	4.7
2.04 港口基础设施质量	59	4.5
2.05 交通基础设施的空气质量	65	4.5
2.06 每周航线最大航空客运周转量(百万人公里)	2	12672.0
B.电力和电话基础设施(50%)		
2.07 电力供应质量	67	5.1
2.08 每百人移动电话用户数	116	81.3
2.09 每百人固定电话主线数	58	20.6
3.宏观经济环境(25%)	**10**	**6.3**
3.01 政府财政盈余/赤字占 GDP 比重(%)	61	-2.2
3.02 国民总储蓄占 GDP 比重(%)	6	49.5
3.03 通货膨胀率(%)	1	2.7
3.04 政府公共债务占 GDP 比重(%)	28	22.8
3.05 国家信用评级,0-100	23	78.9
4.医疗卫生和基础教育(25%)	**40**	**6.1**
A.健康(50%)		
4.01 疟疾的商业影响	97	5.3
4.02 疟疾发病率(每十万人)	82	0.9
4.03 肺结核的商业影响	92	5.1
4.04 肺结核发病率(每十万人)	87	75.0
4.05 艾滋病的商业影响	85	5.1
4.06 成人间艾滋病流行率(%)	11	0.10
4.07 婴儿死亡率(每千活产婴儿)	65	12.6
4.08 人口预期寿命	75	73.5
B.初等教育(50%)		
4.09 初等教育质量	56	4.3
4.10 初等教育净入学率(%)	4	99.8

续表 2

各级指数(括号内为该指数占上级指数分值的比重)	排名	得分(1-7)
分类指数 B:效率推进(50%)	**31**	**4.6**
5.高等教育与培训(17%)	**70**	**4.2**
A.教育数量(33%)		
5.01 中学教育毛入学率(%)	90	81.4
5.02 大学教育毛入学率(%)	83	26.8
B.教育质量(33%)		
5.03 教育系统质量	54	4.0
5.04 数学与科学教育质量	48	4.4
5.05 管理学院质量	83	4.1
5.06 学校互联网接入率	35	5.3
C.在职培训(33%)		
5.07 专业研究与培训服务的有效性	62	4.4
5.08 员工培训的程度	48	4.3
6.商品市场效率(17%)	**61**	**4.3**
A.竞争(67%)		
1.国内竞争		
6.01 当地竞争强度	46	5.3
6.02 市场操控程度	23	4.6
6.03 反垄断政策的有效性	55	4.3
6.04 税收对投资的激励效果	41	4.1
6.05 企业税负(%)	131	63.7
6.06 创办企业所需的手续	135	13
6.07 创办企业所需的天数	112	33
6.08 农业政策成本	14	4.6
2.国外竞争		
6.09 贸易壁垒盛行程度	76	4.3
6.10 贸易关税占税收的比重(%)	123	11.0
6.11 外资所有权盛行程度	91	4.4
6.12 规则对 FDI 企业的影响	45	4.8
6.13 海关程序的负担	60	4.2
6.14 进口占 GDP 比重(%)	135	25.5

续表 3

各级指数(括号内为该指数占上级指数分值的比重)	排名	得分(1-7)
B.需求状况质量(33%)		
6.15 顾客导向程度	76	4.5
6.16 买主成熟度	16	4.4
7.劳动力市场效率(17%)	**34**	**4.6**
A.灵活度(50%)		
7.01 劳资合作	60	4.4
7.02 工资灵活度	94	4.8
7.03 雇用和解雇行为	28	4.4
7.04 按周薪计算的企业冗余成本	120	27.4
7.05 税收对工作的激励效果	42	4.0
B.人才的有效利用(50%)		
7.06 工资与生产率	17	4.7
7.07 对职业管理的依赖程度	44	4.6
7.08 国家吸引人才的能力	31	4.3
7.09 国家留住人才的能力	26	4.4
7.10 女性劳动力与男性劳动力之比	36	0.88
8.金融市场发展水平(17%)	**54**	**4.3**
A.效率(50%)		
8.01 金融服务有效性	70	4.5
8.02 金融服务可承受性	51	4.4
8.03 通过当地股市融资	38	4.0
8.04 获得贷款的难易程度	32	3.4
8.05 风险资本可获得性	16	3.8
B.诚信和信心(50%)		
8.06 银行业健全度	72	5.0
8.07 证券交易所的监管	63	4.3
8.08 合法权利指数,0-10	65	6
9.技术就绪度(17%)	**85**	**3.4**
A.技术采用(50%)		
9.01 可利用最新科技	105	4.4
9.02 企业层次的技术吸收	71	4.7

续表 4

各级指数(括号内为该指数占上级指数分值的比重)	排名	得分(1-7)
9.03 外商直接投资及技术转移	78	4.5
B.信息和通信技术应用(50%)		
9.04 个人使用互联网比例(%)	78	42.3
9.05 每百人宽带互联网用户数	49	13.0
9.06 用户平均互联网带宽(千比特/人)	118	4.2
9.07 每百人移动宽带用户数	71	17.2
10.市场规模(17%)	**2**	**6.9**
A.国内市场规模(75%)		
10.01 国内市场规模指数,1-7	2	6.8
B.国外市场规模(25%)		
10.02 国外市场规模指数,1-7	1	7.0
分类指数 C:创新与成熟性因素(10%)	**34**	**4.1**
11.商业成熟度(50%)	**45**	**4.3**
11.01 当地供应商数量	31	5.0
11.02 地供应商质量	69	4.5
11.03 产业集群状况	24	4.6
11.04 竞争优势性质	53	3.8
11.05 价值链长度	43	4.1
11.06 对国际分销商的控制	48	4.3
11.07 生产流程成熟度	58	4.0
11.08 市场营销广度	50	4.4
11.09 授权意愿	60	3.9
12.创新(50%)	**32**	**4.1**
12.01 创新能力	30	4.2
12.02 科研机构的质量	41	4.3
12.03 公司研发支出	22	4.2
12.04 大学与产业合作研发	33	4.4
12.05 政府采购高科技产品	13	4.4
12.06 科学家和工程师的可用性	44	4.5
12.07 每百万人口《专利合作条约》专利申请量	36	9.2

2013 年全球企业经营环境排名分析

世界银行和国际金融公司近期发布了 2013 年《全球企业经营环境报告:了解针对中小企业的法规》(简称《全球企业经营环境报告》)。报告显示,在参与测评的 189 个经济体中,中国 2013 年企业经营环境即企业经营便利程度排名居 96 位,比 2012 年上升 3 位。报告还显示,中国在执行合同和注册财产方面排位仍继续保持前列,但在办理建筑许可、开办企业等方面排位仍靠后,跨境贸易与最好水平差距有所扩大。

一、全球企业经营环境排名概况

从 2003 年开始,世界银行和国际金融公司每年联合推出一份《全球企业经营环境报告》,对全球各经济体的企业经营环境便利程度进行评价与排名。

由于私营中小企业是全球各经济体内最常见的经营主体,对于推动经济增长和创造就业发挥着重要作用,因此,报告重点考察各经济体内最大商业城市中的私营中小企业面临的监管环境,包括企业开办和运营、跨境贸易、纳税和办理破产等。

(一)数据来源

衡量企业经营环境使用两类数据。一类是评估企业监管所涉及的法律法规,属于事实性数据,由律师、法官和公证员等法律专业人士根据每个经济体的公司法、民法、劳动法及其他法律法规填报。2013 年报告所涉及的这类数据约占总数据量的 72%;二是关于监管程序复杂性和成本的数据,从企业角度衡量根据相关法规完成一项交易所需的手续、时间和成本,用于衡量监管效率。

近年来，该报告每年搜集约5.6万笔数据。2013年调查数据提供者达到10020名，包括四类人员：接受企业经营环境调查的人员、相关法律人士、有关经济体的政府人员和世界银行的地区工作人员。中国的调查样本来自上海市的中小型民营企业。

（二）指标体系

11年来，测算企业经营环境的分类指标从5类扩充至11类，参与测评的经济体从133个增至189个，指标体系也不断改进。

目前，用于测算企业经营环境排名的指标体系见表1。

表1　企业经营环境排名指标体系

分类指标	基础指标
监管程序的复杂性和成本	
开办企业	手续、时间、费用和资本最低限额
办理建筑许可	手续、时间和费用
获得电力	手续、时间和费用
注册财产	手续、时间和费用
纳税	支付税款次数、时间和总税率
跨境贸易	文件、时间和费用
法律制度的力度	
获得信贷	动产抵押法律和信用信息体系
投资者保护	关联方交易的披露和法律责任
执行合同	解决商业争端所需的程序、时间和费用
办理破产	时间、费用、结果和回收率
雇佣员工①	就业法规的灵活性

注：①指标雇佣员工未用于2010-2013年企业经营环境排名。

资料来源：2013年《全球企业经营环境报告：了解针对中小企业的法规》。

（三）测算方法

计算企业经营环境排名和与各经济体历年来最好水平差距均采用简单平均法对分项指标进行汇总，各类下所有具体指标采用均等赋权法，总排名为分类指标排名的算术平均值。所有经济体按其300多个数据点的平均水平从高到低排列，排名高说明该经济体企业经营环境更有利。

(四)数据修正

除成本类数据以外,对于因方法变动和数据错误而修正的数据信息,世界银行每年均会在"企业经营环境"网站(www. doingbusiness. com)上发布说明。同时,为提供可比时间序列数据,世界银行还会对上一年的数据进行回溯修正。例如,2013 年不仅对 2012 年报告中的数据进行修正,还将 2013 年新增的利比亚、缅甸、南苏丹和圣马力诺数据加入其中,并重新排名,使 2012 年与 2013 年的排名完全可比。

二、全球企业经营环境排名比较

(一)2013 年总体排名情况

按七大地区①分,2013 年企业经营环境排名最高的仍是经济合作与发展组织(经合组织)高收入地区,其平均水平在全部 189 个经济体中排名居 29 位,比 2012 年下降 1 位;欧洲和中亚地区平均水平居 71 位,上升 3 位;东亚和太平洋地区平均水平居 88 位,上升 2 位;拉美和加勒比地区平均水平居 100 位,下降 2 位;南亚地区平均水平居 121 位,下降 2 位。

按经济体分,新加坡企业经营环境排名连续八年蝉联全球榜首;与 2012 年一样,中国香港、新西兰、美国和丹麦仍居第 2 至 5 位;马来西亚、韩国、格鲁吉亚、挪威和英国依次居第 6 至 10 位(见表 2)。

报告显示,过去一年中,有 114 个经济体共实施了 238 项监管规则改革,改革数量比 2012 年增长 18%。实施改革的经济体占比为 60. 3%。在 189 个经济体中,32. 8%的经济体实行了两类或两类以上改革。南亚超过欧洲和中亚成为开展监管改革的经济体占比最高的地区,达 75%;欧洲和中亚开展监管改革的经济体占比居第二位,达 73%;西亚和北非的经济体由于政治动荡,改革占比最低,仅为 40%。乌克兰、卢旺达、俄罗斯、帕劳、菲律宾、科索沃、吉布提、科特迪瓦、布隆迪和马其顿是改进最多的十个经济体。其中,乌克兰在考察的十个领域中的八个领域实施了改革。

---

① 全球企业经营环境排名将全球划分成七大地区,分别是:经合组织高收入地区、欧洲和中亚地区、东亚和太平洋地区、南亚地区、拉美和加勒比地区、西亚和北非地区及撒哈拉以南非洲地区。这七个地区的排名是虚拟排名,不占 189 个经济体实际排名位置。

表2 2013年企业经营环境排名前十位的经济体比较

	新加坡		中国香港		新西兰		美国		丹麦	
	排名	与上年相比变化	排名	与上年相比变化	排名	与上年相比变化	排名	与上年相比变化	排名	与上年相比变化
企业经营环境排名	**1**	**0**	**2**	**0**	**3**	**0**	**4**	**0**	**5**	**0**
开办企业	3	0	5	1	1	0	20	−9	40	−8
办理建筑许可	3	0	1	0	12	−1	34	−4	8	−1
获得电力	6	−1	5	−1	45	0	13	0	18	0
注册财产	28	7	89	−29	2	0	25	−1	7	0
获得信贷	3	8	3	0	3	0	3	0	28	−4
投资者保护	2	0	3	0	1	0	6	0	34	−2
纳税	5	0	4	0	23	−2	64	5	12	1
跨境贸易	1	0	2	0	21	−2	22	−1	8	−1
合同执行	12	−1	9	0	18	0	11	1	32	−1
办理破产	4	1	19	−2	12	1	17	−1	10	0
	挪威		英国		韩国		格鲁吉亚		澳大利亚	
	排名	与上年相比变化	排名	与上年相比变化	排名	与上年相比变化	排名	与上年相比变化	排名	与上年相比变化
企业经营环境排名	**6**	**2**	**7**	**−1**	**8**	**1**	**9**	**−2**	**10**	**1**
开办企业	16	3	34	−11	8	−1	53	−10	28	−10
办理建筑许可	43	56	18	3	2	0	28	−5	27	−1
获得电力	21	7	2	−1	54	0	17	−1	74	−10
注册财产	35	−2	75	−2	1	0	10	−2	68	3
获得信贷	1	0	13	−2	3	0	73	−2	1	0
投资者保护	4	0	52	−1	16	0	22	−1	10	0
纳税	36	−21	25	4	29	3	17	2	14	3
跨境贸易	5	0	3	0	43	2	26	0	16	0
合同执行	30	−1	2	0	33	0	4	0	56	1
办理破产	42	0	15	−1	88	4	2	0	7	1

注：与上年相比变化，负值表示排名下降，“0”表示排名不变，正值表示排名上升。

资料来源：企业经营环境数据库。

金砖国家企业经营环境均有所改善,其中俄罗斯尤为显著,与各经济体历年来最好水平差距缩小 5.36 个百分点;其次是中国和巴西,分别缩小 1.32 和 0.85 个百分点;再次是印度和南非,分别缩小 0.47 和 0.28 个百分点。

(二)十一年来全球企业经营环境改善情况

报告表明,十一年来,除个别经济体外,大多数经济体的企业经营环境与各经济体历年最好水平之间的差距都缩小了。其中,开办企业方面与最好水平差距最小,办理破产方面差距最大。

报告显示,2003-2013 年,企业经营环境排名位居前列的经济体大多建立了有助于推动市场往来和保护公众利益的法规,同时避免过度监管影响私营部门发展。这些经济体既有规范的私营部门,又有较为有效的监管体系。

报告还显示,各经济体企业监管实践已经逐步趋同,而监管制度最为薄弱、监管过程最为复杂和成本昂贵的经济体往往采取的改革较少。不过,一旦这些经济体开始改革,就会重点针对自己表现最差的领域,缓慢而稳步地采用表现最好的经济体的做法,有助于在许多方面改善自己。

2003-2013 年,《企业经营环境报告》记录了 2100 多项提高企业经营便利度的改革。在全球 189 个经济体中,改善最大的是卢旺达,共实行了 34 项监管制度改革,与各经济体历年来最好水平差距缩小 33.1 个百分点;其次是格鲁吉亚,改善幅度达 32.3 个百分点;位列第三的是白俄罗斯,达 26.2 个百分点;中国共实施了 18 项监管制度改革,改善幅度达 15.9 个百分点,居 13 位;俄罗斯共实施了 22 项改革,改善幅度为 11.6 个百分点,居 29 位。

该报告还指出,自 2005 年以来,一些经济体已成为本地区企业经营环境改革的领先者。例如,中国是东亚与太平洋地区的领先者,哥伦比亚是拉丁美洲和加勒比地区的领先者,卢旺达是撒哈拉以南非洲的领先者,波兰是经合组织高收入经济体的领先者。

把有数据的 183 个经济体作为一个整体来看,2013 年与各经济体 2003 年以来最好水平的平均差距为 38.1 个百分点,从 2009 年到 2013 年,该平均差距缩小了 3.2 个百分点;2013 年单个经济体离各经济体历年最好水平最小差距和最大差距分别是 7.8 和 68.8 个百分点,五年间分别缩小了1.5和3.5个百分点。

近五年以来,报告记录中的三分之二改革旨在降低监管程序的复杂性和成本,其余三分之一旨在强化企业监管制度框架。2009年以来有数据的183个经济体中,只有美国和玻利维亚等七个经济体未在报告衡量的领域进行任何改革,除美国外的其他六个经济体排名都很低。

五年来,开办企业类政策和相应法规是各经济体改革的重点,改善幅度最大;其次是纳税。但在获得信贷、执行合同和办理破产方面,全球经济体与各经济体历年来最好水平差距有所扩大。

三、中国企业经营环境排名情况分析

2013年,中国企业经营环境排名在189个经济体中居96位(见表3),比2012年上升了3位,仍落后于所有发达经济体,在新兴和发展中经济体中居中上水平。

表3 中国企业经营环境与主要经济体排名比较

经济体	2013年	2012年	变化
经合组织高收入	29	28	-1
欧洲和中亚	71	74	3
东亚和太平洋	88	90	2
拉丁美洲和加勒比	100	98	-2
南亚	121	119	-2
中国	96	99①	3
新加坡	1	1	0
中国香港	2	2	0
新西兰	3	3	0
美国	4	4	0
丹麦	5	5	0
马来西亚	6	8	2
韩国	7	6	-1
格鲁吉亚	8	9	1
挪威	9	7	-2
英国	10	11	1

续表

经济体	2013 年	2012 年	变化
澳大利亚	11	10	-1
德国	21	19	-2
日本	27	23	-4
南非	41	41	0
俄罗斯	92	111	19
巴西	116	118	2
印度尼西亚	120	116	-4
印度	134	131	-3

注:①由于首次增加利比亚、缅甸、圣马力诺和南苏丹并修正历史数据,2012 年中国排名由 185 个经济体中的 91 位修正为 189 个经济体中的 99 位。

资料来源:企业经营环境数据库。

从分类排名看,与 2012 年相比,2013 年中国中小企业经营环境(见表 4)高于总排名的分类指标由六类减为五类,投资者保护排名由略高于总排名的 95 位降至低于总排名的 98 位。高于总排名的五类指标分别是合同执行、注册财产、获得信贷、跨境贸易和办理破产,合同执行和注册财产排名比较靠前,分别居 19 位和 48 位;获得信贷、跨境贸易和办理破产分别居 73 位、74 位和 78 位。其他低于总排名的四类指标分别是获得电力(119 位)、纳税(120 位)、开办企业(158 位)和办理建筑许可(185 位)。

与 2012 年相比,十类指标中的三类指标排名上升、三类指标排名不变、四类指标排名下降。在排名上升的三类指标中,由于中国改进信用信息行业规则,保证借款人可以查询自己的信用记录,使获得信贷位次上升了 9 位;纳税和办理破产排位均上升 2 位。

在排名下降的四类指标中,开办企业下降 5 位到 158 位,这是因为政府没有实行相应的改革措施。相比之下,全球已有 96 个国家和地区实行了一站式登记,109 个经济体在网上公布了相关办事程序。获得电力和投资者保护均下降 3 位,前者因获得电力成本降低幅度小于其他经济体,后者是因为没有任何改进。注册财产下降 1 位,原因是各分项指标没有改善。

表 4　中国企业经营环境排名比较

	2013 年	2012 年	变化
企业经营环境	**96**	**99**	**3**
开办企业	158	153	−5
办理建筑许可	185	185	0
获得电力	119	116	−3
注册财产	48	47	−1
获得信贷	73	82	9
投资者保护	98	95	−3
纳税	120	122	2
跨境贸易	74	74	0
合同执行	19	19	0
办理破产	78	80	2

资料来源:企业经营环境数据库。

从所在的东亚和太平洋地区看,中国的排名低于该地区平均值 88,在 25 个经济体中居 12 位,比上年提升 2 位,但仍远低于新加坡和中国香港,也落后韩国 89 位。

2013 年中国有五类指标排名高于东亚和太平洋地区平均值,分别是合同执行、注册财产、获得信贷、办理破产和跨境贸易。其中合同执行优势较大,在世界前 20 位以内,居本地区第 3 位;注册财产、办理破产、获得信贷和跨境贸易分别居本地区第 8、9、11 和 13 位。但中国有五类指标排名落后于东亚和太平洋地区平均值。在办理建筑许可方面比东亚和太平洋地区平均值低 109 位,在 25 个经济体中居最后一位;开办企业方面低 58 位,居本地区 21 位;纳税低 47 位,居本地区 22 位;获得电力低 40 位;投资者保护低 12 位(见表 5)。

与其他金砖国家比较,中国企业经营环境排名分别比南非(41 位)和俄罗斯(92 位)落后 55 位和 4 位,但分别比巴西(116 位)和印度(134 位)高 20 位和 38 位(见表 3)。

表 5　2012 年中国企业经营环境与东亚和太平洋主要经济体比较

	东亚和太平洋	新加坡	中国香港	韩国	马来西亚	中国台湾	泰国	中国	印度尼西亚	菲律宾
企业经营环境排名	**88**	**1**	**2**	**6**	**16**	**18**	**96**	**99**	**108**	**120**
开办企业	100	3	5	16	17	91	158	109	170	175
办理建筑许可	76	3	1	43	7	14	185	29	99	88
获得电力	79	6	5	21	7	12	119	156	33	121
注册财产	92	28	89	35	31	29	48	51	121	101
获得信贷	81	3	3	1	73	73	73	42	86	86
投资者保护	86	2	3	4	34	12	98	157	128	52
纳税	73	5	4	36	58	70	120	149	131	137
跨境贸易	75	1	2	5	18	24	74	65	42	54
合同执行	91	12	9	30	84	22	19	46	114	147
办理破产	108	4	19	42	16	58	78	149	100	144

资料来源：企业经营环境数据库。

四、对改善我国企业经营环境的建议

改善我国中小型企业经营环境需要政府、企业和社会在以下几方面继续做出努力。

（一）理顺政府和市场关系

进一步深化行政体制改革；加快转变政府职能，继续加大简政放权力度，抓紧监督落实国务院 2013 年已取消和下放管理层级的 168 项行政审批项目，努力营造公平竞争的市场环境；加强对行政审批权运行的监督，依法依规及时全面公开项目核准和行政审批信息。

（二）加强政府相关部门协调

工商、税务和技术监督等有关部门要加强协调，增强政府部门间信息沟通和合理利用，避免企业重复或多头登记，提高工作效率，大力缩减办理相关程序所需时间。我国开办企业共需 13 个步骤、33 天，其中申请法人营业执照、办理组织机构代码、到税务部门登记等步骤需要 11 天，印制和购买财务票据还需 10 天，而经合组织高收入经济体开办企业只需要 5 个步骤、11. 3 天，全球平均水平为 7 个步骤、25 天。我国在这方面的差距明显，提高效率的空间很大。

（三）加大政府服务力度

目前我国多数中小企业技术力量和研发经费有限，信息情报搜集提炼工作经费不足。因此要加快建立健全包括政策信息、技术信息、市场信息在内的企业信息网络和服务体系，引导广大中小企业健康发展。

（四）积极借鉴其他经济体的先进经验

2003年以来，各经济体约25%的企业经营环境改革是受到《企业经营环境报告》的启发而实施的。在2013年报告推荐的39种良好做法中，中国有9类指标中的18种做法没有采用。对这些良好实践应认真消化吸收，为我所用。比如：在开办企业方面取消最低资本限额；在纳税方面允许电子报税和支付并每个税基只设一个税种；在登记财产方面提供加急服务；在获得信贷方面保持统一的信用登记体系；在保护投资者方面允许解除不公正的关联方交易、审理前和审理中允许查阅所有公司文件；在解决破产方面允许庭外解决等。

（五）着力改善中小企业特别是民营中小企业经营环境

我国目前大部分中小企业都是民营企业。社会上对民营经济重要性的认识仍然不足，中小型民营企业还难以真正享受国民待遇。在税收方面，一些地方政府部门的越权减免税导致中小型民营企业税负相对较重；在获得信贷方面，当政府执行紧缩货币政策时，中小型民营企业融资难问题尤其突出；在企业用人方面，因无法提供与国营企业或公务员相同的社会保障，导致中小型民营企业缺乏复合型人才。

（六）应用信息技术整合政府服务与监管

充分利用互联网或数据库等信息技术，整合开办企业、跨境贸易和办理破产等相关手续，提高办理申请、登记财产和检索相关信息（如抵押权、登记的不动产估价信息或某些机构信用信息）和出具相应证明文件的效率，加强信息整合和共享，既能改善对中小企业服务水平，减少政府监督管理企业运营的支出，又能降低企业成本，充分利用有限的社会资源，有效提高劳动生产率，可产生多赢的效果。

（执笔：尹晓静；成文于2014年2月）

附表 1　2013 年全球企业经营环境排名

经济体	排名	本年度改革（项）	经济体	排名	本年度改革（项）
新加坡	1	2	卢旺达	32	8
中国香港	2	1	斯洛文尼亚	33	1
新西兰	3	1	智利	34	1
美国	4	0	以色列	35	2
丹麦	5	0	比利时	36	0
马来西亚	6	3	亚美尼亚	37	2
韩国	7	1	法国	38	1
格鲁吉亚	8	1	塞浦路斯	39	0
挪威	9	0	波多黎各	40	0
英国	10	2	南非	41	1
澳大利亚	11	1	秘鲁	42	0
芬兰	12	0	哥伦比亚	43	2
冰岛	13	1	黑山	44	2
瑞典	14	1	波兰	45	2
爱尔兰	15	0	巴林	46	1
中国台湾	16	0	阿曼	47	0
立陶宛	17	2	卡塔尔	48	1
泰国	18	1	斯洛伐克	49	0
加拿大	19	0	哈萨克斯坦	50	2
毛里求斯	20	3	突尼斯	51	0
德国	21	0	西班牙	52	1
爱沙尼亚	22	1	墨西哥	53	3
阿联酋	23	3	匈牙利	54	0
拉脱维亚	24	4	巴拿马	55	4
马其顿	25	6	博茨瓦纳	56	1
沙特阿拉伯	26	0	汤加	57	1
日本	27	0	保加利亚	58	0
荷兰	28	2	文莱	59	1
瑞士	29	0	卢森堡	60	0
奥地利	30	0	萨摩亚	61	0
葡萄牙	31	1	斐济	62	0

续表 1

经济体	排名	本年度改革（项）	经济体	排名	本年度改革（项）
白俄罗斯	63	4	牙买加	94	3
圣卢西亚	64	0	马尔代夫	95	1
意大利	65	3	中国	96	2
特立尼达和多巴哥	66	1	索罗门群岛	97	0
加纳	67	0	纳米比亚	98	0
吉尔吉斯共和国	68	0	越南	99	2
土耳其	69	3	帕劳	100	2
阿塞拜疆	70	3	圣基茨和尼维斯	101	0
安提瓜和巴布达	71	0	哥斯达黎加	102	2
希腊	72	3	马耳他	103	1
罗马尼亚	73	3	科威特	104	1
瓦努阿图	74	1	尼泊尔	105	1
捷克	75	1	伯利兹	106	0
蒙古	76	3	格林纳达	107	0
多米尼克	77	0	菲律宾	108	3
摩尔多瓦	78	3	巴拉圭	109	1
危地马拉	79	3	巴基斯坦	110	0
塞舌尔	80	0	黎巴嫩	111	0
圣马力诺	81	0	乌克兰	112	8
圣文森特和格林纳丁斯	82	0	巴布亚新几内亚	113	0
			马绍尔群岛	114	0
赞比亚	83	1	圭亚那	115	1
巴哈马	84	2	巴西	116	0
斯里兰卡	85	4	多米尼加	117	0
科索沃	86	3	萨尔瓦多	118	1
摩洛哥	87	3	约旦	119	0
乌拉圭	88	1	印度尼西亚	120	1
克罗地亚	89	5	佛得角	121	2
阿尔巴尼亚	90	1	基里巴斯	122	0
巴巴多斯	91	0	斯威士兰	123	2
俄罗斯	92	5	尼加拉瓜	124	2
塞尔维亚	93	0	埃塞俄比亚	125	0

续表 2

经济体	排名	本年度改革（项）	经济体	排名	本年度改革（项）
阿根廷	126	1	科摩罗	158	1
洪都拉斯	127	0	老挝	159	1
埃及	128	0	吉布提	160	3
肯尼亚	129	0	苏里南	161	2
孟加拉国	130	1	玻利维亚	162	0
波黑	131	0	加蓬	163	3
乌干达	132	1	阿富汗	164	2
也门共和国	133	0	叙利亚	165	0
印度	134	0	赤道几内亚	166	0
厄瓜多尔	135	1	科特迪瓦	167	4
莱索托	136	1	喀麦隆	168	0
柬埔寨	137	0	圣多美和普林西比	169	0
西岸和加沙	138	1	津巴布韦	170	0
莫桑比克	139	2	马拉维	171	1
布隆迪	140	6	东帝汶	172	0
不丹	141	2	毛里塔尼亚	173	1
塞拉利昂	142	0	贝宁	174	2
塔吉克斯坦	143	2	几内亚	175	3
利比里亚	144	2	尼日尔	176	2
坦桑尼亚	145	2	海地	177	0
乌兹别克斯坦	146	6	塞内加尔	178	1
尼日利亚	147	0	安哥拉	179	0
马达加斯加	148	2	几内亚比绍	180	1
苏丹	149	0	委内瑞拉	181	1
冈比亚	150	1	缅甸	182	1
伊拉克	151	0	刚果民主共和国	183	3
伊朗	152	0	厄立特里亚	184	0
阿尔及利亚	153	0	刚果共和国	185	3
布吉纳法索	154	1	南苏丹	186	0
马里	155	0	利比亚	187	0
密克罗尼西亚联邦	156	0	中非共和国	188	1
多哥	157	3	乍得	189	1

附表 2　2005-2013 年各分类指标全球良好做法

分类指标	做　法	经济体数量①（个）	实　例
开办企业	网上公布相关程序	109	阿塞拜疆、智利、哥斯达黎加、中国香港、马其顿、新西兰、秘鲁、新加坡
开办企业	不设最低资本限额	99	希腊、哈萨克斯坦、肯尼亚、科索沃、立陶宛、墨西哥、摩洛哥、荷兰、塞尔维亚、英国
开办企业	提供"一站式"服务	96	巴林、布基纳法索、布隆迪、科特迪瓦、格鲁吉亚、危地马拉、韩国、科索沃、秘鲁、越南
办理施工许可	有综合性建筑法规	140	**中国**、阿塞拜疆、科摩罗、法国、中国台湾
办理施工许可	采用基于风险的建筑审批程序	87	**中国**、伯利兹、爱沙尼亚、印度尼西亚、纳米比亚
办理施工许可	提供"一站式"服务	36	**中国**、布隆迪、危地马拉、马来西亚、黑山
获得电力	简化审批程序（根据需要给予电力公司开挖线路或使用道路的权利）	107②	亚美尼亚、奥地利、柬埔寨、科威特、马来西亚、巴拿马
获得电力	提供透明的连接电力所需费用及程序	103③	**中国**、法国、德国、爱尔兰、荷兰、特立尼达和多巴哥
获得电力	降低新接通电力所需押金	98	**中国**、阿根廷、奥地利、巴西、吉尔吉斯共和国、拉脱维亚、莫桑比克、尼泊尔、俄罗斯
获得电力	通过对电力行业而不是对接电程序的监管来保障接电安全	41	**中国**、丹麦、德国、冰岛、日本、圣马力诺
登记财产	使用电子数据库记录抵押权	116	智利、丹麦、牙买加、韩国、瑞典
登记财产	网上提供不动产估价信息	51	哥伦比亚、芬兰、马来西亚、南非、英国
登记财产	提供加急办理程序	18	哈萨克斯坦、尼加拉瓜、葡萄牙、罗马尼亚
登记财产	确定固定收费标准	10	**中国**、格鲁吉亚、新西兰、俄罗斯、卢旺达

续表 1

分类指标	做　　法	经济体数量[①]（个）	实　　例
获取信贷	允许庭外执行	124	澳大利亚、危地马拉、印度、秘鲁、俄罗斯、塞尔维亚、斯里兰卡
	允许对抵押物作一般性描述	92	柬埔寨、加拿大、尼日利亚、波多黎各、罗马尼亚、卢旺达、新加坡
	保持统一的登记体系	65	阿富汗、波黑、加纳、洪都拉斯、黑山、新西兰、罗马尼亚
	提供金额低于人均收入 1% 的贷款的有关数据	128	**中国**、巴西、保加利亚、德国、肯尼亚、马来西亚、斯里兰卡、突尼斯
	提供正面和负面的信用信息	109	**中国**、克罗地亚、印度、意大利、约旦、巴拿马、南非
	提供来自金融机构、零售商和公用事业机构的信用信息	57	斐济、立陶宛、尼加拉瓜、卢旺达、沙特阿拉伯、西班牙
保护投资者	允许解除不公正的关联方交易[④]	74	巴西、加纳、冰岛、印度、毛里求斯、卢旺达
	监管关联方交易的审批	62	**中国**、白俄罗斯、保加利亚、法国、泰国、英国
	要求详细披露	52	**中国**、中国香港、新加坡、阿联酋、越南
	审理期间允许查阅所有公司文件	47	智利、爱尔兰、以色列、斯洛伐克、坦桑尼亚
	要求对关联方交易进行外部审核	43	**中国**、澳大利亚、埃及、瑞典、土耳其
	审理之前允许查阅所有公司文件	31	希腊、印度尼西亚、日本、南非、东帝汶
	明确界定董事职责	30	哥伦比亚、科威特、马来西亚、墨西哥、斯洛文尼亚、美国
纳税	允许自行估算税款	160	**中国**、阿根廷、加拿大、卢旺达、土耳其
	允许电子报税和支付	76	**中国**、澳大利亚、哥伦比亚、印度、立陶宛、马耳他、毛里求斯、突尼斯
	每个税基只有一个税种	55	马其顿、纳米比亚、巴拉圭、英国

续表 2

分类指标	做法	经济体数量[①]（个）	实例
跨境贸易	允许以电子方式提交和处理文件	151[⑤]	中国、希腊、老挝、南非、乌拉圭
	采用基于风险的进出口检验[⑥]	134	中国、博茨瓦纳、格鲁吉亚、毛里塔尼亚、美国
	提供单一服务窗口[⑥]	73[⑦]	中国、阿塞拜疆、哥伦比亚、墨西哥、莫桑比克
执行合同	有专门负责商业案件的法院、法院分支机构或法官	90	中国、加拿大、科特迪瓦、匈牙利、卢森堡、毛里求斯、多哥
	允许以电子方式提出诉讼	17	奥地利、以色列、马来西亚、阿联酋、美国
办理破产	法律上规定破产管理人要具备专业或学术资质	109	中国、白俄罗斯、哥伦比亚、波兰、英国
	破产程序中给债权人委员会发言权	110	中国、澳大利亚、保加利亚、菲律宾、美国、乌兹别克斯坦
	对大多数破产程序规定解决时限	97	中国、阿尔巴尼亚、意大利、日本、韩国、莱索托、乌克兰
	提供庭外解决的法律框架	84	阿根廷、中国香港、拉脱维亚、菲律宾

注：①除另有说明外，参与调查的经济体有 189 个。

②参与调查的经济体有 154 个。

③根据《2013 企业经营环境报告》。

④解除指签署合同各方有权回到签署合同之前的状态。

⑤44 个经济体有完整的电子信息交换系统，107 个经济体有部分电子信息交换系统。

⑥参与调查的经济体有 181 个。

⑦18 个经济体有单一服务窗口整合了相关政府机构，55 个经济体整合了部分相关政府机构。

资料来源：企业经营环境数据库。

2013 年人文发展指数的比较分析

为了对世界各国经济社会发展水平进行全面综合度量，联合国开发计划署（UNDP）在 1990 年首次发布的《人文发展报告》中，提出了人文发展指数（HDI）的概念。HDI 是由人口预期寿命、教育和收入三个维度构成的综合评价指标，与单独使用国民总收入（GNI）或国内生产总值（GDP）相比，HDI 在考虑了经济增长因素的同时，还考虑了教育、卫生等对社会发展的影响。2010 年后，联合国对 HDI 的指标体系做了进一步改进：用"25 岁以上人口平均受教育年限"和"学龄儿童预期受教育年限"取代了之前的"成人识字率"和"毛入学率"来测算教育指数；用"人均 GNI"代替了"人均 GDP"来测算收入指数。与此同时，为综合衡量不平等状况对社会进步产生的负面影响，UNDP 还计算了"不平等调整后的人文发展指数（IHDI）"。经过不平等调整，部分国家的人类发展指数排名发生显著变化。

一、人文发展指数的计算

人文发展指数首先分别计算预期寿命指数、教育指数和收入指数。预期寿命指数由国民平均预期寿命测算得出，教育指数由预期受教育年限和 25 岁以上成人平均受教育年限综合测算，收入指数由本国人均 GNI 测算。这三个维度指数的几何平均值就是各国人文发展指数（HDI）值。在计算之前，对每个维度的指标都设定了最小值和最大值，如表 1。

表1 人文发展指数设定值

指　标	设定最大值	设定最小值
出生时预期寿命(岁)	83.6(日本,2012)	20
平均受教育年限(年)	13.3(美国,2010)	0
学龄儿童预期受教育年限(年)	18.0(封顶值)	0
教育指数	0.971(新西兰,2010)	0
按购买力平价计算的人均国民总收入(PPP US $)	87478(卡塔尔,2012)	100

计算公式为:

$$\text{各维指数}=\frac{(\text{实际值}-\text{设定的最小值})}{(\text{设定的最大值}-\text{设定的最小值})}$$

$$\text{人文发展指数}=\sqrt[3]{\text{预期寿命指数}\times\text{教育指数}\times\text{收入指数}}$$

以加纳为例,2012年,加纳人均预期寿命64.6岁,成人平均受教育年限和儿童预期受教育年限分别是7年和11.4年,按购买力平价计算的人均GNI为1684美元,则各项指数分别是:

$$\text{预期寿命指数}=\frac{64.6-20}{83.6-20}=0.701$$

$$\text{平均受教育年限指数}=\frac{7.0-0}{13.3-0}=0.527$$

$$\text{受教育年限指数}=\frac{11.4-0}{18.0-0}=0.634$$

$$\text{教育指数}=\frac{\sqrt{0.527\times0.634}-0}{0.971-0}=0.596$$

$$\text{人文发展指数}=\sqrt[3]{0.701\times0.596\times0.471}=0.558$$

二、2012年人文发展指数排名总体情况

2013年的《人文发展报告》,测算了187个国家的2012年HDI值,挪威排名榜首,澳大利亚、美国分列二、三位,日本是唯一进入前十名的亚洲国家。韩国、中国香港和新加坡分别排在第12、13和18位,在亚洲排名靠前。排名倒数三位的国家均来自撒哈拉以南非洲地区,尼日尔排名最末,其次是刚果(金)和莫桑比克。中国的HDI值为0.699,排在第101

位,高于亚洲平均水平(0.656)。其他四个金砖国家俄罗斯、巴西、南非、印度排名分别为55位、85位、123位和136位,除南非比上年前进一位外,其它国家与上年无变化。

从分项指数看,发达国家(地区)在健康、教育和居民生活质量方面整体水平较高。在健康方面,日本排名榜首,国民预期寿命为83.6岁,中国香港居民的预期寿命为82岁,排名第二。在排名第三到第十名的八个国家中,有七个来自欧洲,反映出欧洲国家整体较高的医疗卫生水平;在教育方面,新西兰的成人平均受教育年限(12.5年)和学龄儿童的预期受教育年限(19.7年)位列第一,而排名居末位的三个非洲国家(莫桑比克、布基纳法索、尼日尔)的平均受教育年限仅为15个月,相当于新西兰的十分之一;在收入方面,中东石油出口国富裕程度较高,卡塔尔、科威特和阿联酋均排在前十位以内,其中卡塔尔以人均国民总收入87478美元位居第一,其收入水平是美国的两倍、全球平均水平的8倍。

三、中国经济社会发展水平取得长足进步

改革开放以来中国经济年均增长9.8%,同期世界经济年均增速只有2.8%。中国经济的快速发展带动国内人文指数排名的大幅提高。1980年,中国的人文发展指数只有0.407,位于低人文发展水平国家行列,而2012年中国人文发展指数到达了0.699,比1980年提高了0.292,提升幅度在所有国家中排名靠前。2012年中国人文发展指数世界排名101位,高于东亚和太平洋地区国家平均值(0.683)以及金砖五国平均值(0.655),已处于中等人文发展水平国家上游位置。

从分项指数来说,按照世界银行用PPP法计算的结果,1980年中国人均国民收入只有524美元,到2012年增长到7945美元,提高了14倍。特别是1990年以后,中国人均GNI年均增长率达到9%,是所有187个国家中增速最快的国家。1990年到2008年间,我国有5.1亿人摆脱绝对贫困,为世界减贫做出巨大贡献。在健康和教育方面,中国也取得了显著成绩。2012年中国的人口出生时预期寿命比1980年增加近6.7岁,平均受教育年限和学龄儿童预期受教育年限分别提高了3.8年和3.3年。目前基本能够实现小学学龄儿童入学率100%、中学入学率80%,居民素质得到大幅提高。

表 2　2012 年世界主要国家人文发展指数和分项指数比较情况

人文发展指数			健康指数			教育指数				收入指数		
排名	国家或地区	数值	排名	国家或地区	预期寿命（岁）	排名	国家或地区	25 岁以上成人平均受教育年限（年）	学龄儿童预期受教育年限（年）	排名	国家或地区	人均 GNI（2005 年 PPP 美元）
1	挪威	0.955	1	日本	83.6	1	新西兰	12.5	19.7	1	卡塔尔	87478
2	澳大利亚	0.938	2	中国香港	83.0	2	美国	13.3	16.8	2	列支敦士登	84880
3	美国	0.937	3	瑞士	82.5	3	挪威	12.6	17.5	3	科威特	52793
4	荷兰	0.921	4	摩纳哥	82.3	4	澳大利亚	12.0	19.6	4	新加坡	52613
5	德国	0.92	5	澳大利亚	82.0	5	爱尔兰	11.6	18.3	5	挪威	48688
6	新西兰	0.919	6	冰岛	82.0	6	德国	12.2	16.4	6	卢森堡	48285
7	爱尔兰	0.916	7	意大利	81.9	7	韩国	11.6	17.2	7	文莱	45690
8	瑞典	0.916	8	以色列	81.9	8	斯洛文尼亚	11.7	16.9	8	中国香港	45598
9	瑞士	0.913	9	圣马力诺	81.9	9	荷兰	11.6	16.9	9	美国	43480
10	日本	0.912	10	法国	81.7	10	丹麦	11.4	16.8	10	阿联酋	42716
55	俄罗斯	0.788	84	巴西	73.8	28	俄罗斯	11.7	14.3	54	俄罗斯	14461
85	巴西	0.730	125	俄罗斯	69.1	85	南非	8.5	13.1	76	巴西	10152
122	南非	0.629	142	印度	65.8	101	巴西	7.2	14.2	79	南非	9594
136	印度	0.554	175	南非	53.4	146	印度	4.4	10.7	132	印度	3285
101	中国	0.699	86	中国	73.7	114	中国	7.5	11.7	89	中国	7945

表 3　1980－2012 年中国人文发展指数分项指标

指　标	1980	1985	1990	1995	2000	2005	2010	2011	2012
人文发展指数	0.407	0.452	0.495	0.548	0.590	0.637	0.689	0.695	0.699
预期寿命(岁)	67.0	68.3	69.4	70.4	71.2	72.1	73.2	73.5	73.7
预期受教育年限(年)	8.4	8.0	8.9	9.2	9.5	10.5	11.7	11.7	11.7
平均受教育年限(年)	3.7	4.3	4.9	5.7	6.6	7.1	7.5	7.5	7.5
人均 GNI(2005 年 PPP 美元)	524	812	1108	1819	2638	4090	6785	7404	7945

四、中国社会进步过程中的问题不容忽视

尽管过去 30 多年来中国经济取得举世瞩目的成就,社会发展水平大幅提升,但中国的发展仍面临一系列值得关注的问题:

一是社会建设滞后于经济发展。中国人文发展指数的提高主要由经济高速发展拉动,与经济的高速发展相比,健康、教育等社会方面的进步明显滞后。2012 年中国人均国民总收入在 187 个国家中排名第 89 位,但 HDI 排名却比人均国民收入排名低 12 位。而在剔除收入指数后,中国的 HDI 排名下降了五位,跌落到世界的 106 位。与 2000 年后中国人均 GNI 完成“三级跳”对比,中国国民的健康水平、教育水平在近 10 多年来的进步幅度不大。2012 年国民预期寿命仅比 2000 年多了 1.5 岁,预期受教育年限和平均受教育年限也仅比 2000 年多了 2.5 年和 1.8 年,经济成果没能更有效地传递到社会进步中去。在当前要求“全面协调发展”的大背景下,经济发展不能再是唯一目标,当今我国更需要将经济建设的成果转化到提高国民健康水平、教育水平上来,加大力度消除贫富差距,促进社会进步。

二是地区间发展不平衡状况依然突出。东部发达省份的人文发展指数要比内陆经济欠发达省份高出很多。表 4 所示,中国大陆社会发展存在四个区间:最发达的京、沪、津的可以达到高人类发展组别水平,与欧洲国家葡萄牙的水平相当。而排名垫底的青海、甘肃、云南、贵州、西藏五省的则属世界低人文发展组别,仅相当于加纳、赤道几内亚等非洲国家的水

平，两极分化极为严重。从分项指数看，发达省份如京、津、沪的人均GNI① 是全国平均水平的2倍多，比排名垫底的省份高出近6倍。地区经济发展水平的巨大差异反映在社会发展的各个层面：在教育方面，东部地区在教育资源和教学水平方面都存在巨大领先优势，如北京的高中入学率达到98%，专上教育入学率可达60%，与英国、以色列等发达国家大学入学率相当。而落后的贵州地区高中入学率仅有55%，将近一半的学生会在高中阶段辍学，专上教育入学率更是仅有20%，仅相当于越南、老挝的水平。从医疗卫生方面，上海、北京的医疗资源充足，人均预期寿命也达到80岁以上，与法国、挪威等发达国家相当，达到极高人类发展组别水平，而医疗资源匮乏的西藏、云南、青海三省的人均预期寿命均在70岁以下，比经济发达地区少了近10岁，仅相当于我国上世纪90年代的平均水平。

表4　2010年中国大陆各省市人文发展指数排名

排名	地区	人文发展指数	健康指数	教育指数	收入指数
	全国	0.693	0.868	0.676	0.569
第一集团（HDI值>高人文发展组别平均值0.758）					
1	北京	0.821	0.952	0.837	0.694
2	上海	0.814	0.953	0.808	0.699
3	天津	0.795	0.932	0.779	0.692
第二集团（高人文发展组别平均值>HDI值>全国平均值0.693）					
4	江苏	0.748	0.896	0.719	0.650
5	浙江	0.744	0.913	0.7	0.645
6	辽宁	0.740	0.892	0.737	0.618
7	广东	0.730	0.894	0.696	0.624
8	内蒙古	0.722	0.861	0.689	0.634
9	山东	0.721	0.893	0.686	0.613
10	吉林	0.715	0.889	0.715	0.576

① 省际人均GNI（PPP美元）= 省际人均GDP $\times \frac{\text{中国GNI值（PPP美元）}}{\text{中国GDP值（PPP美元）}}$

续表

排名	地区	人文发展指数	健康指数	教育指数	收入指数
11	福建	0.714	0.882	0.676	0.610
12	黑龙江	0.704	0.886	0.71	0.554
13	湖北	0.696	0.868	0.696	0.558
14	陕西	0.695	0.865	0.699	0.554
15	山西	0.693	0.869	0.699	0.547
第三集团(全国平均值>HDI 值>中等人文发展组别平均值 0.640)					
16	河北	0.691	0.870	0.676	0.561
17	重庆	0.689	0.881	0.667	0.556
18	湖南	0.681	0.866	0.677	0.539
19	海南	0.680	0.891	0.660	0.536
20	河南	0.677	0.864	0.664	0.540
21	宁夏	0.674	0.845	0.658	0.552
22	新疆	0.667	0.828	0.660	0.542
23	江西	0.662	0.866	0.645	0.520
24	四川	0.662	0.860	0.651	0.519
25	安徽	0.660	0.871	0.640	0.516
26	广西	0.658	0.872	0.634	0.516
第四集团(HDI<中等人文发展组别平均值)					
27	青海	0.638	0.791	0.613	0.537
28	甘肃	0.630	0.826	0.631	0.480
29	云南	0.609	0.784	0.604	0.476
30	贵州	0.598	0.809	0.586	0.452
31	西藏	0.569	0.762	0.498	0.487

三是政府社会管理面临巨大挑战。2011 年,中国人口结构发生转折性变化,城镇化率首次超过 50%,城镇常住人口总数超过农村,目前有 7.1 亿人口生活在城镇。中国的城镇化过程不仅在速度上是世界上最快的,规模也是前所未有的。人口结构的变化给传统的社会管理模式带来巨大压力。中国的基层政府往往更加重视发挥经济管理职能,而忽视社会管理。随着农村人口向城镇大量涌入,农民工阶层对教育、医疗、就业、

养老等公共服务需求全面快速增长与城市公共资源短缺的矛盾日益凸显,解决不好这种矛盾,会对公共安全、社会稳定带来负面影响。如何探索新的政府管理模式,实现多元管理,将是中国能否成功地完成社会转型的关键。

四是不平等现象阻碍社会进步。从“不平等调整后人文发展指数(IHDI)”的计算结果来看,不平等使中国的人文发展指数损失了五分之一。不平等最明显地体现在收入指数上。2012 年中国基尼系数达到 0.474,属于收入差距较大的行列。高低收入人群差距明显。城镇居民家庭最高收入户与最低收入户人均可支配收入之比达 7.8,其中最高收入户与困难户收入之比可达 9.8。从城乡层面来看,城镇居民人均可支配收入是农村居民人均纯收入的 3 倍,我国农村还有 1.28 亿的贫困人口。经不平等调整后,收入指数损失了 29.5%,在三个分项指数中最高。教育、医疗资源分布的不平衡分别使教育指数和预期寿命指数损失 23.2% 和 13.5%。如何进一步消除不平等,促进社会公平,是未来中国社会经济可持续发展需要解决的重要问题。

五、总结

人文发展指数为我国制定发展政策提供了很好的思路。不管一国的经济发展水平有多高,如果不采取措施切实有效地增进本国教育和医疗服务水平、消除社会不平等现象,HDI 的排名也不会很高。在追求社会经济全面均衡发展的大背景下,我们不能再遵循传统的“唯 GDP 论”,在保障社会公平正义的前提下,将经济发展成果惠及到每个个体身上,体现为个人福利的增长,才能真正促进社会进步。

(执笔:杨家亮;成文于 2013 年 8 月)

2013 年全球创新指数的比较分析

2013 年,中国作为全球第二大经济体的地位进一步巩固,但是,如何保持更高质量、更有效率的持续增长,仍是中国经济发展面临的重大挑战。创新已经成为社会经济发展的主要驱动力,本文通过对全球创新指数的比较分析,探讨影响中国创新力提升的制约因素和解决之策。

一、全球创新指数的涵义及方法

(一)全球创新指数的涵义

全球创新指数(global innovation index,GII)由康奈尔大学、欧洲工商管理学院(INSEAD)以及世界知识产权组织共同研制。通过对创新的制度与政策环境、创新驱动、知识创造、企业创新、技术应用、知识产权以及人力技能等方面的综合评价来衡量一个国家的经济创新能力,便于企业家与政府决策者了解本国经济创新能力的现状、不足以及未来的改进方向。

2013 年是第 6 次发布《全球创新指数报告》,其覆盖范围扩大到全球 142 个经济体。GII 数据来源于各国官方以及相关国际机构。除传统指标(如专利申请数量、科技论文发表数量等)外,还采用调查问卷的方式对各国的企业(尤其是中小企业)进行调查,内容涵盖创新的政策环境、监管环境和商业市场环境等方面。补充调查使该指数能够更好地为企业和政府提供借鉴,但也会使指数排名因调查数据的难以获得而失之偏颇。例如,2013 年 GII 报告中指出,关于中国制造业产品创新的次级指数仅包括了能带来市场重大改变的新产品,而未包括商业运作模式、分销模式以及商业逻辑等方面的创新。

创新指数报告每年都会被赋予一个具有当年特色的主题,2013 年报告的主题是"本地创新的活力"。报告显示,在全球经济总体复苏依然乏力的情况下,区域性创新活力十分活跃,即便是在纽约这样发展十分成熟的大都市,创新活力也再度复苏。报告指出,将大学、企业、专业机构、服务公司、创新孵化器等创新资源进行整合集聚,对于增强国家创新能力、提高创新水平十分重要,集聚可以通过在很小的地域范围内汇聚人才、技术、实验室、制造能力等综合资源,大幅提升竞争力。

(二)全球创新指数指标体系及计算方法

全球创新指数由创新投入指数和创新产出指数两部分组成,最终得分是这两部分的简单平均值。创新指数指标体系分为三级(见图1):一级指标有7个,其中创新投入指数5个,分别是制度、人力资本和研究、基础设施、市场成熟度、企业成熟度;创新产出指数2个,分别为知识和技术产出、创造性成果产出。每个一级指标都由3个二级指标构成,共21个二级指标,其中创新投入指数14个,创新产出指数7个;每个二级指标由4个三级指标构成,总共84个三级指标,其中创新投入指数56个,创新产出指数28个。上一级指标得分均由下一级指标简单算术平均得到,层

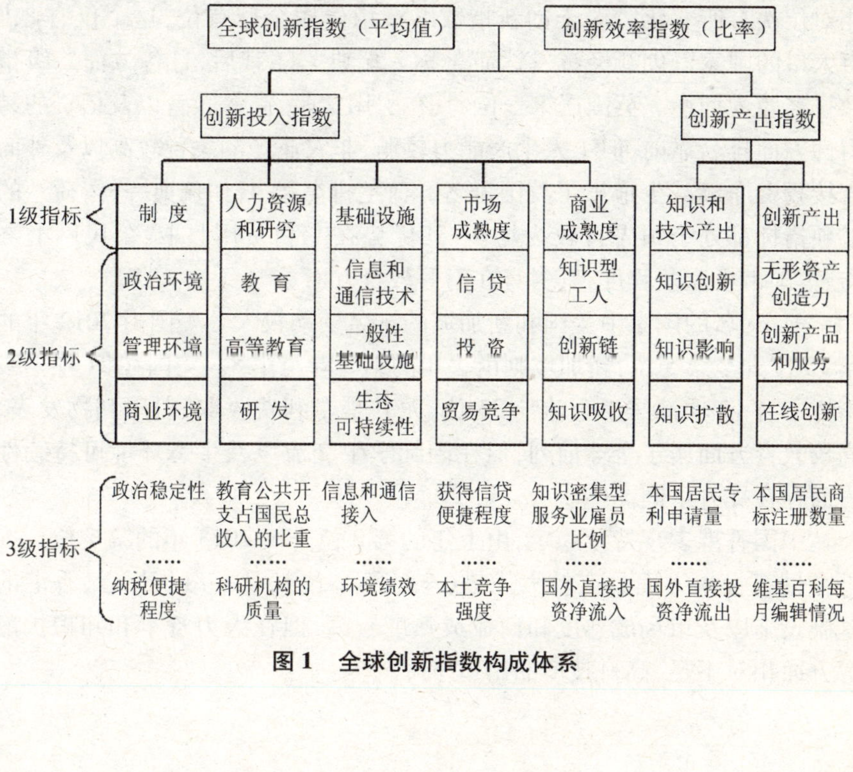

图1 全球创新指数构成体系

层加总即为全球创新指数得分。

创新效率指数是一国的创新产出指数与创新投入指数的比值。创新投入更有效地转化为创新产出的国家,则创新效率得分就会较高。

(三)全球创新指数的局限性

全球创新指数创立了综合性的、可量化的指标体系,能够在一定程度上反映全球各地的创新活动和创新能力,对政府和企业决策者都有一定的参考价值。

但该指数具有一定的局限性:一是在指标体系上没有纳入公众的创新能力、高科技企业的发展状况等指标。二是在计算上一级指标时都是对下一级指标的简单平均,缺少一个合理的权重。三是指标体系设计基于西方的意识形态与文化习惯,存在某些政治倾向。

二、2013 年全球创新指数排名情况分析

(一)全球创新指数排名前 10 位国家和地区

2013 年,全球创新指数排名前 10 位的国家和地区与上年相同,但是相对位次有所变化。瑞士创新指数继续稳位居全球首位,这个仅有 810 万人口的国家以创新经济发达而著称。瑞典紧随其后,且各方面二级指数排名较为均衡。英国居第三位,其在引用文献、高等教育以及信贷的易得性方面排名靠前,但工人生产能力较弱、非农业产品关税较高以及外商直接投资净额减少拖累了英国排名。荷兰排名第 4,如瑞典一样,荷兰的各项指标都处于领先且较为均衡,其优势在专利费用收取、公民网上参与、本国市场竞争程度,其劣势在高等教育方面。

前 10 名的国家中美国和新加坡的排名变动较大。美国由 2012 年的第 10 位升至第 5 位,新加坡则由去年的第 3 降至第 8。美国在 21 项二级指标中有 17 项都居于全球前 25 位,尤其是专利费收取、引用刊物发表、高校教育方面居于全球前列,但在国际学生交流以及生态环境可持续性方面存在提升空间。

中国香港表现持续稳定,由上年的第 8 位升至 2013 年的第 7 位。香港在创新投入方面具有较大优势(全球第 2 位),从一级指标看,香港的基础设施以及市场成熟度和商业成熟度较高,但在人力资本和知识扩散等方面相对不足,高科技产品出口下降较多。

表 1　2013 全球创新指数排名前 10 位国家和地区

国　　家	2013 年排名	2013 年 GII 得分	2012 年排名	排名变动
瑞　　士	1	66.59	1	0
瑞　　典	2	61.36	2	0
英　　国	3	61.25	5	2
荷　　兰	4	61.14	6	2
美　　国	5	60.31	10	5
芬　　兰	6	59.51	4	-2
中国香港	7	59.43	8	1
新 加 坡	8	59.41	3	-5
丹　　麦	9	58.34	7	-2
爱 尔 兰	10	57.91	9	-1

（二）全球排名分布情况概述

就区域而言，欧洲尤其是北欧持续表现出较强的创新力优势，排名前 10 位国家中欧盟占 7 个，北欧的瑞典（第 2 位）、荷兰（第 4 位）、芬兰（第 6 位）、丹麦（第 9 位）表现更为抢眼。北美地区的美国（第 5 位）和加拿大（第 11 位）排名靠前。

东南亚和太洋洲国家和地区中，除了中国香港（第 7 位）与新加坡（第 8 位）排名进入前 10 之外，另有新西兰（第 17 位）、韩国（第 18 位）、澳大利亚（第 19 位）以及日本（第 22 位）进入了前 30 位。中国名列第 35 位。

北非和西亚地区，以色列（第 14 位）创新能力居首；毛里求斯（第 53 位）居于撒哈拉以南非洲首位；拉美和加勒比地区则是以哥斯达黎加（第 39 位）为首。

（三）按收入分组统计情况

全球创新指数的排名与其人均国民总收入水平有很大关系，2013 年全球创新指数排名前 10 位的国家全部为高收入国家或地区。如果按照收入分组，在组内创新指数、创新投入指数、创新产出指数和创新效率排名前 5 位的国家或地区如下：

表 2　高收入组排名前 5 位的国家和地区

排名	创新指数	创新投入指数	创新产出指数	创新效率指数
1	瑞士	新加坡	瑞士	马耳他
2	瑞典	中国香港	荷兰	科威特
3	英国	美国	瑞典	瑞士
4	荷兰	英国	英国	匈牙利
5	美国	瑞典	马耳他	荷兰

表 3　中高收入组排名前 5 位的国家和地区

排名	创新指数	创新投入指数	创新产出指数	创新效率指数
1	马来西亚	马来西亚	中国	哥斯达黎加
2	拉脱维亚	拉脱维亚	马来西亚	委内瑞拉
3	中国	立陶宛	哥斯达黎加	中国
4	哥斯达黎加	黑山共和国	拉脱维亚	阿根廷
5	立陶宛	智利	保加利亚	厄瓜多尔

表 4　中低收入组排名前 5 位的国家和地区

排名	创新指数	创新投入指数	创新产出指数	创新效率指数
1	摩尔多瓦	蒙古	摩尔多瓦	摩尔多瓦
2	亚美尼亚	格鲁吉亚	印度	斯威士兰
3	印度	亚美尼亚	亚美尼亚	印度尼西亚
4	乌克兰	斐济	越南	尼日利亚
5	蒙古	摩尔多瓦	圭亚那	印度

表 5　低收入组排名前 5 位的国家和地区

排名	创新指数	创新投入指数	创新产出指数	创新效率指数
1	乌干达	吉尔吉尔斯斯坦	马里	马里
2	肯尼亚	肯尼亚	乌干达	圭亚那
3	塔吉克斯坦	卢旺达	塔吉克斯坦	乌干达
4	马里	乌干达	圭亚那	赞比亚
5	柬埔寨	坦桑尼亚	肯尼亚	塔吉克斯坦

三、中国创新指数排名与分析

（一）中国创新指数排名情况

2008 年中国在全球创新指数排名中列第 29 位，2009 年下降至第 37 位，2010 年持续下降至第 43 位，2011 年回升到 29 位。2012 年由于评价指标体系的调整，中国排名又下降到 34 位（若按调整前指标体系中国排名为 28 位）。2013 年度的报告对指标体系再度进行了一些调整，中国排名再次下降一名至第 35 位（若按调整前指标体系排名仍为第 34 位）。

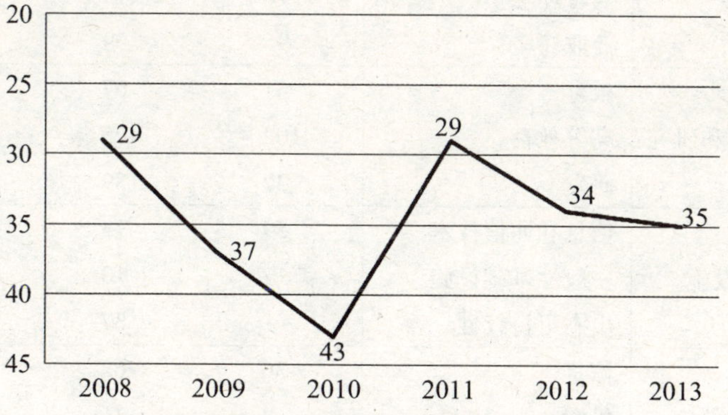

图 2　2008 年至 2013 年中国创新指数排名

（二）中国创新指数排名情况

1. 创新指数一级指标排名情况

在创新指数 7 个的一级指标共中，中国各指标的排名差异很大。“知识和技术产出”指标排名最靠前，名列第 2 位，是唯一挤进前 10 名的一级指标；排名最靠后的是“制度”，为 113 位；其余指标排名大多在 50 名以内，人力资源和研究、基础设施、市场成熟度、商业成熟度、创造性产出分别居 36、44、35、33 和 96 位。

2. 创新指数二级指标排名情况

从二级指标的排名可以看出，我国竞争力指数各方面的排名不够均衡，位次相差显著。排名最靠前的是“知识影响”，为全球第 2 位，之后是“知识创新”，为全球第 3 位。排名最靠后的为“在线创新”，位于全球第 136 位；排名位于 10-30 位之间的分别是“教育”、“研发”、“一般性基础设施”、“投资”、“知识型工人”、“知识吸收”和“知识扩散”，分别为第20、第24、第13、第21、第28、第24和第21位；排名在100名以外的有3个，分别是“政策环境”、“监管环境”、“高等教育”分别排名为第126、第116和第120位。

表6 中国创新指数二级指标排名

一级指标	二级指标	2011	2012	2013
制度	政策环境	108	133	126
	监管环境	76	112	116
	商业环境	95	99	98
人力资源和研究	教育	51	67	20
	高等教育	102	125	120
	研发	32	39	24
基础设施	信息和通信技术	59	73	75
	一般性基础设施	2	10	13
	生态可持续性	--	37	38
市场成熟度	信贷	36	62	55
	投资	8	16	21
	贸易竞争度	67	94	83
商业成熟度	知识型工人	30	27	28
	创新链	46	73	61
	知识吸收	19	20	24
知识和技术产出	知识创新	12	4	3
	知识影响	9	5	2
	知识扩散	21	23	21
创造性产出	无形资产创造力	30	38	72
	创新产品和服务	45	33	69
	在线创新	--	120	136

3. 创新力的优劣势分析

从84个具体指标的排名情况则可以更好地理解我国创新指数二级指标排名较为离散的原因，主要是“少数指标遥遥领先，多数指标排名靠后”。

(1)在创新投入指数方面

一是在一般性基础设施建设、研发投入方面排名靠前。由于我国投资率较高,在固定资本形成一项,我国排全球第2位;企业研发投入逐年加大,研发投入排名第4位;我国的企业普遍向工人提供正式培训,该项排名全球第1位;高技术产品进口方面排名靠前,位列第5位。

二是基础设施中信息与通信方面排名较为靠后。无论是信息与通讯技术在国民中的普及程度,还是通信设施的建设水平与世界发达国家相比都比较低,通讯设备持有量、居民网上参与度分别排在第77位和第64位。我国单位国内生产总值能耗较高,这一项排第101位。

三是贸易竞争度方面排名较为靠后。反映贸易开放程度的指标排名靠后,由于非农商品加权平均关税水平较高,该指标仅排在第129位,实际关税水平排名第71位。对投资者的保护一项排名仅列第96位。

四是制度方面的排名整体靠后。一方面是西方评价机构站在自身的立场上看待中国制度,对我国的制度排名具有较大的影响。例如,中国政治稳定性排在106位,政府效率排在58位,政府言论自由度排138位,这些都带有强烈的意识形态色彩。另一方面,我国的一些“硬指标”与世界先进水平相比确实存在较大差距。如,从法规严密程度、法规数量、流程数量等计算得到的监管质量,排名第89位;创立企业的容易程度排名第118位;缴税的容易程度排名第98位。

(2)在创新产出方面:

一是我国的知识与科技产出处于世界领先地位。该指标的一、二级指标排名均靠前,知识创新、知识影响、知识扩散均处于世界领先水平,三级指标亦然。具体看,每10亿美元国内生产总值对应的专利申请数量位居世界第1位,每10亿美元国内生产总值对应的实用新型申请量也位居世界第1位,职工人均国内生产总值增速世界第3位。这些指标均反映出我国不仅在基础设施投资等方面处于世界领先水平,在技术的引进、消化、吸收以及在创新方面也居世界领先水平。

二是创造性产出指标整体排名靠后。一方面,部分指标排名靠后,如人均拍摄电影数量、人均出版物数量、人均域名注册数量等,排名分别为第87、86、80位。另一方面,部分指标排名靠后受到了一些特殊因素影响，如每月“维基百科”的人均编辑量、人均上传“YouTube”网站视频数量排名分别为第 123 和第 142 位，均属末位，这主要是因为我国网民并不熟悉使用英文语言所致。

四、中国提升创新力的制约因素与应对之策

我国创新指数一级指标中除“知识和技术产出”外，其余方面的排名均处于世界中游或下游，这与世界第 2 大经济体、世界第 1 大货物贸易国的地位并不相符。应找准创新力的薄弱环节，找到创新力的制约因素并加以解决。

一是加强社会主义市场经济法律保障。改革开放以来，我国已经基本建立了社会主义市场经济制度，经济发展取得举世瞩目的成就。但市场微观运行的法制化保障水平还不高，非公有制企业还面临各种准入障碍、政府对于市场微观运行的行政干预仍然较多、地方保护主义依然存在、全国统一市场体系建设滞后，市场运行缺乏完备的法律支撑，制约企业创新创造的积极性，这是我国“制度”指标排名靠后的原因之一。要按照发挥市场在配置资源中起决定性作用的方向加快深化改革，大力完善促进市场公平竞争的法律法规体系，建设生产要素自由流动的现代市场体系，全面革除束缚微观主体创新的体制机制障碍。

二是建立市场导向的科技研发体系。我国目前研发投入绝对额处于世界领先水平，这在指数中也得到了充分反映，但我国科研经费的使用效率令人堪忧。我国“产学研”结合还不紧密，一方面，科研机构和高等院校经费主要来自于政府，研究方向与市场需求脱节，研究成果无法得到市场认可，难以转化；另一方面，企业搞研发面临基础设施落后、技术积累不足等问题，研发能力受到制约。下一步，要按照十八届三中全会要求，建立技术创新市场导向机制，发挥市场在各类创新要素配置中的导向作用，建立产学研协同创新机制，强化企业在技术创新中的主体地位，全面提升原始创新、集成创新、引进消化吸收再创新能力，知识和技术产出指标排名仍有进一步提升空间。

三是进一步加强知识产权保护。知识产权保护对于促进创新有着决定性的意义。我国作为一个新兴市场国家，还普遍存在国家保护知识产权的法律体系不完善，防止侵权的执法力量不足，企业还存在知识产权保

护意识薄弱、保护力度不足和保护范围模糊等问题，影响到我国在投资者保护、人均影视作品数量、出版物数量等方面的排名。要加大知识产权创造、运用、保护和管理力度，进一步加强知识产权法律法规和政策体系建设，加快探索建立知识产权法院，全面加强知识产权保护，解决企业创新创造的后顾之忧。

四是继续加强科技基础设施建设。我国虽然有较好的交通基础设施，但在科技创新基础设施方面还有一定差距，如，新一代互联网建设滞后于世界先进水平，2012 年我国通讯技术发展水平仅列世界第 78 位，远低于日本、韩国等，对创新力产生了短板效应。因此，要着力加强科技基础设施建设，加快实施“宽带中国”战略，提升我国的信息化水平；新建一批设施先进、创新能力强、开放程度高的国家科学中心、国家实验室，构建一批国家重大创新基地和服务平台，为创新提供更好的硬件设施。

五是建立有利于创新的投融资体系。我国 70%的技术创新、80%以上的新产品是由中小企业完成的，而恰恰中小企业融资难、融资贵是一个“老大难”问题，我国在贷款可得性、小微贷款余额、风险投资等方面都拉低了创新指数，创新企业金融支持不足是制约我国创新力提升的重要原因之一。要加快建立适应企业创新需要的金融支持体系，完善包括中小板、创业板、新三板以及场外股权交易市场等在内的多层次资本市场体系，鼓励更多的科技创新型小微企业在资本市场上市、发债和开展并购重组活动，完善风险投资机制，创新商业模式，促进科技成果资本化、产业化。

（执笔：黄峰；成文于 2013 年 12 月）

附表 1:2013 年全球创新指数及分指数排名前 50 的国家和地区

排名	创新指数		创新投入指数		创新产出指数	
	国家/地区	得分	国家/地区	得分	国家/地区	得分
1	瑞士	66.59	新加坡	72.27	瑞士	66.65
2	瑞典	61.36	中国香港	70.65	荷兰	58.09
3	英国	61.25	美国	69.19	瑞典	54.86
4	荷兰	61.14	英国	68.2	英国	54.30
5	美国	60.31	瑞典	67.86	马耳他	53.42
6	芬兰	59.51	芬兰	66.67	卢森堡	53.20
7	中国香港	59.43	瑞士	66.52	冰岛	53.14
8	新加坡	59.41	丹麦	66.34	芬兰	52.35
9	丹麦	58.34	加拿大	64.76	以色列	52.14
10	爱尔兰	57.91	荷兰	64.18	德国	51.88
11	加拿大	57.6	澳大利亚	64.15	爱尔兰	51.73
12	卢森堡	56.57	爱尔兰	64.09	美国	51.42
13	冰岛	56.4	挪威	63.39	加拿大	50.45
14	以色列	55.98	日本	62.81	丹麦	50.35
15	德国	55.83	新西兰	62.76	中国香港	48.21
16	挪威	55.64	韩国	62.1	挪威	47.88
17	新西兰	54.46	奥地利	60.56	法国	46.64
18	韩国	53.31	卢森堡	59.95	新加坡	46.56
19	澳大利亚	53.07	以色列	59.82	新西兰	46.15
20	法国	52.83	德国	59.78	塞浦路斯	45.58
21	比利时	52.49	冰岛	59.65	爱沙尼亚	45.52
22	日本	52.23	比利时	59.49	比利时	45.48
23	奥地利	51.87	法国	59.03	匈牙利	45.37
24	马耳他	51.79	西班牙	57.85	韩国	44.53
25	爱沙尼亚	50.6	爱沙尼亚	55.68	中国	44.12

续表

排名	创新指数		创新投入指数		创新产出指数	
	国家/地区	得分	国家/地区	得分	国家/地区	得分
26	西班牙	49.41	阿联酋	53.99	捷克	43.28
27	塞浦路斯	49.32	捷克	53.43	奥地利	43.18
28	捷克	48.36	意大利	53.33	摩尔多瓦.	42.59
29	意大利	47.85	斯洛文尼亚	53.22	意大利	42.37
30	斯洛文尼亚	47.32	塞浦路斯	53.07	马来西亚	42.13
31	匈牙利	46.93	葡萄牙	52.10	哥斯达黎加	42.00
32	马来西亚	46.92	马来西亚	51.71	澳大利亚	41.99
33	拉脱维亚	45.24	拉脱维亚	51.10	日本	41.64
34	葡萄牙	45.1	马耳他	50.16	斯洛文尼亚	41.41
35	中国	44.66	立陶宛	48.95	西班牙	40.97
36	斯洛伐克	42.25	匈牙利	48.48	科威特	40.56
37	克罗地亚	41.95	斯洛伐克	48.33	拉脱维亚	39.37
38	阿联酋	41.87	卡塔尔	47.84	保加利亚	38.71
39	哥斯达黎加	41.54	波兰	47.82	葡萄牙	38.10
40	立陶宛	41.39	黑山	47.65	罗马尼亚	37.84
41	保加利亚	41.33	智利	46.73	克罗地亚	37.77
42	沙特阿拉伯	41.21	巴巴多斯	46.68	印度	36.56
43	卡塔尔	41.00	克罗地亚	46.12	阿根廷	36.55
44	黑山	40.95	沙特阿拉伯	45.89	沙特阿拉伯	36.52
45	摩尔多瓦.	40.94	希腊	45.7	斯洛伐克	36.17
46	智利	40.58	中国	45.19	乌拉圭	34.95
47	巴巴多斯	40.48	巴林	44.53	亚美尼亚	34.78
48	罗马尼亚	40.33	马其顿	44.49	智利	34.43
49	波兰	40.12	蒙古	44.05	巴巴多斯	34.28
50	科威特	40.02	保加利亚	43.96	黑山	34.26

附表 2　2013 年中国创新指数各指标的得分及排名

各级指数	得分或原值	排名
1　制度	48.3	113
1.1　政治环境	39.2	126
1.1.1　政治稳定性	49.0	106
1.1.2　政府效能	41.7	58
1.1.3　出版自由	26.9	138
1.2　法制环境	50.3	116
1.2.1　法律文件的质量	44.3	89
1.2.2　法律制度	34.8	87
1.2.3　裁员成本	27.4	118
1.3　营商环境	55.5	98
1.3.1　创业容易程度	67.5	118
1.3.2　解决破产的容易程度	38.5	73
1.3.3　纳税的容易程度	60.5	98
2　人力资源和研发	40.6	36
2.1　教育	68.7	20
2.1.1 教育支出占 GNI 比重	n/a	n/a
2.1.2　人均公共支出占人均 GDP 的比重	n/a	n/a
2.1.3　学校的存续时间,年数	11.9	88
2.1.4　国际学生评估项目:阅读、数学和科学得分	576.8	1
2.1.5　中学师生比	15.2	70
2.2　高等教育	11.7	120
2.2.1　高等教育入学率	26.8	80
2.2.2　理工科毕业生比例,%	n/a	n/a
2.2.3　招收留学生比例,%	0.3	98
2.2.4　大学生出国比例,%	0.5	100
2.3　研发	41.5	24
2.3.1　每百万人口的研究人员数量	1,302.9	46
2.3.2　总研发支出　占　GDP 的比重	1.8	21
2.3.3　QS 大学排名,按本国前 3 名学校得分平均	74.9	9

续表 1

各级指数	得分或原值	排名
3 基础设施	39.8	44
3.1 信息通讯技术	32.9	75
3.1.1 信息通讯设备接入	41.2	77
3.1.2 信息通讯设备使用	16.6	77
3.1.3 政府的在线服务	52.9	59
3.1.4 电子参与度	21.1	64
3.2 一般基础设施	48.7	13
3.2.1 发电量，千瓦时/人	3,118.7	62
3.2.2 电力消费量，千瓦时/人	2,942.3	61
3.2.3 物流设施	63.0	24
3.2.4 资本形成占 GDP 比重	47.8	2
3.3 生态可持续性	37.9	38
3.3.1 单位 GDP 能耗	3.7	101
3.3.2 环境表现	42.2	111
3.3.3 ISO 14001 环境认证/GDP（十亿 PPP $）	7.3	11
4 市场成熟度	54.2	35
4.1 信贷	41.5	55
4.1.1 信贷获取的容易程度	62.5	68
4.1.2 国内私人部门贷款占 GDP 比重	127.0	20
4.1.3 小微金融总贷款占 GDP 比重	0.2	59
4.2 投资	46.5	21
4.2.1 投资者保护的容易程度	50.4	96
4.2.2 市场资本占 GDP 比重	46.3	38
4.2.3 股票交易量占 GDP 比重	104.8	7
4.2.4 风险资本交易量/GDP（十亿 PPP $）	0	37
4.3 贸易和竞争	74.7	83
4.3.1 实际关税税率，%	4.0	71
4.3.2 非农关税税率，%	2.5	129
4.3.3 地区竞争强度	71.7	35

续表 2

各级指数	得分或原值	排名
5　商业成熟度	42.9	33
5.1　知识工作者数量	62.9	28
5.1.1　知识密集型劳动者比例,%	7.4	98
5.1.2　提供正式培训的公司比例,%	84.8	1
5.1.3　企业研发投入占 GDP 比重	1.3	17
5.1.4　企业资助的研发投入,%	71.7	4
5.1.5　GMAT 平均分数	591	7
5.1.6　20 - 34 岁每百万人口参加 GMAT 考试人数	183.5	34
5.2　创新链	27.9	61
5.2.1　产学研合作	56.2	33
5.2.2　产业集聚发展	59.7	22
5.2.3　国外资助的研发比例,%	1.3	75
5.2.4　JV 产业联盟	0	55
5.2.5　3+OFFICE 的专利族/GDP(十亿 PPP $)	0.3	30
5.3　知识消化	38.0	24
5.3.1　版权和许可证费用占服务进口的比例	6.2	21
5.3.2　减去复进口的高科技产品进口,%	22.3	5
5.3.3　通讯、计算机和信息服务进口,%	2.1	105
5.3.4　外商直接投资净流入,%GDP	3.0	70
6　知识技术产出	56.4	2
6.1　知识创造	66.5	3
6.1.1　国内专利申请数量/GDP(十亿 PPP $)	36.8	1
6.1.2　PCT 居民专利申请数量/GDP(十亿 PPP $)	1.5	28
6.1.3　国内实用新型专利申请数量/GDP(十亿 PPP $)	51.4	1
6.1.4　科技论文发表数量/GDP(十亿 PPP $)	14.4	59
6.1.5　可引用文献 H 指数	353.0	17
6.2　知识影响	65.5	2
6.2.1　职工人均 GDP(PPP $)增长率,%	8.8	3
6.2.2　15 - 64 岁人口每千人成立公司数	n/a	n/a

续表 3

各级指数	得分或原值	排名
6.2.3 公司软件支出占 GDP 比重	0.4	27
6.2.4 ISO 9001 认证数量/GDP(十亿 PPP $)	29.0	15
6.2.5 高端和中高端制造业所占比重,%	43.1	16
6.3 知识扩散	42.1	21
6.3.1 版权和专利费收入占服务出口比重	0.5	55
6.3.2 减去再出口的高技术出口,%	28.5	3
6.3.3 通信、电脑及信息服务出口,%	7.6	60
6.3.4 外商直接投资净流出占 GDP 比重	0.7	54
7 创意产出	31.9	96
7.1 无形资产	42.8	72
7.1.1 国内商标注册数量/GDP(十亿 PPP $)	82.0	12
7.1.2 马德里商标注册数量/GDP(十亿 PPP $)	0.2	52
7.1.3 信息产业和商业模型创新	62.0	48
7.1.4 信息产业和组织模型创新	60.9	35
7.2 创意商品和服务	34.4	69
7.2.1 视听及相关设备出口,%	0.1	54
7.2.2 15 - 69 岁人口每百万人电影产量	0.6	87
7.2.3 15 - 69 岁人口付费日报发行量	11.7	49
7.2.4 印刷和出版制造业,%	0.6	86
7.2.5 创意产品出口,%	15.4	1
7.3 在线创意	7.4	136
7.3.1 15 - 69 岁人口每千人通用域名数量	2.4	80
7.3.2 15 - 69 岁人口每千人国家顶级域名	27.1	62
7.3.3 15 - 69 岁人口每百万人维基百科月均编辑量	44.6	123
7.3.4 15 - 69 岁人口上传 YouTuBe 视频数量	0	142

参考文献：

1. Dutta, S." Global Innovation Index and report 2009 - 2010." INSEAD and CII, India (2010).

2. Dutta, S. (2011). The Global Innovation Index 2011: Accelerating Growth and Development.

3. Dutta, S. (2012). The Global Innovation Index 2012. Stronger Innovation Linkages for Global Growth.

4. Dutta, S. (2012). The Global Innovation Index 2013. The Local Dynamics of Innovation

5. 国家知识产权局发展规划司，2012:《2012 全球创新指数概况》，《专利统计简报》2012 年，第 18 期。

6. 刘畅 刘增雷 王晓浒，2012:《2012 年中国创新效率指数居全球首位——《2012 年全球创新指数》报告概况》，《中国发明与专利》第 12 期。

7. 崔维军 陈亚兰，2013:《中国创新型国家建设进程监测与分析——基于全球创新指数的研究》，《科技进步与对策》第 20 期。

8. 邓华 曾国屏，2012:《创新型国家评价指标研究及其对我国的启示》，《科技进步与对策》第 11 期。

9.《中国共产党十八届三中全会决定》

10.《中华人民共和国第十二个五年规划读本》

专栏

2013 年中国全球化指数居世界第 73 位

随着信息与通讯技术的迅速发展,各国经济与社会等方面的全球化程度不断提高。在全球化发展的大背景下,瑞士经济研究院(KOF)在 2006 年推出了全球化指数,用来衡量各国的全球化水平。全球化指数是一项综合性指数,是对 23 个具体指标标准化处理后的加权平均值。它包括经济全球化、政治全球化和社会全球化三个方面的内容,主要反映各国全球化程度。经济全球化是指商品、资本和服务以及伴随着市场交流的信息与观念在国际上的流动;政治全球化是指政府政策在国际的扩散;社会全球化是指思想、信息、图像和人在国际的传播。

一、全球化定义及全球化指数国际比较

全球化被定义为突破国家的界限,融合国家的经济、文化、技术和管理,并产生相互依存的复杂关系的过程。2013 年全球化比较指数是 KOF 根据各国 2010 年数据推算得出。在被调查的 187 个国家里,欧洲国家整体全球化程度最高。全球化指数排名前十位的国家有 9 个来自是欧洲,比利时以 92.30 分排名第一,爱尔兰和荷兰分别居第二、三位。全球化程度最低的三个的国家依次是东帝汶、基里巴斯和

2013 年中国全球化指数与世界前十位国家的比较

国家和地区	全球化指数				分项指数		
	2013		2012		经济全球化	社会全球化	政治全球化
	位次	指数	位次	指数			
比利时	1	92.30	1	92.61	91.33	89.79	97.19
爱尔兰	2	91.79	2	91.67	93.95	90.79	90.22
荷兰	3	91.33	3	90.86	92.18	88.80	93.74
奥地利	4	89.48	4	90.26	84.02	89.84	96.54
新加坡	5	88.89	5	89.01	97.64	90.99	73.77
丹麦	6	88.12	7	87.98	86.15	85.82	94.14
瑞典	7	87.63	6	88.14	88.72	81.46	94.87
葡萄牙	8	87.07	9	86.59	83.47	85.44	94.37
匈牙利	9	86.85	8	87.25	89.62	80.60	91.88
瑞士	10	86.28	11	86.24	78.40	88.81	93.63
中国	73	59.43	76	58.84	51.12	48.94	85.85

赤道几内亚。在亚洲国家中，新加坡居世界第5位，是亚洲地区全球化程度最高的国家，其次是马来西亚，居世界第27位。日、韩分居第56位和第60位，全球化程度处于世界中上游水平。中国全球化指数为59.43，居世界第73位，处于世界中等水平。

二、全球化分项指数比较

全球化指数包括经济全球化、政治全球化和社会全球化三个分项指数：

（一）经济全球化指数。2013年经济全球化指数最高的国家是新加坡，为97.64；卢森堡居第二位，为94.75；爱尔兰第三位，为93.95。

（二）社会全球化指数。2013年社会全球化指数最高的国家是塞浦路斯，为91.81，新加坡、爱尔兰分别居第二、第三位，分别是90.99和90.79。

（三）政治全球化指数。2013年政治全球化指数居世界前三位的国家分别是意大利、法国和比利时，其中意大利的为98.21，法国为97.98，比利时为97.19。

2013年中国全球化分项指数与世界前十位国家的比较

位次	国家和地区	经济全球化指数	位次	国家和地区	社会全球化指数	位次	国家和地区	政治全球化指数
1	新加坡	97.64	1	塞浦路斯	91.81	1	意大利	98.21
2	卢森堡	94.75	2	新加坡	90.99	2	法国	97.98
3	爱尔兰	93.95	3	爱尔兰	90.79	3	比利时	97.19
4	马耳他	92.40	4	奥地利	89.84	4	西班牙	96.68
5	荷兰	92.18	5	比利时	89.79	5	奥地利	96.54
6	比利时	91.33	6	瑞士	88.81	6	英国	95.93
7	匈牙利	89.62	7	荷兰	88.80	7	瑞典	94.87
8	爱沙尼亚	89.57	8	加拿大	88.59	8	巴西	94.73
9	巴林	88.91	9	丹麦	85.82	9	葡萄牙	94.37
10	瑞典	88.72	10	法国	85.78	10	埃及	94.16
109	中国	51.12	90	中国	48.94	44	中国	85.85

三、中国全球化指数居世界第73位

2013年中国全球化指数为59.43，在世界的排名为第73位，总得分比上年增加0.59，排名比2012年前进3位。

2013年构成中国全球化指数的各分项指数均有所增长。其中社会全球化指数得分增长最多，比2012年高出0.8，排名也比上年前进3位。经济全球化指数排名与上年持平，但数值比上年增加了0.6。中国政治全球化指数在三个分项指数中居世界位次最高，2013年政治全球化指数居世界第44位，比2012年前进1名，数值也比上年提高0.25。

（执笔：杨家亮；成文于2014年3月）

四、热点问题探索

当前东盟国家经济社会发展状况分析

东盟是我国第三大贸易伙伴，与我国经济联系密切。今年以来，虽然世界经济特别是美欧日经济有所改善，但发展中国家经济增长困难增多，东盟国家经济走势分化，速度放缓。随着主要发达经济体和中国经济企稳回升，东盟国家经济将会逐步改善，但某些国家经济社会发展中积累的问题和矛盾较多，经济发展方式较为粗放，对外部市场过度依赖，经济转型升级受阻。

一、当前东盟国家经济状况

（一）经济增长放缓

2011年和2012年，东盟国家经济增长率分别为4.7%和5.6%，比世界经济增长率（按PPP法GDP汇总）高出0.8和2.4个百分点，也高于美国、欧元区和日本同期增速。

东盟国家中，菲律宾、马来西来、泰国、印度尼西亚、新加坡和越南6国的GDP进度统计较为完善。2012年，新加坡经济增速较低，仅为1.3%；菲、马、泰、印尼、越分别增长6.8%、5.6%、6.5%、6.2%和5%，为中速增长。今年上半年，新加坡同比增长2%，比2012全年加快0.7个百分点。菲律宾同比增长7.6%，加快0.8个百分点；而马、泰、印尼分别增长4.2%、4.1%和5.9%，分别放缓1.4、2.4和0.3个百分点。越南增长4.9%，大体持平。上述6国今年上半年经济增长率平均为4.8%，比2012全年放缓0.4个百分点。

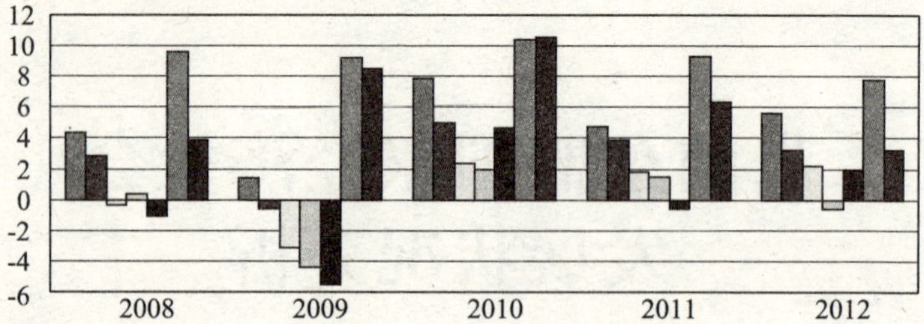

	2008	2009	2010	2011	2012
东盟	4.4	1.4	7.9	4.7	5.6
世界	2.8	-0.6	5.0	3.9	3.2
美国	-0.4	-3.1	2.4	1.8	2.2
欧元区	0.4	-4.4	2.0	1.5	-0.6
日本	-1.0	-5.5	4.7	-0.6	1.9
中国	9.6	9.2	10.4	9.3	7.8
印度	3.9	8.5	10.5	6.3	3.2

图 1　2008 年以来东盟经济增速与世界及主要经济体比较(%)

资料来源:国际货币基金组织《世界经济展望》2013 年 4 月,亚洲开发银行《经济展望》2013 年。

表 1　东盟国家国内生产总值同比增长率(%)

	2009	2010	2011	2012	2013				
					一季度	二季度	三季度	四季度	全年
菲律宾	1.2	7.6	3.9	6.8	7.7	7.5	6.5	6.4	7.0
马来西亚	-1.5	7.2	5.1	5.6	4.1	4.3	4.8	4.6	4.4
泰　国	-2.3	7.8	0.1	6.5	5.4	2.8	4.0	2.7	3.6
新加坡	-0.8	14.8	5.2	1.3	0.2	3.8	4.0	4.0	2.8
印度尼西亚	4.6	6.2	6.5	6.2	6.0	5.8	5.6	5.5	5.7
文　莱	-1.8	2.6	2.2	1.3					
越　南	5.3	6.8	5.9	5.0	4.9	5.0			
缅　甸	5.1	5.4	5.5	6.3					
老　挝	7.3	7.5	7.8	7.9					
柬埔寨	0.1	6.1	7.1	6.5					

注:2013 年全年及第三、四季度为英国共识公司 2013 年 9 月预测数。

资料来源:国际货币基金组织 WEO 数据库,英国共识公司 2013 年 9 月,各经济体官方统计网站。

(二)贸易顺差减小

东盟国家经济外向度很高,对外贸易在经济发展中具有重要地位。由于外部需求低迷,东盟国家的贸易进出口增长放缓。上半年,越南货物出口额同比增长 16.7%,尽管比 2012 全年略有放缓,但仍为东盟出口增长最快的国家;泰国增长 1%,印尼、菲、马、新分别下降 5.2%、4.4%、3.5%和 2.8%。越、马、泰进口额分别同比增长 16.5%、4.8%和 4.3%,而新、菲、印尼分别下降了 5.1%、4.5%和 1.8%。新加坡顺差同比扩大 39 亿美元,越南和菲律宾逆差大体持平;但马来西亚顺差减少 86 亿美元,印度尼西亚和泰国贸易逆差分别扩大 33 亿和 43 亿美元。上述 6 国贸易收支从去年同期顺差 116 亿美元转为逆差 3 亿美元。

表 2　2010 年以来东盟主要国家货物进出口情况

	绝对额(亿美元)				同比增长(%)		
	2010 年	2011 年	2012 年	2013 上半年	2011 年	2012 年	2013 上半年
出口额							
印度尼西亚	1581	2008	1885	909	27.0	-6.1	-5.2
马来西亚	1986	2281	2274	1098	14.8	-0.3	-3.5
菲律宾	515	483	521	256	-6.2	7.9	-4.4
新加坡	3519	4095	4084	2003	16.4	-0.3	-2.8
泰国	1933	2226	2292	1133	15.1	3.0	1.0
越南	722	969	1145	624	34.2	18.2	16.7
六国合计	10256	12062	12201	6023	17.6	1.2	-1.0
进口额							
印度尼西亚	1353	1762	1904	950	30.2	8.0	-1.8
马来西亚	1646	1875	1966	1019	13.9	4.9	4.8
菲律宾	585	641	657	312	9.6	2.5	-4.5
新加坡	3108	3658	3797	1826	17.7	3.8	-5.1
泰国	1829	2288	2500	1291	25.1	9.3	4.3
越南	848	1067	1138	629	25.8	6.6	16.5
六国合计	9370	11291	11962	6026	20.5	5.9	1.0
贸易平衡							
印度尼西亚	228	246	-19	-41	18.4	-58.8	-32.8
马来西亚	340	406	308	80	66.2	66.4	-86.1
菲律宾	-70	-158	-136	-56	-88.2	-62.0	3.0
新加坡	411	437	287	177	26.6	-58.5	39.1
泰国	104	-62	-208	-158	-166.0	-235.4	-42.8
越南	-126	-98	7	-6	27.5	59.5	0.2
六国合计	886	771	239	-3	-115.5	-288.9	-119.4

注:贸易平衡同比增长率指增加量,单位为亿美元。

资料来源:世界贸易组织在线数据库。

(三)通胀压力有所缓解

今年以来,除印度尼西亚通胀压力明显增大外,其他主要成员国的压力得到缓解。前三季度,越南 CPI 同比上涨 6.8%,比 2012 全年回落 2.3 个百分点。前 8 个月,菲、新、泰 CPI 同比分别上涨 2.8%、2.6%和 2.5%,比去年全年分别回落 0.4、2 和 0.5 个百分点;马来西亚上涨 1.7%,涨幅与去年全年持平;印尼上涨 6.3%,比去年全年扩大 2 个百分点,其中 7、8 月份分别大幅上涨 8.6%和 8.8%。

表 3 东盟国家居民消费价格同比上涨率(%)

	2010	2011	2012	2013 年							
				1月	2月	3月	4月	5月	6月	7月	8月
菲律宾	3.8	4.8	3.1	3.1	3.4	3.2	2.6	2.6	2.7	2.5	2.1
马来西亚	1.7	3.2	1.7	1.3	1.5	1.6	1.7	1.8	1.8	2.0	1.9
泰国	3.3	3.8	3.0	3.4	3.2	2.7	2.4	2.3	2.3	2.0	1.6
新加坡	2.8	5.2	4.6	3.6	4.9	3.5	1.5	1.6	1.8	1.9	2.0
印度尼西亚	5.1	5.4	4.3	4.6	5.3	5.9	5.6	5.5	5.9	8.6	8.8
文莱	0.3	2.0	0.5								
越南	9.2	16.9	9.1	7.0	7.0	6.6	6.6	6.4	6.7	7.3	7.5
缅甸	7.7	5.0	1.4								
老挝	6.0	7.6	4.3								
柬埔寨	4.0	5.5									

资料来源:联合国 ILO 数据库,各主要经济体官方统计网站。

(四)外商投资增长较快

2012 年,东盟国家吸引外商直接投资总额达到 1112.9 亿美元,比 2011 年增加 2.1%。柬埔寨增长最快,其外商直接投资总额为 15.6 亿美元,比 2011 年增长 72.6%;菲律宾为 28 亿美元,比上年增长 54.0%。新加坡的外商直接投资总额仍居东盟首位,2012 年达到 566.5 亿美元,占东盟总额的二分之一。

(五)外汇储备稳定增加

2012 年,多数东盟国家的外汇储备大幅增加。其中,文莱达到 30 亿美元,比上年增长 42.9%;柬埔寨为 42 亿美元,比上年增长 27.3%;菲律宾和新加坡分别达到 717 亿美元和 2568 亿美元,均比上年增长 9%。

表 4　东盟国家吸引外商直接投资

单位：亿美元

	2008	2009	2010	2011	2012
菲律宾	15.4	19.6	17.1	18.2	28.0
马来西亚	71.7	14.5	90.6	122.0	100.7
泰国	84.5	48.5	58.1	77.8	86.1
新加坡	122.0	249.4	536.2	559.2	566.5
印度尼西亚	93.2	48.8	137.7	192.4	198.5
文莱	3.3	3.7	6.3	12.1	8.5
越南	95.8	76.0	81.7	74.3	83.7
缅甸	8.6	9.7	12.8	22.0	22.4
老挝	2.3	1.9	2.8	3.0	2.9
柬埔寨	8.2	5.4	7.8	9.0	15.6
东盟总计	505.0	477.5	951.1	1090.0	1112.9

资料来源：联合国贸发会议 FDI 数据库。

二、东盟经济社会发展存在的主要问题

（一）发展水平与发达国家存在较大差距

东盟大部分国家经济发展水平较低。2012 年，只有新加坡和文莱人均国内生产总值在 40000 美元以上，属于高收入国家；马来西亚略高于 1 万美元，泰国略高于 5000 美元，属于中等偏上收入国家；而印尼、菲律宾、越南和老挝人均国内生产总值处于 1300-3600 美元之间，属于中等偏下收入国家；缅甸和柬埔寨仍低于 1000 美元，属于低收入国家。

大部分国家社会发展较为落后。2012 年，世界人文发展指数为 0.694，东盟 10 国中只有马来西亚、新加坡和文莱高于以上水平；世界人口出生时预期寿命为 70.1 岁，东盟国家中有一半低于以上水平；全球城镇化率平均为 52.6%，东盟有 7 个国家低于以上水平，其中缅甸、老挝、柬埔寨、泰国和越南低于 40%，菲律宾接近 50%，印尼为 51.5%。

2011 年世界医疗支出占 GDP 比重为 10%，中等收入国家为 5.7%；东盟各国中仅越南高于中等收入国家水平，缅甸仅为 2%。菲律宾和马来西亚基尼系数均超过 0.4 的国际警戒线，其他国家也在 0.35-0.4 之

间，贫富差距较大。

表 5　2012 年东盟国家部分经济和社会指标

	人均 GDP（美元）	城市人口比重（%）	人文发展指数	人口出生时预期寿命（岁）	医疗支出占 GDP 比重（%）①	基尼系数
菲律宾	2587.88	49.12	0.654	69.00	4.07	0.43②
马来西亚	10380.54	73.36	0.769	74.50	3.58	0.46②
泰国	5473.75	34.49	0.690	74.30	4.06	0.39③
新加坡	51709.45	100.00	0.895	81.20	4.57	
印度尼西亚	3592.28	51.45	0.629	69.80	2.72	0.38①
文莱	41126.61	76.32	0.855	78.10	2.47	
越南	1595.81	31.68	0.617	75.40	6.81	0.36④
缅甸	834.6	33.22	0.498	65.70	2.00	
老挝	1399.21	35.32	0.543	67.80	2.77	0.37④
柬埔寨	945.99	20.19	0.543	63.60	5.69	0.36②

注：①2011 年数据。②2009 年数据。③2010 年数据。④2008 年数据。

资料来源：人均 GDP、城市人口比重、医疗支出占 GDP 比重、基尼系数来自于世界银行 WDI 数据库；人文发展指数、人口出生时预期寿命来自于联合国《人文发展报告》。

（二）经济发展方式较为粗放

总体上看，东盟国家经济增长仍主要依靠对外输出劳动密集型产品，增长动力主要来自资本和劳动投入的扩大，而全要素生产率（TFP，即技术进步对于经济增长的贡献率）较低。据日本的亚洲生产力组织（APO）2012 年报告，2005 年－2010 年，越南资本投入对其经济增长的贡献占 80%，劳动投入的贡献占 26%，两者合计，初始因素投入的贡献率达 106%，而全要素生产率是-6%，说明落后的技术和管理水平阻碍了经济增长。除菲律宾之外，其他东盟国家全要素生产率均在 40% 以下，明显低于中国（43%）、印度（48%）、蒙古（46%）等其他亚洲发展中国家的水平。从能源利用效率来看，按 2005 年购买力平价法（PPP）测算，2010 年越南每万国际元 GDP 能耗为 2.37 吨标准油，居东盟之首；印尼（2.23 吨）、泰国（2.21 吨）、马来西亚（1.87 吨）、文莱（1.83 吨）和柬埔寨（1.81 吨）也高于或等于世界平均水平（1.81 吨）。东盟大多数国家还处于工业化起步阶段，经济增长多依赖于附加值低、技术含量低的加工制造业，在目前要素成本迅速上升、市场竞争不断加剧的情况下，缺乏技术创新的经济较快增长难以持续。

（三）对外部市场依赖严重

东盟内部市场潜力较小，各国主要实行出口导向型经济发展策略。2012年新加坡货物贸易依存度高达285%、越南达165.4%，马来西亚、柬埔寨、泰国、文莱也均超过100%。国际金融危机爆发以来，世界经济处于深度调整之中，外需增长缓慢，使东盟国家经济深受影响。东盟国家的出口导向型经济策略难以为继，急需培育内需特别是消费需求增长，逐渐摆脱其经济增长对外需的过度依赖。

（四）经济转型升级受阻

相关研究表明，菲律宾、印度尼西亚和马来西亚已陷入中等收入陷阱。根据亚洲开发银行和世界银行的研究成果①结合推算，截至2012年，菲律宾已连续36年处于中等偏下收入组，超过临界年限8年；印度尼西亚已连续27年处于中等偏下收入组，但距离中等偏上收入组下限尚有近40%的差距，陷入中等偏下收入陷阱已成定局；马来西亚已连续27年处于中等偏上收入组，超过临界年限13年。陷入中等收入陷阱的实质是在发展阶段跃升过程中发展战略转型失败，一旦陷入将很难摆脱。

三、东盟国家2013年全年经济发展展望

近期，世界主要发达经济体和中国经济正企稳回升，东盟国家外需有所回升。在上半年明显放缓之后，预计下半年东盟经济有望逐步企稳回升，全年经济增长率略低于2012年。但由于国际金融市场波动剧烈，部分东盟国家资本持续外流，印尼、泰国和菲律宾等国家的本币大幅贬值，国际收支状况的恶化，经济面临的不确定性因素增多。

---

① 在Jesus Felipe等人2012年4月撰写的名为Tracking the Middle-income Trap：What Is It，Who Is in It，and Why的报告中，亚洲开发银行根据按购买力平价法计算的1990年可比价人均GDP（国际元），将世界各国划分为与世界银行一致的4个收入组别：2000元以下为低收入组；2000至7250元为中等偏下收入组；7250至11750元为中等偏上收入组；11750美元以上为高收入组。并根据近60年来成功跨越中等收入陷阱经济体平均所需时间得到中等收入陷阱的临界年限，并用此判断其是否陷入或成功跨越中等收入陷阱。中等偏下和偏上收入组的临界年限分别为28年和14年。

(一)经济将逐步回升

根据英国共识公司2013年9月份预测,今年下半年,新加坡和马来西亚经济同比分别增长4%和4.2%,增速比上半年加快2.0和0.5个百分点;菲律宾、印度尼西亚和泰国将增长6.5%、5.6%和3.4%,放缓1.2、0.4和0.8个百分点。上述5国下半年经济平均增长4.8%,比上半年加快0.1个百分点。从全年看,菲律宾和新加坡将分别增长7%和2.8%,比上年加快0.8和1.5个百分点;印度尼西亚、马来西亚和泰国分别增长5.7%、4.4%和3.6%,分别比上年回落0.5、1.2和2.9个百分点(泰国因2011年第四季度洪灾及此后重建与恢复,2012年基数较高)。上述5国加上越南,2013年经济将增长4.9%,比上年回落0.7个百分点。

(二)价格水平总体可控

2013年,除印度尼西亚外,东盟主要国家的通胀率将平稳可控。据英国共识公司9月份预测,2013年新加坡、菲律宾和泰国CPI将分别上涨2.6%、3%和2.4%,涨幅比上年回落2.0、0.2和0.6个百分点;印度尼西亚和马来西亚分别上涨7.3%和2.1%,比上年扩大3.0和0.4个百分点,印尼通胀的大幅上升值得警惕。上述5国加上越南,2013年CPI将上涨4.7%,涨幅比上年扩大0.8个百分点。

四、中国与东盟国家的经贸联系日益紧密

2012年是《中国—东盟全面经济合作框架协议》签署十周年。十年来,中国-东盟自贸区建设不断推进,双边贸易稳步增长。近几年,东盟已成为中国企业对外投资的最主要目的地。2012年,中国企业对东盟投资达44亿美元,比上年增长了52%;中国与东盟贸易总额达4001亿美元,占中国对外贸易总额的10.4%,东盟连续四年成为中国的第三大贸易伙伴。2012年中国与东盟贸易额比上年增长10.3%,其中对东盟出口增长了20.1%,从东盟进口增长了1.6%,中国对东盟外贸顺差为85亿美元。

在中国与东盟国家的贸易中,2012年进出口总额排在前三位的国家依然是马来西亚、泰国和新加坡,中国与它们的进出口总额分别为948.2亿、697.4亿和692.7亿美元,分别比上年增长5.3%、7.7%和8.7%;排在出口前三位的是新加坡、马来西亚和印度尼西亚,出口额分别为407.5

亿、365.2亿和342.9亿美元，比上年增长14.6%、30.9%和17.4%；排在进口前三位的是马来西亚、泰国和印度尼西亚，进口额分别为583.0亿、385.4亿和319.3亿美元，马来西亚和泰国分别比上年下降了6.6%和1.3%，印度尼西亚比上年增长了1.9%。中国对马来西亚、泰国、菲律宾三国是逆差，对其他七国均为顺差。逆差最多的是马来西亚（218亿美元），顺差最多的是越南（180亿美元）。

另据联合国统计，不包括文莱和老挝两个小型经济体，东盟2012年对中国出口1396亿美元，比对日本出口高出16.4%。其中，新加坡、泰国和马来西亚对华出口明显高于对日出口，菲律宾和印尼对日出口明显大于对华出口，越南对华出口与对日出口大体相当。

表6　2012年东盟国家对周边主要贸易伙伴的出口额

单位：亿美元

国家和地区	中国	日本	韩国	印度	澳大利亚
菲律宾	61.6	98.8	28.6		
马来西亚	287.3	268.5	81.9	95.0	94.2
泰国	269.0	235.0		54.8	97.6
新加坡	439.1	180.9	165.8		170.6
印度尼西亚	216.6	301.4	150.5	125.0	49.1
越南	116.1	110.9	48.7		26.0
缅甸	4.8	2.2	1.3	9.6	
柬埔寨	1.5	1.5			

资料来源：联合国数据库。

（执笔：赵云城、闫海琪、杨红军、陈璇璇、郭瑾；成文于2013年9月）

2013 年以来世界贸易形势分析及展望

2013 年以来,世界经济曲折复苏,发达国家经济形势逐步改善,而发展中国家经济增长困难增多,世界贸易呈缓慢增长态势。由于美国启动退出量化宽松政策预期升温,新兴市场和发展中国家面临的外部环境比较复杂,世界贸易发展不容乐观。

一、2013 年以来世界贸易形势的主要特点

(一)贸易增幅低于 2012 年同期

根据荷兰经济政策分析局最新公布的数据,2013 年 1-8 月,世界贸易量平均指数为 130. 2(2005 年为 100),同比增长 2. 2%,增幅比 2012 年同期回落 0. 1 个百分点。世界出口贸易量增长 2. 2%,发达国家增长 0. 4%,发展中国家增长 4. 1%;世界进口贸易量增长 2. 3%,发达国家下降 1. 4%,发展中国家增长 6. 4%。

根据 WTO 初步统计,2013 年上半年按美元计算的世界货物出口额和进口额分别比上年增长 6. 3%和 2. 5%,北美洲、欧洲和亚洲出口额分别增长 0. 7%、2. 0%和 2. 4%,北美洲和欧洲进口额分别下降 1. 1%和 1. 6%,亚洲进口额增长 1. 9%。

(二)发展中国家为世界贸易增长的主导力量

从世界贸易的增长格局来看,发达国家贸易增长相对缓慢,欧洲进口负增长还拖累了世界贸易增长,而发展中国家则成为世界贸易增长的主要推动力。2013 年 1-8 月,发达国家和发展中国家出口量增长率分别为 0. 4%和 4. 1%,对世界出口增长贡献率分别为 9. 0%和 91. 0%;进口量增长率分别为-1. 4%和 6. 4%,对世界进口增长贡献率分别为-31. 5%

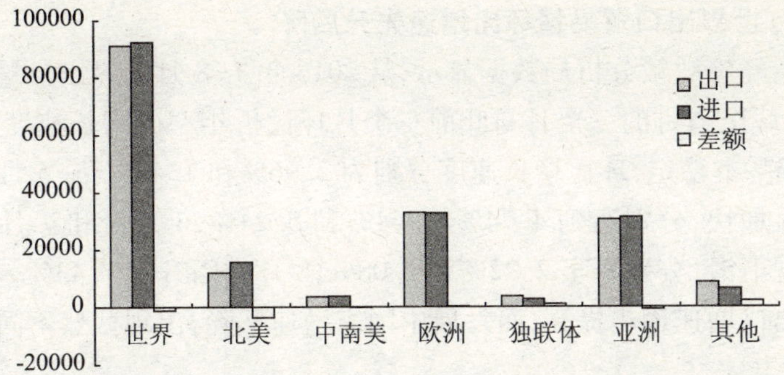

图1　2013年上半年世界及主要地区进出口额和贸易差额(亿美元)

资料来源:WTO。

和131.5%。

表1　2013年1-8月发达国家和发展中国家对世界贸易量增长的贡献

	出口量增长(%)	对世界出口增长贡献率(%)	对世界出口增长的拉动作用(百分点)	进口量增长(%)	对世界进口增长贡献率(%)	对世界进口增长的拉动作用(百分点)
世界	2.2	100.0	2.1	2.3	100.0	2.3
发达国家	0.4	9.0	0.2	-1.4	-31.5	-0.7
欧元区	-0.2	-2.2	0.0	-2.2	-23.3	-0.5
发展中国家	4.1	91.0	1.9	6.4	131.5	3.0

资料来源:根据荷兰经济政策分析局数据测算。

表2　2013年上半年世界及主要地区进出口额和贸易差额

单位:亿美元

	出口额	增幅(%)	进口额	增幅(%)	贸易差额
世界①	91245	6.33	92431	2.49	-1186
北美	11960	7.39	15620	-10.93	-3660
中南美	3585	-22.19	3729	44.48	-144
欧洲	32934	20.43	32713	-15.72	221
独联体	3703	-52.35	2693	7.94	1010
亚洲	30506	23.54	31283	18.60	-776
其他	8557	-64.37	6394	27.89	2163

注:①为WTO基于70个经济体月度统计结果的汇总结果,相当于世界贸易额的90%。

资料来源:WTO。

(三)世界出口贸易量环比增速先升后降

荷兰经济政策分析局数据显示,从 2013 年 1-8 月世界出口量环比增长速度(截至当月的三个月与此前三个月环比折年率的增长速度)看,1-2 月运行基本稳定,环比增长速度分别为 2.96%和 1.49%,3-5 月份环比增速明显加快,分别达到 4.74%、4.44%和 5.24%,6 月份和 7 月份环比增速出现下滑,分别降至 2.22%和 1.08%,8 月份回升至 1.43%。其中发达国家出口增速逐步提高,而发展中国家增速下降,出现截然不同的增长格局。

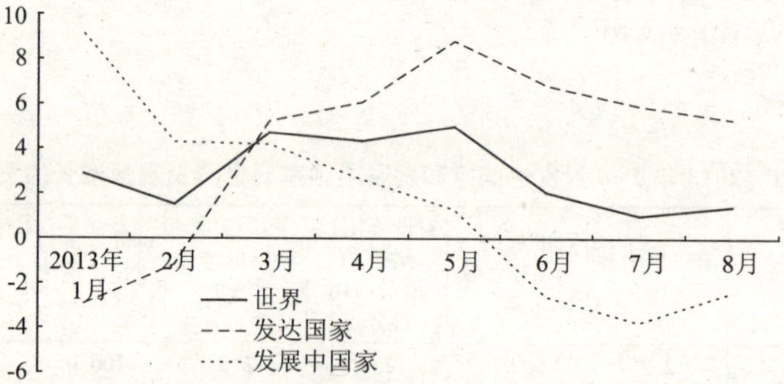

图 2 2013 年 1-8 月世界、发达国家和发展中国家出口量环比增长速度(%)

注:为截至当月的三个月与此前三个月环比折年率的增长速度。

资料来源:荷兰经济政策分析局。

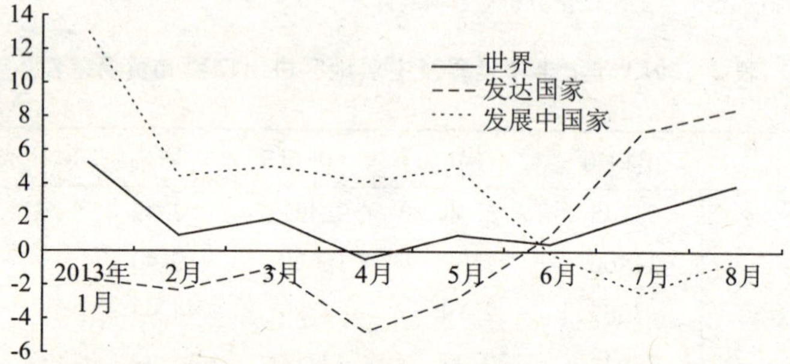

图 3 2013 年 1-8 月世界、发达国家和发展中国家进口量环比增长速度(%)

注:为截至当月的三个月与此前三个月环比折年率的增长速度。

资料来源:①荷兰经济政策分析局;②WTO,2013 年 9 月。

(四)区域自由贸易协定作用增大

美国企图以跨太平洋伙伴关系协议(TPP)、跨大西洋贸易和投资伙伴协定(TTIP)为平台,为其保持世界经济霸主地位撑起两根支柱。目前TPP有12个成员,有望于年底前形成一个崭新的“21世纪协定”。TTIP首次谈判已于2013年7月在美国华盛顿启动。据统计,2012年,TPP和TTIPGDP总和分别占世界的38%和45%,出口额占28.8%和48.8%,进口额占30%和48.4%,相应谈判的启动、达成和推进,将对全球贸易格局和规则产生深远的影响。对我国贸易格局的影响不容忽视。WTO的多边贸易体制也将受到新规则的严重挑战,甚至可能被架空。

二、世界贸易增长缓慢的原因分析

(一)世界经济增长进一步放缓

根据国际货币基金组织(IMF)预计,按购买力平价GDP加权,2013年世界经济增长2.9%,比上年回落0.3个百分点。世界经济增长放缓,使国际市场需求扩张受限,并导致2013年以来世界贸易增长继续减速。

(二)贸易保护主义泛滥

当前贸易保护主义明显抬头。多哈回合谈判停滞不前,多边贸易体系面临诸多挑战。一些国家实行产业回归和限制外包等新保护措施,人为扭曲了全球价值链。欧委会9月2日报告称,过去一年全球新增贸易限制措施约150种,取消的只有18种。尽管与2011年和2012年相比该趋势已经放缓,但是对贸易破坏严重的措施有所增加。具体有:一是强制要求使用本国产品和迫使商业转移的措施增加,此类现象在政府采购市场更为突出;二是欧盟连续采取刺激措施,尤其是在支持出口方面,有些措施具有全面性、长期性,严重扭曲了竞争的公平性;三是有些国家不惜损害消费者和其他经济主体的利益,继续保护国内产业免于国外竞争。

(三)美国削减量化宽松政策预期导致国际金融市场震荡加剧

2013年5月22日,美联储主席伯南克在国会听证会上暗示,美联储可能在未来几个月削减量化宽松(QE)规模。此后,全球投资者每周都从印度、印度尼西亚、巴西、南非和土耳其等新兴市场国家大量撤出资金,导致这些国家的股票、债券、货币等资产价格大幅下跌,对外贸易受到较大冲击。此外,这些经济体还被迫在经济低迷的情况下不断升息,以应对资本外流、本币贬值和输入型通胀,也对进出口贸易形成制约。

(四)贸易受阻使新兴市场国家的内部问题增多

一些新兴市场依赖原材料出口,而全球总体需求低迷,原材料价格持续下降,导致这些经济体出口收入下降、经常项目赤字扩大。

三、2013 年世界贸易形势预测

(一)先行指标显示世界贸易增长出现转机迹象

1. 波罗的海干散货运指数(BDI)大幅上涨。2013 年 1-5 月,BDI 在 700-900 点区域内低位徘徊,进入 6 月份后,开始快速上涨,6 月 20 日突破 1000 点,进入 9 月份后加速上涨,10 月 8 日达到 2146 点,高于航运业的盈亏平衡点(2000 点),比年初上涨 203.97%。

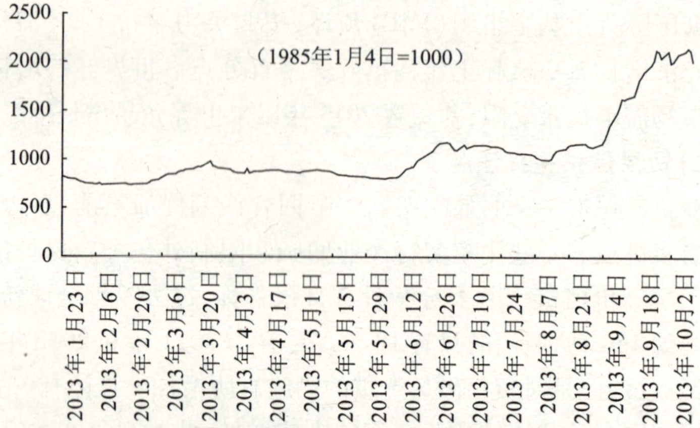

图 4　波罗的海干散货运指数

资料来源:凤凰网。

2. 世界制造业采购经理人指数(PMI)出口新订单指数连续三个月回升至景气区间。除 3 月份外,2013 年 1-8 月全球新订单指数一直在景气临界值上下徘徊,显示贸易增长前景的不确定性。但 9 月份升至 51.1,连续 3 个月处于景气区间。9 月份,新兴市场经济体达 50.2,是时隔 5 个月之后再度回升至景气区间。8 月份欧元区出口新订单指数为 53.6,创年内新高。

表 3　2013 年以来世界及主要经济体制造业 PMI 出口新订单指数

	世界	美国	欧元区	日本	新兴市场
2013 年 1 月	49.4	51.3	49.5	44.2	51.0
2 月	49.5	48.7	51.7	47.4	50.8
3 月	51.0	51.2	48.7	53.9	51.1
4 月	50.3	52.2	48.4	52.2	49.7
5 月	50.2	49.4	50.1	52.6	49.7
6 月	48.3	47.5	49.0	52.1	47.5
7 月	50.4	52.3	51.1	51.1	48.6
8 月	50.3	52.0	53.6	49.3	48.3
9 月	51.1	49.0	53.4	53.3	50.2

资料来源：Markit。

（二）2013 年世界贸易将略有改善

WTO 世界贸易组织近日发布《2013 年世界贸易报告》称，2013 年世界货物贸易量将增长 2.5%，比 2012 年提高 2.0 个百分点。其中，发达经济体和发展中经济体的出口将分别增长 1.5% 和 3.6%，发达经济体进口将下降 0.1%，发展中经济体进口将增长 5.8%。

表 4　主要国际组织对 2013 年和 2014 年世界贸易量增长率的预测

单位：%

	国际货币基金组织			世界贸易组织		
	2012 年	2013 年	2014 年	2012 年	2013 年	2014 年
世界	2.7	2.9	4.9	2.3	2.5	4.5
出口						
发达国家	2.0	2.7	4.7	1.1	1.5	2.8
发展中国家	4.2	3.5	5.8	3.8	3.6	6.3
进口						
发达国家	1.0	1.5	4.0	0.0	-0.1	3.2
发展中国家	5.5	5.0	5.9	4.9	5.8	6.2

资料来源：①国际货币基金组织《世界经济展望》，2013 年 10 月。

②WTO，2013 年 9 月。

（执笔：高析；成文于 2013 年 11 月）

2013 年全球工业产能利用率分化明显

工业经济在全球经济体特别是发展中国家占据重要地位。相对于服务业,工业经济波动性更为明显。因此,在经济复苏时期,工业产能利用率对于判断经济形势和分析经济周期发挥着重要作用。

一、美国持续向好、欧日下滑

三大经济体中,美国表现最好,产能利用率从 2010 年开始持续四年维持向好走势;欧元区的产能利用率在 2010-2011 年一度反弹,但 2012 和 2013 年再次回落;日本工业生产一直不景气,产能利用率指数从 2009 年以来持续 5 年下滑。

(一)美国产能利用率恢复至危机爆发时的水平

在经济深度衰退的 2009 年,美国产能利用率曾创 66.9%的历史最低记录。随着美国经济复苏基础不断得到巩固,产能利用率持续回升。2013 年 12 月,美国工业产能利用率为 79.2%,创 2008 年 6 月份以来最高,基本恢复到国际金融危机爆发时的水平。2013 年产能利用率为 78.1%,比上年提高 0.5 个百分点,连续 4 年回升,但仍然比长期趋势(1967-2013 年)低 2.5 个百分点。

分行业来看,2013 年石油和天然气开采业产能利用率最高,达 98.6%;其次是采矿业和金属制品业,分别为 88.8%和 85.3%。非金属矿产开采、造纸业、机械制造业和食品加工业等产能利用率基本处于 80%-

82%的国际合理区间[①]。非金属矿物制品业产能利用率最低，仅为58.9%。

(二)欧元区近两年下滑，但有向好趋势

欧债危机的持续扩散和深度蔓延导致2012年欧盟经济在时隔两年之后再度陷入衰退，2012和2013年GDP分别下降0.6%和0.4%。受此影响，欧元区2012和2013年的产能利用率分别下滑至78.9%和78%，分别比上年下降1.8和0.9个百分点，目前比长期趋势水平(1985-2013年)低3.3个百分点。2013年第四季度，欧元区产能利用率为78.4%，比上季度回升了0.1个百分点，连续三个季度有所改善，呈现初步向好趋势。

分国别来看，2013年德国和法国制造业产能利用率水平相对较高，分别为82.1%和81%，分别比上年低1.4和1.2个百分点，但也连续两年下滑。意大利制造业产能利用率较低，2013年为70.1%，与上年持平。

(三)日本连续5年下滑，去产能化持续

日本在国际金融危机、地震系列灾害以及"购岛"闹剧等内忧外患影响下，制造业屡遭重创，产能利用率持续下滑。2013年日本制造业产能利用率指数[②](2010年=100)为97.2，比上年低1.3个百分点，略低于长期趋势值97.75(1978-2013年)，明显低于国际金融危机爆发前(2008年8月)101.7的水平，连续5年下滑。

二、其他国家分化明显

(一)巴西高于长期趋势水平。2013年巴西工业产能利用率为82.4%，比上年提高0.3个百分点，结束了持续两年的下滑，比长期趋势值(1991-2013年)高2.7个百分点。2013年巴西工业生产增长3.8%，增速比去年加快2.7个百分点，比长期平均(1991-2013年)增速高1.3个百分点。

(二)加拿大和墨西哥小幅下滑。2013年，加拿大工业产能利用率为

---

① 根据国际经验，产能利用率处在80-82%之间比较合理，低于75%表明产能严重过剩，而高于85%表示产能不足。

② 日本为产能利用率指数，与其他国家的产能利用率含义不同。

81.3%,比上年微幅下滑 0.2 个百分点,结束了连续三年的回升;与长期趋势值 82.3%(1987-2013 年)相比,低 1 个百分点。2013 年墨西哥工业产能利用率平均为 79.7%,比上年略降 0.3 个百分点,降幅比上年缩小 0.1 个百分点。

(三)南非和泰国降幅较大。2013 年,南非工业产能利用率为 81.5%,比上年微降 0.1 个百分点,比长期趋势值(1971-2013 年)低 0.4 个百分点。2013 年南非工业生产增长 1.4%,比上年放缓 0.7 个百分点,低于长期平均增速(2000-2013 年,1.65%)。2013 年,泰国工业产能利用率指数①(2000 年=100)为 64.4,比上年下滑 1.5 个百分点,比长期趋势水平(1995-2013 年)低 2 个百分点;12 月份为 60.1,环比大幅下降 3 个百分点。2013 年泰国工业生产下降 3.1%,而上年增长 2.3%,长期(1988-2013 年)平均增速为 7.5%。

附表　全球主要经济体工业产能利用率(%)

	2008	2009	2010	2011	2012	2013	长期趋势		
							时间	数据	与 2013 年差值
美　国	77.5	68.7	74.0	76.5	77.6	78.1	1967-2013	80.6	-2.5
欧元区	83.2	71.3	76.1	80.7	78.9	78.0	1985-2013	81.3	-3.3
德　国	86.9	72.0	79.7	86.1	83.5	82.1	1985-2013	84.3	-2.2
法　国	85.7	74.3	77.9	83.4	82.2	81.0	1991-2013	84.5	-3.5
意大利	76.0	66.1	68.3	72.6	70.1	70.1	1985-2013	75.0	-4.9
日　本	101.7	100.3	100.0	99.8	98.5	97.2	1978-2013	97.8	-0.6
加拿大	78.4	73.3	78.5	80.6	81.5	81.3	1987-2013	82.3	-1.0
巴　西	83.3	80.6	83.2	83.1	82.1	82.4	1991-2013	79.7	2.7
墨西哥			79.1	80.4	80.0	79.7			
南　非	83.8	78.1	80.0	80.2	81.6	81.5	1971-2013	81.9	-0.4
泰　国	64.2	58.5	65.4	61.1	65.9	64.4	1995-2013	66.4	-2.0

注:1. 日本为制造业产能利用率指数,2010 年=100。

2. 泰国为工业产能利用率指数,2000 年=100。

资料来源:各经济体官方统计网站。

(执笔:邹丽婷;成文于 2014 年 2 月)

① 泰国为产能利用率指数,与其他国家的产能利用率含义不同。

专栏

2012 年中国信息化发展指数(IDI)居世界 78 位

国际电信联盟(ITU)最新公布的《衡量信息社会发展-2013 年》报告显示,我国信息通信技术(ICT)水平持续发展,2012 年 ICT 发展指数(IDI)达到 4.18,比 2011 年增加 0.32,居世界第 78 位。

ICT 发展指数(IDI)是包含 11 种信息化指标(数值用 0 至 10 表示)的综合指数,旨在监测国家或地区 ICT 发展进程,并衡量全球数字鸿沟的变化情况。IDI 包括三项分指数:接入分指数、使用分指数和技能分指数,每项分指数都涉及了 ICT 发展的不同方面和要素。ITU 利用 IDI 衡量世界及 157 个国家在 2011 年与 2012 年期间的信息化发展水平。报告显示,几乎所有国家的 IDI 数值都有所提高,但是,在 ICT 接入、使用和技能方面依然存在巨大差距。2012 年 IDI 数值最高的国家是韩国,达到 8.57;最低的是尼日尔,只有 0.99,仅为韩国的九分之一。2012 年发达国家的平均 IDI 数值是发展中国家的两倍。

表 1:2011-2012 年按发展水平划分的 IDI 变化

	2012			2011 年			2011-2012 年平均值变化
	平均值 *	最小	最大	平均值 *	最小	最大	
全　球	4.35	0.99	8.57	4.15	0.93	8.51	0.20
发达国家	6.78	4.11	8.45	6.55	3.80	8.41	0.23
发展中国家	3.44	0.99	8.57	3.25	0.93	8.51	0.19

注: * 简单平均值。

在全球 ICT 应用持续增长的大背景下,我国 ICT 发展更为迅速,继续保持 ICT 不断普及以及向信息社会过渡的整体趋势。但是,我国 IDI 仍低于全球平均水平:2011 年和 2012 年我国 ICT 发展指数分别为 3.86、4.18,而世界平均值分别为 4.15、4.35。我国的 ICT 水平与排名前十位国家的差距也非常明显,2012 年我国的 IDI 数值不足排名首位的韩国的二分之一。从具体指标的得分可以看出,我国不仅需要继续加大包括固定和移动电话、互联网和宽带在内的信息化基础设施的建设,还要加强信息化技能的培训和人才的培养。

表 2:2012 年和 2011 年 ICT 发展指数与 ICT 综合价格指数

ICT 发展指数(IDI)				ICT 综合价格指数(IPB)			
国家或地区	2012 年排名	2012 年指数	2011 年指数	国家或地区	2012 年排名	2012 年指数	2011 年指数
中国	78	4.18	3.86	中国	67	2.5	2.0
韩国	1	8.57	8.51	中国澳门	1	0.2	0.2
瑞典	2	8.45	8.41	卡塔尔	2	0.4	0.4
冰岛	3	8.36	8.12	中国香港	3	0.4	0.4
丹麦	4	8.35	8.18	新加坡	4	0.4	0.4
芬兰	5	8.24	7.99	卢森堡	5	0.5	0.5
挪威	6	8.13	7.97	挪威	6	0.5	0.5
荷兰	7	8.00	7.85	阿联酋	7	0.5	0.5
英国	8	7.98	7.63	美国	8	0.5	0.6
卢森堡	9	7.93	7.76	丹麦	9	0.6	0.6
中国香港	10	7.92	7.66	瑞典	10	0.6	0.6

ICT 综合价格指数是基于固定电话、移动电话和固定宽带互联网服务价格占人均 GNI(国民总收入)百分比的综合指数,能够有效地监测 ICT 服务的价格和可承受性,为政策制定者比较各国 ICT 服务成本提供依据。ITU 的报告显示,2012 年,我国固定电话分价格指数为 1.2,比 2011 年上涨 20%;移动电话分价格指数为 0.6,比 2011 年上涨 20%;固定宽带分价格指数为 5.6,比 2011 年上涨 24.4%。我国移动电话分价格指数在三个价格指数中最低,而固定宽带分价格指数最高,说明我国需要通过新的技术革新来降低互联网宽带业务成本,进而加快我国信息化建设步伐。

(执笔:黄峰;成文于 2014 年 3 月)

五、统计数据

1.01 国际货币基金组织对世界及主要国家经济预测

单位:%

国家/地区	2009 年	2010 年	2011 年	2012 年	2013 年	2014 年	2015 年
世　界	**−0.7**	**5.1**	**3.9**	**3.1**	**3.0**	**3.7**	**3.9**
发达国家	−3.7	3.0	1.6	1.4	1.3	2.2	2.3
美　国	−3.5	2.4	1.8	2.8	1.9	2.8	3.0
欧元区	−4.3	2.0	1.4	−0.7	−0.4	1.0	1.4
日　本	−6.3	4.5	−0.6	1.4	1.5	1.7	1.0
发展中国家	2.8	7.4	6.3	4.9	4.7	5.1	5.4
印　度	6.8	10.1	7.9	3.2	4.4	5.4	6.4
俄罗斯	−7.8	4.0	4.3	3.5	1.5	2.0	2.5
巴　西	−0.6	7.5	2.7	1.0	2.3	2.3	2.8

注:本表数据按照购买力评价方法进行汇总。2014 和 2015 年年度数据为预测值。

1.02 世界银行对世界及主要国家经济预测

单位:%

国家/地区	2009 年	2010 年	2011 年	2012 年	2013 年	2014 年	2015 年
世　界	**−1.8**	**4.1**	**2.7**	**2.5**	**2.4**	**3.2**	**3.4**
发达国家	−3.3	3.0	1.6	1.5	1.3	2.2	2.4
发展中国家	1.7	7.4	5.9	4.8	4.8	5.3	5.5

注:本表数据按照汇率法进行汇总。2014 和 2015 年年度数据为预测值。

1.03 英国共识公司对世界及主要国家经济预测

单位:%

国家/地区	2009 年	2010 年	2011 年	2012 年	2013 年	2014 年	2015 年
世　界	**−1.8**	**4.3**	**3.1**	**2.4**	**2.5**	**3.0**	**3.3**
美　国	−3.1	2.4	1.8	2.8	1.9	2.8	3.1
欧元区	−4.4	2.0	1.4	−0.7	−0.4	1.1	1.4
日　本	−5.5	4.7	−0.6	1.4	1.5	1.4	1.3
印　度	7.4	8.5	6.5	4.8	4.7	5.4	6.0

注:本表数据按照汇率法进行汇总。2014 和 2015 年年度数据为预测值。

1.04 国际货币基金组织对世界及主要国家贸易预测

单位:%

指　标	2009 年	2010 年	2011 年	2012 年	2013 年	2014 年	2015 年
世　界	**−11.0**	**12.6**	**5.9**	**2.7**	**2.7**	**4.3**	**5.3**
发达国家							
出　口	−12.4	12.0	5.6	2.1	2.3	4.2	4.8
进　口	−12.7	11.4	4.6	1.1	1.4	3.5	4.5
发展中国家							
出　口	−7.8	13.7	6.6	4.2	4.4	5.0	6.2
进　口	−8.2	14.9	8.4	5.8	5.6	5.2	6.3

注:包括货物和服务。2014 和 2015 年年度数据为预测值。

1.05 国际货币基金组织对世界及主要国家 CPI 预测

单位:%

国家/地区	2009 年	2010 年	2011 年	2012 年	2013 年	2014 年	2015 年
发达国家	**0.1**	**1.5**	**2.7**	**2.0**	**1.4**	**1.5**	**1.6**
美　国	−0.3	1.6	3.1	2.1	1.5	1.4	1.6
欧元区	0.3	1.6	2.7	2.5	1.4	0.9	1.2
日　本	−1.4	−0.7	−0.3	0.0	0.4	2.8	1.7
发展中国家	**5.2**	**6.1**	**7.2**	**6.0**	**6.1**	**5.5**	**5.2**
印　度	10.9	12.0	8.9	9.4	10.1	8.0	7.5
俄罗斯	11.7	6.9	8.4	5.1	6.8	5.8	5.3
巴　西	4.9	5.0	6.6	6.0	6.2	5.9	5.5

注:2014 和 2015 年年度数据为预测值。

1.06 英国共识公司对世界及主要国家 CPI 预测

单位:%

国家/地区	2009 年	2010 年	2011 年	2012 年	2013 年	2014 年	2015 年
世　界	**1.3**	**2.8**	**3.8**	**3.0**	**2.8**	**3.0**	**3.1**
美　国	−0.4	1.6	3.2	2.1	1.5	1.7	1.9
欧元区	0.3	1.6	2.7	2.5	1.4	0.9	1.3
日　本	−1.4	−0.7	−0.3	0.0	0.4	2.6	1.7
印　度	10.0	12.0	8.8	9.4	9.8	7.7	7.1

注:2014 和 2015 年年度数据为预测值。

1.07 全球消费者价格

年份	月份	世界	发达国家	发展中国家
2007 年		**3.3**	**2.4**	**5.8**
2008 年		**5.0**	**3.7**	**8.5**
2009 年		**1.6**	**0.4**	**4.7**
2010 年		**3.0**	**1.7**	**6.3**
2011 年		**4.3**	**2.8**	**7.7**
2012 年		**3.4**	**2.1**	**6.6**
	1 月	3.9	2.5	7.2
	2 月	3.8	2.5	7.0
	3 月	3.8	2.3	7.0
	4 月	3.7	2.2	7.0
	5 月	3.4	1.9	6.8
	6 月	3.2	1.8	6.4
	7 月	3.1	1.7	6.2
	8 月	3.2	1.9	6.2
	9 月	3.3	2.0	6.2
	10 月	3.4	2.1	6.3
	11 月	3.2	1.9	6.3
	12 月	3.3	1.9	6.6
2013 年		**3.4**	**1.6**	**7.5**
	1 月	3.3	1.7	6.8
	2 月	3.4	1.8	7.1
	3 月	3.2	1.5	7.0
	4 月	3.0	1.3	7.0
	5 月	3.2	1.5	7.1
	6 月	3.6	1.8	7.7
	7 月	3.7	1.9	7.8
	8 月	3.5	1.7	7.7
	9 月	3.4	1.5	7.9
	10 月	3.3	1.2	8.0
	11 月	3.5	1.5	8.1
	12 月	3.5	1.6	7.8

资料来源:世界银行数据库。

1.08 世界工业生产

年份	月份	世界	发达国家	发展中国家
2007 年		**5.7**	**3.8**	**10.7**
2008 年		**1.2**	**−1.8**	**6.6**
2009 年		**−7.6**	**−13.1**	**2.4**
2010 年		**9.6**	**7.5**	**11.5**
2011 年		**4.7**	**3.0**	**8.1**
2012 年		**3.3**	**1.0**	**6.0**
	1 月	2.7	1.2	5.9
	2 月	3.4	1.5	7.1
	3 月	4.7	3.3	6.4
	4 月	4.1	3.3	5.6
	5 月	4.0	2.4	6.2
	6 月	3.3	1.2	5.4
	7 月	2.6	0.8	5.4
	8 月	2.0	0.0	5.0
	9 月	1.3	−0.7	5.3
	10 月	2.6	−0.9	7.0
	11 月	2.6	−0.7	7.1
	12 月	2.0	−0.9	6.3
2013 年		**2.7**	**0.0**	**6.1**
	1 月	2.6	−1.4	6.7
	2 月	1.9	−1.4	5.6
	3 月	1.3	−1.0	5.6
	4 月	2.6	−0.2	6.5
	5 月	1.9	−0.3	5.4
	6 月	1.9	0.1	5.4
	7 月	2.6	0.3	6.3
	8 月	3.2	0.7	6.4
	9 月	4.5	2.0	6.3
	10 月	3.9	2.2	6.0
	11 月	3.8	2.9	5.8
	12 月	4.5	2.8	5.8

注:为经季节调整数据。

资料来源:世界银行数据库。

1.09 国际市场初级产品价格指数

(2010年=100)

年份	月份	能源	非能源			
				农产品	肥料	金属矿
2007年		**93.3**	**89.8**	**81.1**	**85.4**	**108.1**
2008年		**129.1**	**105.8**	**102.2**	**202.4**	**102.2**
2009年		**79.7**	**83.3**	**89.3**	**105.3**	**68.4**
2010年		**100.0**	**100.0**	**100.0**	**100.0**	**100.0**
2011年		**128.7**	**119.8**	**121.6**	**142.6**	**113.5**
2012年		**127.6**	**109.5**	**114.5**	**137.6**	**96.1**
	1月	130.6	108.5	111.0	134.1	100.5
	2月	136.2	111.2	113.4	135.8	104.0
	3月	141.2	112.0	114.6	139.4	103.5
	4月	136.1	111.7	114.8	149.9	101.0
	5月	126.3	109.2	113.1	150.4	96.6
	6月	111.5	105.7	110.7	139.4	91.6
	7月	118.6	110.6	118.7	135.3	91.2
	8月	127.7	109.4	118.6	134.9	87.7
	9月	128.5	111.2	118.5	136.1	93.6
	10月	125.9	109.2	115.2	135.7	94.0
	11月	124.1	107.1	113.0	130.1	92.4
	12月	124.2	108.3	112.4	130.1	97.4
2013年		**127.4**	**101.7**	**106.3**	**113.7**	**90.8**
	1月	128.4	108.6	111.5	129.5	100.3
	2月	131.2	108.3	110.4	130.4	101.3
	3月	126.2	104.7	108.4	126.8	94.5
	4月	123.1	101.8	106.0	123.3	90.7
	5月	123.2	102.2	108.1	119.8	88.3
	6月	122.9	101.0	107.7	116.3	85.4
	7月	128.1	99.6	105.6	114.6	85.7
	8月	130.9	99.4	103.8	107.5	89.6
	9月	131.6	98.7	103.6	102.6	88.2
	10月	128.3	99.1	104.0	98.8	89.1
	11月	125.4	98.0	103.1	96.6	87.8
	12月	129.5	98.5	103.3	98.2	88.7

资料来源:世界银行数据库。

1.10 国际市场初级产品年平均价格预测(现价美元)

产　品	单位	2013 年	2014 年	2015 年	2016 年	2017 年	2018 年	2019 年	2020 年	2025 年
能源										
煤炭(澳大利亚)	美元/吨	84.6	87.0	90.0	91.0	91.9	92.9	93.9	94.9	100.0
原油(平均现货价)	美元/桶	104.1	103.5	99.8	98.6	98.2	97.9	97.6	97.4	96.7
天然气(欧洲)	美元/百万英国热值单位	11.8	11.4	11.0	10.8	10.6	10.4	10.2	9.9	9.0
天然气(美国)	美元/百万英国热值单位	3.7	4.2	4.7	4.9	5.1	5.3	5.5	5.7	7.0
天然气(日本)	美元/百万英国热值单位	16.0	15.8	15.0	14.7	14.5	14.2	13.9	13.7	12.5
非能源初级品										
农产品										
饮品										
可可	美元/千克	2.44	2.40	2.30	2.29	2.28	2.27	2.26	2.25	2.20
咖啡(阿拉比卡)	美元/千克	3.08	3.00	3.20	3.23	3.26	3.29	3.32	3.35	3.50
咖啡(罗巴斯塔)	美元/千克	2.08	1.95	1.90	1.89	1.88	1.87	1.86	1.85	1.80
茶(平均)	美元/千克	2.86	2.88	2.90	2.93	2.96	2.99	3.02	3.05	3.20
食品										
植物油及油品										
椰子油	美元/吨	941	1100	1050	1034	1018	1003	987	972	900
花生油	美元/吨	1773	1700	1750	1760	1770	1779	1789	1799	1850
棕榈油	美元/吨	857	890	870	863	856	848	841	834	800
豆粕	美元/吨	545	530	500	493	485	478	471	464	430
豆油	美元/吨	1057	1030	1020	1018	1016	1014	1012	1010	1000

1.10 续表 1

产　品	单位	2013 年	2014 年	2015 年	2016 年	2017 年	2018 年	2019 年	2020 年	2025 年
大豆	美元/吨	538	550	535	532	530	527	525	522	510
谷物										
高粱	美元/吨	202.2	170.0	165.0	166.4	167.9	169.4	170.8	172.3	180.0
玉米	美元/吨	259.4	225.0	235.0	234.5	234.0	233.5	233.0	232.5	230.0
稻米(泰国,5%碎粒)	美元/吨	505.9	460.0	450.0	446.9	443.8	440.8	437.8	434.7	420.0
小麦(美国硬红冬小麦)	美元/吨	312.2	300.0	295.0	292.9	290.9	288.9	286.8	284.8	275.0
其他食品										
香焦(欧盟)	美元/千克	0.92	0.95	0.94	0.94	0.93	0.93	0.93	0.93	0.92
牛肉	美元/千克	4.07	4.00	3.95	3.93	3.90	3.89	3.87	3.86	3.80
鸡肉	美元/千克	2.29	2.25	2.20	2.18	2.14	2.12	2.10	2.08	2.00
柑橘	美元/千克	0.97	0.75	0.80	0.81	0.83	0.84	0.85	0.86	0.90
虾(墨西哥)	美元/千克	13.84	16.00	15.00	14.79	14.37	14.17	13.96	13.77	13.00
糖(ISA 世界平均)	美元/千克	0.39	0.38	0.37	0.37	0.36	0.36	0.36	0.36	0.35
原材料										
木材										
原木(喀麦隆)	美元/立方米	463.5	475.0	480.0	485.2	490.5	495.9	501.3	506.8	535.0
原木(马来西亚)	美元/立方米	305.4	300.0	310.0	314.7	319.4	324.2	329.1	334.1	360.0
锯材(马来西亚)	美元/立方米	852.8	890.0	905.0	921.1	937.6	954.3	971.3	988.6	1080.0
其他原材料										
棉花	美元/千克	1.99	1.95	2.00	2.03	2.06	2.09	2.11	2.14	2.30

1.10 续表 2

产品	单位	2013 年	2014 年	2015 年	2016 年	2017 年	2018 年	2019 年	2020 年	2025 年
橡胶（马亚西亚）	美元/千克	2.79	2.70	2.75	2.75	2.76	2.76	2.77	2.77	2.80
烟草	美元/吨	4560	4600	4400	4374	4349	4323	4298	4273	4150
肥料										
磷酸二铵	美元/吨	444.9	390.0	400.0	403.8	407.7	411.6	415.5	419.5	440.0
磷酸盐矿石	美元/吨	148.1	110.0	105.0	103.4	101.8	100.3	98.7	97.2	90.0
氯化钾	美元/吨	379.2	340.0	330.0	327.9	325.9	323.9	321.8	319.8	310.0
磷酸三钠	美元/吨	382.1	320.0	330.0	331.9	333.9	335.9	337.9	339.9	350.0
尿素（东欧，袋装）	美元/吨	340.1	325.0	320.0	317.9	315.9	313.9	311.8	309.8	300.0
金属和金属矿										
铝	美元/吨	1847	1800	1850	1878	1906	1935	1965	1994	2150
铜	美元/吨	7332	7150	7100	7069	7039	7009	6978	6948	6800
铁矿石	美元/千吨	135	135	137	138	139	139	140	141	145
铅	美元/吨	2140	2120	2150	2160	2170	2180	2189	2199	2250
镍	美元/吨	15032	14500	15000	15276	15557	15843	16135	16432	18000
锡	美元/吨	22286	22500	22700	22920	23142	23367	23593	23822	25000
锌	美元/吨	1910	2000	2050	2083	2116	2149	2183	2218	2400
贵金属										
金	美元/盎司	1412	1220	1200	1190	1179	1169	1159	1149	1100
银	美元/盎司	23.8	21.0	20.5	20.6	20.8	20.9	21.1	21.2	22.0
铂金	美元/盎司	1487	1400	1350	1340	1329	1319	1309	1299	1250

资料来源：世界银行。

1.11 国际市场初级产品价格指数预测

（2010 年 = 100）

产品	2013 年	2014 年	2015 年	2016 年	2017 年	2018 年	2019 年	2020 年	2025 年
按不变价美元计算									
能源	120.1	118.1	113.7	111.1	109.4	107.7	106.0	104.3	96.6
非能源商品	95.9	91.9	90.7	89.5	88.4	87.2	86.0	84.7	78.7
农产品	100.2	96.2	94.6	93.2	91.8	90.5	89.1	87.6	80.7
饮料	78.5	75.7	75.2	74.4	73.6	72.7	71.8	70.9	66.4
食品	109.0	103.4	100.8	98.9	96.9	95.0	93.1	91.1	81.7
植物油及油品	109.3	108.1	103.5	101.2	99.0	96.7	94.5	92.2	81.6
谷物	120.9	107.4	107.0	105.1	103.2	101.3	99.3	97.4	87.9
其他食品	98.0	93.5	91.6	90.1	88.6	87.1	85.5	84.0	76.2
原材料	89.9	89.3	89.3	89.0	88.8	88.4	88.1	87.7	85.6
木材	96.7	98.0	98.9	99.2	99.5	99.8	100.0	100.1	100.5
其他	82.4	79.8	78.8	77.9	77.0	76.1	75.1	74.1	69.2
肥料	107.2	93.2	90.8	89.1	87.4	85.7	84.0	82.2	73.9
金属和金属矿	85.6	82.8	82.8	82.1	81.4	80.7	79.9	79.1	75.1
贱金属	85.2	82.1	82.0	81.3	80.6	79.9	79.1	78.3	74.3
贵金属	108.5	92.9	90.2	88.4	86.7	85.0	83.3	81.5	73.2

资料来源：世界银行。

1.12 国际市场石油平均价格

单位:美元/桶

年份 月份	石油现货价格		石油期货价格
	OPEC 一揽子原油	北海布伦特	纽约期货市场轻质原油
2007 年	**69.08**	**72.44**	**72.41**
2008 年	**94.45**	**96.94**	**99.75**
2009 年	**61.06**	**61.74**	**62.09**
2010 年	**77.45**	**79.61**	**79.61**
2011 年	**107.46**	**111.26**	**95.11**
2012 年	**109.45**	**111.63**	**94.15**
1 月	111.76	110.69	100.32
2 月	117.48	119.33	102.26
3 月	122.97	125.45	106.21
4 月	118.18	119.75	103.35
5 月	108.07	110.34	94.72
6 月	93.98	95.16	82.41
7 月	99.55	102.62	87.93
8 月	109.52	113.36	94.16
9 月	110.67	112.86	94.56
10 月	108.36	111.71	89.57
11 月	106.86	109.06	86.73
12 月	106.55	109.49	88.25
2013 年	**105.87**	**108.56**	**98.05**
1 月	109.28	112.96	94.83
2 月	112.75	116.05	95.32
3 月	106.44	108.47	92.96
4 月	101.05	102.25	92.07
5 月	100.65	102.56	94.80
6 月	101.03	102.92	95.80
7 月	104.45	107.93	104.70
8 月	107.52	111.28	106.54
9 月	108.73	111.60	106.24
10 月	106.69	109.08	100.55
11 月	104.97	107.79	93.93
12 月	107.67	110.76	97.89

资料来源:OPEC 及美国能源部数据库。

1.13　全球主要股票指数

年份　月份	美国		欧元区	日本
	道琼斯30种股票平均价格（美元）	纳斯达克指数	德国DAX股票指数	日经225种股票平均价格（日元）
2007年	**13264.82**	**2652.28**	**8067.32**	**15307.78**
2008年	**8776.39**	**1577.03**	**4810.20**	**8859.56**
2009年	**10428.05**	**2269.15**	**5957.43**	**10546.44**
2010年	**11577.51**	**2652.87**	**6914.19**	**10228.92**
2011年	**12217.56**	**2605.15**	**5898.35**	**8455.35**
2012年	**13104.14**	**3019.51**	**7612.39**	**10395.18**
1月	12632.91	2813.84	6458.91	8802.51
2月	12952.07	2966.89	6856.08	9723.24
3月	13212.04	3091.57	6946.83	10083.56
4月	13213.63	3046.36	6761.19	9520.89
5月	12393.45	2827.34	6264.38	8542.73
6月	12880.09	2935.05	6416.28	9006.78
7月	13008.68	2939.52	6772.26	8695.06
8月	13090.84	3066.96	6970.79	8839.91
9月	13437.13	3116.23	7216.15	8870.16
10月	13096.46	2977.23	7260.63	8928.29
11月	13025.58	3010.24	7405.50	9446.01
12月	13104.14	3019.51	7612.39	10395.18
2013年	**16576.66**	**4176.59**	**9552.16**	**16291.31**
1月	13860.58	3142.13	7776.05	11138.66
2月	14054.49	3160.19	7741.70	11559.36
3月	14578.54	3267.52	7795.31	12397.91
4月	14839.80	3328.79	7913.71	13860.86
5月	15115.57	3455.91	8348.84	13774.54
6月	14909.60	3403.25	7959.22	13677.32
7月	15499.54	3626.37	8275.97	13668.32
8月	14810.31	3589.87	8103.15	13388.86
9月	15129.67	3771.48	8594.40	14455.80
10月	15545.75	3919.71	9033.92	14327.94
11月	16086.41	4059.89	9405.30	15661.87
12月	16576.66	4176.59	9552.16	16291.31

注：为期末数据。

资料来源：雅虎网站。

2.1.01 美国国内生产总值及其构成增长率(环比折年率)

单位:%

指　　标	2012 年	2013 年	2012 年				2013 年			
			一季度	二季度	三季度	四季度	一季度	二季度	三季度	四季度
国内生产总值	**2.8**	**1.9**	**3.7**	**1.2**	**2.8**	**0.1**	**1.1**	**2.5**	**4.1**	**2.6**
个人消费支出	2.2	2.0	2.9	1.9	1.7	1.7	2.3	1.8	2.0	3.3
消费品	3.3	3.5	4.6	2.2	3.7	3.7	3.7	3.1	4.5	2.9
耐用消费品	7.7	6.9	9.8	2.9	8.3	10.5	5.8	6.2	7.9	2.8
非耐用消费品	1.4	2.0	2.2	1.8	1.6	0.6	2.7	1.6	2.9	2.9
服务	1.6	1.2	2.1	1.7	0.7	0.6	1.5	1.2	0.7	3.5
私人投资总额	9.5	5.4	10.5	−1.6	6.5	−2.4	4.7	9.2	17.2	2.5
固定资产投资	8.3	4.5	8.6	4.7	2.7	11.6	−1.5	6.5	5.9	2.8
非住宅投资	7.3	2.7	5.8	4.5	0.3	9.8	−4.6	4.7	4.8	5.7
建筑	12.7	1.3	7.0	6.9	5.9	17.6	−25.7	17.6	13.4	−1.8
设备和软件	7.6	3.1	8.3	5.3	−3.9	8.9	1.6	3.3	0.2	10.9
住宅投资	12.9	12.2	23.0	5.7	14.1	19.8	12.5	14.2	10.3	−7.9
库存变动	……	……								
净出口	……	……	……	……	……	……	……	……	……	……
出口	3.5	2.7	4.2	3.8	0.4	1.1	−1.3	8.0	3.9	9.5
货物	3.8	2.4	1.8	5.2	1.6	−3.0	−2.8	9.4	5.6	11.8
服务	3.0	3.5	10.0	0.8	−2.6	11.3	2.2	4.8	0.1	4.2
进口	2.2	1.4	0.7	2.5	0.5	−3.1	0.6	6.9	2.4	1.5
货物	2.1	1.2	0.9	2.5	0.4	−3.5	−0.2	7.5	2.4	1.3
服务	2.7	2.5	−0.1	2.3	1.0	−1.0	5.0	4.0	2.5	2.2
政府支出	−1.0	−2.2	−1.4	0.3	3.5	−6.5	−4.2	−0.4	0.4	−5.2
联邦政府	−1.4	−5.2	−2.5	−0.2	8.9	−13.9	−8.4	−1.6	−1.5	−12.8
国防	−3.2	−7.0	−6.7	−1.0	12.5	−21.6	−11.2	−0.6	−0.5	−14.4
其他	1.8	−1.9	5.4	1.2	2.8	1.0	−3.6	−3.1	−3.1	−10.0
州及地方政府	−0.7	−0.2	−0.6	0.6	−0.2	−1.0	−1.3	0.4	1.7	0.0
备注										
国民总收入	2.7	1.9	3.0	1.4	2.4	0.3	0.6	2.7	4.4	3.1

注:季度数据为经季节调整后折合年率的环比增长速度。

资料来源:美国商务部经济分析局。

2.1.02　美国国内生产总值及其构成增长率（同比）

单位：%

指　标	2012 年	2013 年	2012 年				2013 年			
			一季度	二季度	三季度	四季度	一季度	二季度	三季度	四季度
国内生产总值	**2.8**	**1.9**	**3.3**	**2.8**	**3.1**	**2.0**	**1.3**	**1.6**	**2.0**	**2.6**
个人消费支出	2.2	2.0	2.2	2.3	2.2	2.0	1.9	1.9	1.9	2.3
消费品	3.3	3.5	2.7	3.2	3.9	3.5	3.3	3.6	3.8	3.5
耐用消费品	7.7	6.9	6.8	7.8	8.6	7.8	6.9	7.7	7.6	5.6
非耐用消费品	1.4	2.0	0.9	1.2	1.7	1.6	1.7	1.6	2.0	2.6
服务	1.6	1.2	2.0	1.9	1.4	1.3	1.1	1.0	1.0	1.7
私人投资总额	9.5	5.4	14.3	10.1	11.2	3.1	1.7	4.4	6.9	8.3
固定资产投资	8.3	4.5	10.5	9.5	6.5	6.8	4.3	4.7	5.5	3.4
非住宅投资	7.3	2.7	10.4	9.0	5.0	5.0	2.4	2.4	3.5	2.6
建筑	12.7	1.3	20.4	13.9	8.5	9.3	−0.3	2.1	3.9	−0.7
设备和软件	7.6	3.1	10.7	10.9	4.8	4.5	2.9	2.4	3.4	3.9
住宅投资	12.9	12.2	10.7	11.6	13.6	15.5	12.9	15.1	14.2	6.9
库存变动	……	……	……	……	……	……	……	……	……	……
净出口	……	……	……	……	……	……	……	……	……	……
出口	3.5	2.7	4.7	4.4	2.8	2.4	1.0	2.0	2.9	4.9
货物	3.8	2.4	4.7	5.1	4.0	1.4	0.2	1.2	2.2	5.9
服务	3.0	3.5	4.6	2.9	−0.2	4.7	2.8	3.8	4.5	2.8
进口	2.2	1.4	3.0	3.4	2.4	0.1	0.1	1.2	1.6	2.8
货物	2.1	1.2	2.6	3.4	2.6	0.0	−0.2	1.0	1.5	2.7
服务	2.7	2.5	5.2	3.9	1.2	0.5	1.8	2.2	2.6	3.4
政府支出	−1.0	−2.2	−1.7	−1.3	0.2	−1.1	−1.8	−2.0	−2.7	−2.4
联邦政府	−1.4	−5.2	−1.8	−2.3	0.7	−2.3	−3.8	−4.1	−6.5	−6.2
国防	−3.2	−7.0	−2.2	−4.0	−1.7	−5.0	−6.2	−6.1	−8.9	−6.9
其他	1.8	−1.9	−1.2	0.8	5.1	2.6	0.3	−0.8	−2.2	−5.0
州及地方政府	−0.7	−0.2	−1.6	−0.6	−0.2	−0.3	−0.5	−0.5	−0.1	0.2
备注										
国民总收入	2.7	1.9	3.2	2.8	2.9	1.8	1.2	1.5	2.0	2.7

资料来源：美国商务部经济分析局。

2.1.03 美国国内生产总值构成对经济增长的贡献

单位：百分点

指标	2012 年	2013 年	2012 年				2013 年			
			一季度	二季度	三季度	四季度	一季度	二季度	三季度	四季度
国内生产总值	**2.8**	**1.9**	**3.7**	**1.2**	**2.8**	**0.1**	**1.1**	**2.5**	**4.1**	**2.6**
个人消费支出	1.52	1.37	1.98	1.28	1.15	1.13	1.54	1.24	1.36	2.22
消费品	0.77	0.81	1.04	0.50	0.84	0.85	0.85	0.71	1.03	0.66
耐用消费品	0.56	0.51	0.69	0.21	0.59	0.74	0.43	0.46	0.58	0.21
非耐用消费品	0.22	0.31	0.35	0.28	0.25	0.10	0.43	0.26	0.46	0.45
服务	0.74	0.55	0.94	0.78	0.31	0.29	0.69	0.53	0.32	1.57
私人投资总额	1.36	0.82	1.57	−0.23	0.99	−0.36	0.71	1.38	2.56	0.41
固定资产投资	1.17	0.66	1.21	0.68	0.39	1.63	−0.23	0.96	0.89	0.43
非住宅投资	0.85	0.33	0.68	0.53	0.04	1.13	−0.57	0.56	0.58	0.68
建筑	0.31	0.03	0.18	0.18	0.15	0.44	−0.80	0.43	0.35	−0.05
设备和软件	0.41	0.17	0.45	0.29	−0.22	0.47	0.09	0.18	0.02	0.58
住宅投资	0.32	0.33	0.53	0.15	0.35	0.50	0.34	0.40	0.31	−0.26
库存变动	0.20	0.16	0.36	−0.91	0.60	−2.00	0.93	0.41	1.67	−0.02
净出口	0.10	0.12	0.44	0.10	−0.03	0.68	−0.28	−0.07	0.14	0.99
出口	0.48	0.36	0.56	0.51	0.05	0.15	−0.18	1.04	0.52	1.23
货物	0.36	0.22	0.17	0.48	0.16	−0.28	−0.27	0.84	0.52	1.06
服务	0.12	0.14	0.39	0.03	−0.10	0.43	0.09	0.20	0.01	0.17
进口	−0.38	−0.24	−0.12	−0.41	−0.08	0.53	−0.10	−1.10	−0.39	−0.24
货物	−0.30	−0.17	−0.12	−0.35	−0.05	0.50	0.03	−1.00	−0.32	−0.18
服务	−0.07	−0.07	0.00	−0.06	−0.03	0.03	−0.13	−0.11	−0.07	−0.06
政府支出	−0.20	−0.43	−0.28	0.05	0.67	−1.31	−0.82	−0.07	0.08	−0.99
联邦政府	−0.12	−0.41	−0.20	−0.02	0.69	−1.19	−0.68	−0.12	−0.11	−1.00
国防	−0.17	−0.35	−0.36	−0.05	0.60	−1.22	−0.57	−0.03	−0.02	−0.70
其他	0.05	−0.06	0.16	0.04	0.08	0.03	−0.11	−0.09	−0.09	−0.29
州及地方政府	−0.08	−0.02	−0.08	0.07	−0.02	−0.12	−0.14	0.05	0.19	0.00

注：季度数据为经季节调整后折合年率的环比增长速度。

资料来源：美国商务部经济分析局。

2.1.04 美国工业生产指数和工业生产能力利用率

年份	月份	工业生产指数（2007=100）	制造业	工业生产能力利用率（%）	制造业
2006		**97.6**	**97.4**	**80.2**	**78.4**
2007		**100.0**	**100.0**	**80.5**	**78.6**
2008		**96.6**	**95.3**	**77.5**	**74.5**
2009		**85.7**	**82.4**	**68.7**	**65.7**
2010		**90.6**	**87.4**	**74.0**	**71.3**
2011		**93.6**	**90.3**	**76.5**	**74.0**
2012		**97.0**	**93.9**	**77.6**	**75.8**
	1月	96.2	93.3	77.7	75.8
	2月	96.7	93.9	77.9	76.2
	3月	96.1	93.4	77.3	75.7
	4月	96.9	93.9	77.7	76.1
	5月	97.1	93.7	77.8	75.8
	6月	97.1	94.0	77.7	75.9
	7月	97.6	94.2	77.9	76.0
	8月	96.8	93.5	77.2	75.4
	9月	97.0	93.6	77.2	75.3
	10月	96.8	93.2	77.0	74.9
	11月	98.1	94.5	77.9	75.8
	12月	98.2	95.3	77.8	76.4
2013		**99.6**	**96.1**	**78.2**	**76.3**
	1月	98.2	95.2	77.7	76.2
	2月	98.8	95.7	78.1	76.5
	3月	99.1	95.5	78.2	76.3
	4月	98.8	95.2	77.9	75.9
	5月	99.0	95.5	77.9	76.1
	6月	99.2	95.8	77.9	76.2
	7月	99.0	95.3	77.7	75.7
	8月	99.6	96.0	78.0	76.2
	9月	100.2	96.3	78.4	76.3
	10月	100.4	96.7	78.4	76.5
	11月	101.2	97.1	78.9	76.7
	12月	101.2	97.2	78.8	76.7

资料来源：美国联邦储备委员会。

2.1.05 美国劳动生产率变化

（2005＝100）

年度	季度	非农产业		制造业		商业	
		单位工作产出	每小时产出	单位工作产出	每小时产出	单位工作产出	每小时产出
2004		**94.0**	**91.9**	**93.1**	**91.6**	**98.5**	**93.9**
2005		**95.8**	**93.8**	**96.9**	**96.0**	**100.0**	**95.7**
2006		**97.0**	**94.7**	**99.1**	**96.8**	**101.2**	**96.9**
2007		**98.3**	**96.2**	**103.0**	**100.6**	**102.4**	**98.1**
2008		**98.5**	**97.0**	**101.9**	**100.0**	**102.6**	**98.3**
2009		**100.0**	**100.0**	**100.0**	**100.0**	**100.0**	**100.0**
	1季度	97.9	97.6	96.5	97.0	97.5	97.8
	2季度	99.4	99.5	98.0	98.5	99.4	99.3
	3季度	100.5	100.9	101.3	101.4	101.0	100.6
	4季度	102.3	102.1	104.5	103.3	102.2	102.4
2010		**104.4**	**103.3**	**109.3**	**106.3**	**103.3**	**104.4**
	1季度	103.0	102.6	106.8	104.7	102.6	103.0
	2季度	104.0	102.9	109.4	106.6	102.9	104.0
	3季度	105.0	103.5	110.4	106.7	103.6	105.0
	4季度	105.7	104.0	110.6	107.1	104.0	105.6
2011		**105.5**	**103.8**	**111.2**	**107.3**	**103.7**	**105.3**
	1季度	104.6	103.3	110.8	107.5	103.2	104.5
	2季度	105.4	103.7	110.2	106.5	103.6	105.2
	3季度	105.4	103.6	111.6	107.6	103.5	105.2
	4季度	106.4	104.5	112.2	107.7	104.4	106.3
2012		**107.2**	**105.3**	**113.7**	**109.3**	**105.1**	**107.0**
	1季度	107.0	104.9	113.6	109.1	104.8	106.9
	2季度	107.0	105.2	113.6	109.3	105.1	106.9
	3季度	107.6	105.8	113.3	109.0	105.5	107.3
	4季度	107.3	105.4	114.1	109.6	105.1	107.0
2013		**107.6**	**105.8**	**115.9**	**111.3**	**106.1**	**107.8**
	1季度	106.8	104.9	114.9	110.6	105.2	107.0
	2季度	107.1	105.3	115.8	111.3	105.7	107.4
	3季度	108.0	106.2	116.0	111.4	106.5	108.2
	4季度	108.5	106.7	117.0	111.7	106.9	108.7

资料来源：美国劳工统计局。

2.1.06 美国就业率和失业率

年份	月份	就业率（%）	失业率（%）	男	女
2001		**63.7**	**4.7**	**4.8**	**4.7**
2002		**62.7**	**5.8**	**5.9**	**5.6**
2003		**62.3**	**6.0**	**6.3**	**5.7**
2004		**62.3**	**5.5**	**5.6**	**5.4**
2005		**62.7**	**5.1**	**5.1**	**5.1**
2006		**63.1**	**4.6**	**4.6**	**4.6**
2007		**63.0**	**4.6**	**4.7**	**4.5**
2008		**62.2**	**5.8**	**6.2**	**5.4**
2009		**59.3**	**9.3**	**10.6**	**8.1**
2010		**58.5**	**9.6**	**10.5**	**8.6**
2011		**58.4**	**8.9**	**9.4**	**8.5**
2012		**58.6**	**8.1**	**8.2**	**7.9**
	1月	58.5	8.3	8.3	8.2
	2月	58.6	8.3	8.4	8.1
	3月	58.5	8.2	8.3	8.1
	4月	58.5	8.1	8.2	8.0
	5月	58.6	8.2	8.4	7.9
	6月	58.6	8.2	8.4	7.9
	7月	58.5	8.2	8.4	8.1
	8月	58.4	8.1	8.3	7.8
	9月	58.7	7.8	8.0	7.5
	10月	58.7	7.9	8.0	7.7
	11月	58.7	7.8	7.9	7.6
	12月	58.6	7.8	7.9	7.8
2013		**58.6**	**7.4**	**7.6**	**7.1**
	1月	58.6	7.9	8.0	7.7
	2月	58.6	7.7	7.9	7.6
	3月	58.5	7.5	7.6	7.5
	4月	58.6	7.5	7.8	7.2
	5月	58.7	7.5	7.9	7.1
	6月	58.7	7.5	7.8	7.3
	7月	58.7	7.3	7.7	6.9
	8月	58.6	7.2	7.7	6.8
	9月	58.6	7.2	7.7	6.7
	10月	58.2	7.2	7.5	6.9
	11月	58.6	7.0	7.3	6.7
	12月	58.6	6.7	6.8	6.5

注：数据经季节性调整。

资料来源：美国劳工统计局。

2.1.07 美国价格涨跌率

单位:%

年份 月份	消费价格涨跌率		核心消费价格涨跌率①		生产价格涨跌率	
	环比	同比	环比	同比	环比	同比
2006		**3.2**		**2.5**		**3.0**
2007		**2.8**		**2.3**		**3.9**
2008		**3.8**		**2.3**		**6.3**
2009		**−0.4**		**1.7**		**−2.6**
2010		**1.6**		**1.0**		**4.2**
2011		**3.2**		**1.7**		**6.0**
2012		**2.1**		**2.1**		**1.9**
1月	0.2	2.9	0.2	2.3	0.1	4.1
2月	0.3	2.9	0.1	2.2	0.3	3.4
3月	0.3	2.7	0.2	2.3	0.1	2.8
4月	0.0	2.3	0.2	2.3	−0.2	1.8
5月	−0.1	1.7	0.2	2.3	−0.6	0.6
6月	0.1	1.7	0.2	2.2	0.1	0.7
7月	0.0	1.4	0.1	2.1	0.4	0.5
8月	0.5	1.7	0.1	1.9	1.0	1.9
9月	0.5	2.0	0.2	2.0	1.0	2.1
10月	0.2	2.2	0.2	2.0	−0.2	2.3
11月	−0.2	1.8	0.1	1.9	−0.4	1.5
12月	0.0	1.7	0.1	1.9	−0.3	1.3
2013		**1.5**		**1.8**		**1.2**
1月	0.1	1.6	0.2	1.9	0.4	1.5
2月	0.6	2.0	0.2	2.0	0.6	1.8
3月	−0.2	1.5	0.1	1.9	−0.5	1.1
4月	−0.2	1.1	0.1	1.7	−0.6	0.5
5月	0.2	1.4	0.1	1.7	0.6	1.6
6月	0.3	1.8	0.2	1.6	0.4	2.3
7月	0.2	2.0	0.2	1.7	0.0	2.1
8月	0.1	1.5	0.1	1.8	0.3	1.3
9月	0.1	1.2	0.1	1.7	−0.2	0.3
10月	0.0	1.0	0.1	1.7	0.2	0.3
11月	0.1	1.2	0.2	1.7	−0.1	0.7
12月	0.2	1.5	0.1	1.7	0.4	1.2

注:①为不包括食品和能源的消费者价格。

资料来源:美国劳工统计局。

2.1.08 美国进出口贸易

单位:亿美元

年份	月份	进出口额	出口额	进口额	出口额减进口额
2005		**32835.1**	**12874.4**	**19960.7**	**−7086.2**
2006		**36729.3**	**14598.2**	**22131.1**	**−7532.9**
2007		**39551.8**	**16545.6**	**23512.9**	**−6967.3**
2008		**43837.0**	**18426.8**	**25410.2**	**−6983.4**
2009		**35370.4**	**15789.5**	**19581.0**	**−3791.5**
2010		**41797.1**	**18424.9**	**23372.2**	**−4947.4**
2011		**47666.1**	**21033.7**	**26632.5**	**−5598.8**
2012		**49322.1**	**21959.3**	**27362.9**	**−5403.6**
	1月	4095.1	1786.1	2309.0	−523.0
	2月	4049.0	1801.5	2247.5	−445.9
	3月	4210.8	1846.7	2364.1	−517.3
	4月	4146.4	1824.5	2321.9	−497.3
	5月	4132.1	1831.0	2301.1	−470.2
	6月	4120.0	1855.3	2264.7	−409.3
	7月	4083.2	1833.0	2250.2	−417.2
	8月	4056.7	1815.0	2241.7	−426.7
	9月	4146.3	1871.3	2275.0	−403.6
	10月	4033.8	1806.1	2227.7	−421.5
	11月	4136.0	1824.9	2311.0	−486.1
	12月	4112.8	1863.7	2249.1	−385.4
2013		**50161.7**	**22723.2**	**27438.5**	**−4715.3**
	1月	4157.2	1867.9	2289.3	−421.4
	2月	4170.2	1868.8	2301.4	−432.6
	3月	4060.8	1847.6	2213.2	−365.6
	4月	4139.9	1873.1	2266.8	−393.7
	5月	4174.8	1869.1	2305.7	−436.6
	6月	4165.2	1910.6	2254.7	−344.1
	7月	4184.1	1897.5	2286.5	−389.0
	8月	4184.8	1896.4	2288.4	−392.1
	9月	4219.4	1892.5	2326.9	−434.3
	10月	4259.9	1931.1	2328.8	−397.7
	11月	4244.6	1946.4	2298.2	−351.7
	12月	4215.6	1912.9	2302.7	−389.8

注:包括货物和服务贸易。因季节调整的原因,各月合计数据不等于全年数据。

资料来源:美国商务部普查局。

2.1.09 美国外国直接投资

单位:亿美元

年份	季度	流入	流出	流入减流出
2003 年		**531.46**	**1293.52**	**-762.06**
2004 年		**1358.26**	**2949.05**	**-1590.79**
2005 年		**1047.73**	**153.69**	**894.04**
2006 年		**2371.36**	**2242.20**	**129.16**
2007 年		**2659.57**	**3935.18**	**-1275.61**
2008 年		**3063.66**	**3082.96**	**-59.30**
	1 季度	887.39	1044.31	-231.20
	2 季度	686.18	958.31	-19.10
	3 季度	655.82	737.66	-69.90
	4 季度	834.27	342.68	260.80
2009 年		**1436.04**	**2879.01**	**-1181.90**
	1 季度	-4.54	779.08	-783.62
	2 季度	308.01	682.79	-374.78
	3 季度	569.43	894.48	-325.05
	4 季度	563.14	522.67	40.47
2010 年		**1980.49**	**2777.79**	**-797.30**
	1 季度	383.19	981.46	-598.27
	2 季度	311.43	711.34	-399.91
	3 季度	865.54	903.78	-38.24
	4 季度	420.32	181.21	239.11
2011 年		**2237.59**	**3867.24**	**-1629.65**
	1 季度	333.65	1028.94	-695.29
	2 季度	608.96	1328.68	-719.72
	3 季度	642.18	792.07	-149.89
	4 季度	652.81	717.55	-64.74
2012 年		**1605.69**	**3669.40**	**-2063.71**
	1 季度	354.26	1156.45	-802.19
	2 季度	489.52	900.40	-410.88
	3 季度	408.89	973.19	-564.30
	4 季度	353.01	639.35	-286.34
2013 年		**1875.28**	**3383.02**	**-1507.74**
	1 季度	291.18	884.93	-593.75
	2 季度	397.44	996.17	-598.73
	3 季度	582.33	950.75	-368.42
	4 季度	604.33	551.17	53.16

资料来源:美国商务部经济分析局。

2.1.10 美国预警指标和景气指标

年份	月份	先行指标	消费者信心指数	制造业采购经理人指数	制造业订单指数	制造业库存景气指数	非制造业采购经理人指数
2010							
	1月	107.6	55.9	57.2	60.4	46.0	49.6
	2月	108	46.4	55.8	57.4	49.0	50.8
	3月	109.5	52.3	58.8	62.6	56.5	53.2
	4月	109.5	57.7	58.1	65.1	50.5	55.6
	5月	110	62.7	58.3	63.9	46.0	55.5
	6月	108.8	54.3	56.4	59.5	46.0	54.6
	7月	109	51	56.4	56.1	49.0	54.8
	8月	109.1	53.2	58	56.1	53.0	52.7
	9月	109.9	48.6	56.3	54.1	56.0	53.6
	10月	110.1	49.9	57.7	58.2	53.0	55.3
	11月	111.4	54.3	57.6	58.3	54.0	56.7
	12月	112.3	53.3	57.5	58.8	50.0	57
2011							
	1月	112.5	64.8	59	63.2	52.0	57.1
	2月	113.5	72	59.3	62.7	50.5	56.9
	3月	114.3	63.8	59.1	62.7	49.0	55.5
	4月	114	66	58.9	63.8	54.5	55.3
	5月	114.8	61.7	53.7	52.4	48.5	55
	6月	94.2	57.6	56.6	54.1	53.5	54.2
	7月	94.4	59.2	52.9	51.3	48.0	53.8
	8月	93.7	45.2	53	52.9	54.5	54.1
	9月	93.2	46.4	52.8	51.6	52.0	52.7
	10月	93.8	40.9	51.8	52.2	46.5	52.9
	11月	94	55.2	52.1	54.8	46.5	53.2
	12月	94.6	64.8	53.1	55.1	45.5	52.6
2012							
	1月	94.7	61.5	52.8	56.5	49.5	55.6
	2月	95.3	71.6	52.4	54.9	49.5	54.9
	3月	95.6	69.5	53	56.8	50.0	55.1
	4月	95.5	68.7	53.7	57.6	48.5	54.5
	5月	95.8	64.4	53.2	57.2	46.0	54.4
	6月	95.3	62.7	51	49.6	44.0	53.3
	7月	95.7	65.4	50.6	47.5	49.0	52.9
	8月	95.3	61.3	51.1	48.9	53.0	53.8
	9月	95.7	68.4	52.2	51.7	50.5	55.3
	10月	93.4	73.1	51.2	52.8	50.0	54.5
	11月	93.4	71.5	49.5	51.1	45.0	55.1
	12月	93.8	66.7	50.4	49.7	43.0	55.7
2013							
	1月	94.3	58.4	52.3	53.3	51.0	54.9
	2月	94.6	68	53.1	57.8	51.5	54.8
	3月	94.3	61.9	51.5	51.4	49.5	54.5
	4月	95.1	69	50	52.3	46.5	53.8
	5月	95.4	74.3	50	48.8	49.0	54
	6月	95.4	82.1	52.5	51.9	50.5	53.4
	7月	95.9	81	54.9	58.3	47.0	55.9
	8月	96.4	81.8	56.3	63.2	47.5	57.9
	9月	97.4	80.2	56	60.5	50.0	54.5
	10月	98.3	72.4	56.6	61.3	52.5	55.1
	11月	99.2	72	57	63.4	50.5	54.1
	12月	99.2	77.5	56.5	64.4	47.0	53

注:先行指标以 1996 年为 100,消费者信心指数以 1985 年为 100,采购经理人指数长期超过 50 预示着经济扩张期。

资料来源:世界大型企业联合会(Conference Board)及美国供应管理协会(ISM)。

2.1.11 美国财政指标

单位:亿美元

年份　月份	收入	同比增长(%)	支出	同比增长(%)	收入减支出
2005 财年	**21543.1**	**14.6**	**24729.2**	**7.9**	**-3186.1**
2006 财年	**24066.9**	**11.7**	**26548.6**	**7.4**	**-2481.8**
2007 财年	**25676.7**	**8.8**	**27292.0**	**4.7**	**-1615.3**
2008 财年	**25238.6**	**-1.7**	**29786.6**	**9.1**	**-4548.1**
2009 财年	**21043.6**	**-16.6**	**35200.8**	**18.2**	**-14157.2**
2010 财年	**21617.5**	**2.7**	**34559.5**	**-1.8**	**-12942.0**
2011 财年	**23025.0**	**6.5**	**35992.9**	**4.1**	**-12967.9**
2012 财年	**24490.9**	**6.4**	**35384.5**	**-1.7**	**-10893.5**
10 月	1630.7	11.7	2615.4	-8.7	-984.7
11 月	1524.0	2.3	2897.0	-3.2	-1373.0
12 月	2399.6	1.3	3259.3	3.5	-859.7
1 月	2343.2	3.4	2617.3	-5.3	-274.1
2 月	1034.1	-6.5	3350.9	0.6	-2316.8
3 月	1712.2	13.5	3693.7	8.9	-1981.6
4 月	3188.1	10.1	2596.9	-21.3	591.2
5 月	1807.1	3.3	3053.5	31.3	-1246.4
6 月	2601.8	4.2	3199.2	9.3	-597.4
7 月	1845.9	16.0	2541.9	-11.9	-696.1
8 月	1788.6	5.7	3693.9	21.8	-1905.3
9 月	2615.7	8.9	1863.9	-38.5	751.8
2013 财年	**27740.1**	**13.3**	**34542.4**	**-2.4**	**-6802.3**
10 月	1843.2	13.0	3043.1	16.4	-1200.0
11 月	1617.3	6.1	3338.4	15.2	-1721.1
12 月	2695.1	12.3	2707.0	-16.9	-11.9
1 月	2722.3	16.2	2693.4	2.9	28.8
2 月	1228.2	18.8	3263.5	-2.6	-2035.4
3 月	1860.2	8.6	2925.5	-20.8	-1065.3
4 月	4067.2	27.6	2938.3	13.1	1128.9
5 月	1971.8	9.1	3359.1	10.0	-1387.3
6 月	2866.3	10.2	1701.3	-46.8	1165.0
7 月	2000.3	8.4	2976.3	17.1	-976.0
8 月	1853.7	3.6	3332.9	-9.8	-1479.2
9 月	3014.7	15.3	2263.6	21.4	751.1
2014 财年					
10 月	1989.3	7.9	2905.2	-4.5	-915.9
11 月	1824.5	12.8	3176.8	-4.8	-1352.3
12 月	2832.2	5.1	2300.0	-15.0	532.2

注:美国财年是按上年 10 月至当年 9 月计算的,所列月份为日历月份。

资料来源:美国财政部。

2.1.12 美国联邦基金利率和贴现率

单位:%

年份 日期	联邦基金利率	贴现率
2001		
10 月 2 日	2.50	3.50
11 月 6 日	2.00	3.00
12 月 11 日	1.75	2.75
2002		
11 月 6 日	1.25	2.25
2003		
6 月 25 日	1.00	2.00
2004		
6 月 30 日	1.25	2.25
9 月 21 日	1.75	2.75
8 月 10 日	1.50	2.50
11 月 10 日	2.00	3.00
12 月 14 日	2.25	3.25
2005		
2 月 2 日	2.50	3.50
3 月 22 日	2.75	3.75
5 月 3 日	3.00	4.00
6 月 30 日	3.25	4.25
8 月 9 日	3.50	4.50
9 月 20 日	3.75	4.75
11 月 1 日	4.00	5.00
11 月 13 日	4.25	5.25
2006		
1 月 31 日	4.50	5.50
3 月 28 日	4.75	5.75
5 月 10 日	5.00	6.00
6 月 29 日	5.25	6.25
2007		
8 月 17 日	5.25	5.75
9 月 18 日	4.75	5.25
10 月 31 日	4.50	5.00
12 月 11 日	4.25	4.75
2008		
1 月 22 日	3.50	4.00
1 月 30 日	3.00	3.50
3 月 16 日	3.00	3.25
3 月 18 日	2.25	2.50
4 月 30 日	2.00	2.25
10 月 8 日	1.50	1.75
10 月 29 日	1.00	1.25
12 月 16 日	0-0.25	0.50
2010		
2 月 19 日	0-0.25	0.75

注:2014 年 3 月 19 日,美联储决定维持现有利率水平不变。

资料来源:美国联邦储备委员会。

2.2.01　欧元区国内生产总值及其构成增长率（环比）

单位：%

指　标	2012 年	2013 年	2012 年				2013 年			
			一季度	二季度	三季度	四季度	一季度	二季度	三季度	四季度
国内生产总值	**−0.7**	**−0.5**	**−0.1**	**−0.3**	**−0.2**	**−0.5**	**−0.2**	**0.3**	**0.1**	**0.3**
按需求构成分类										
国内需求	−2.2	−1.0	−0.5	−0.8	−0.4	−0.7	−0.3	0.0	0.6	−0.1
居民消费支出	−1.4	−0.7	−0.3	−0.5	−0.1	−0.5	−0.1	0.2	0.1	0.1
政府支出	−0.5	0.2	−0.3	−0.3	−0.2	0.0	0.3	0.0	0.4	−0.2
固定资本形成	−4.1	−3.0	−1.1	−1.8	−0.6	−1.3	−1.7	0.2	0.6	1.1
国外需求										
出口	2.5	1.3	0.8	0.9	0.7	−0.6	−0.9	2.3	0.0	1.2
进口	−0.9	0.1	0.0	−0.2	0.3	−0.9	−1.1	1.7	1.0	0.4
按产业构成分类										
农业、林业、渔业	−4.9	−0.2	−3.3	−1.7	−1.4	−0.3	0.8	0.0	−0.1	1.6
工业（除建筑业）	−1.1	−0.5	0.3	−0.2	0.2	−1.7	0.0	0.7	0.2	0.6
制造业	−1.5	−0.5	0.2	−0.6	0.3	−1.8	0.2	0.9	0.1	0.8
建筑业	−4.2	−3.9	−1.3	−1.2	−1.2	−1.8	−1.1	−1.0	0.1	0.5
贸易零售、交通、旅馆、餐饮	−0.8	−0.7	0.2	−0.4	−0.7	−0.9	−0.4	0.5	0.1	0.2
信息、通信	0.3	−1.5	−0.3	−0.2	0.0	−1.0	−0.7	−0.1	−0.6	0.0
金融不动产、租赁	−0.6	−0.7	−0.7	0.7	0.0	0.9	−0.9	−0.9	0.6	0.4
公共管理、教育卫生及其他服务	0.1	0.1	−0.3	0.1	0.0	0.4	−0.2	0.2	0.2	0.4

注：本表为经季节调整后的数据。

资料来源：欧盟统计局。

2.2.02 欧元区国内生产总值及其构成增长率(同比)

单位:%

指标	2012 年	2013 年	2012 年				2013 年			
			一季度	二季度	三季度	四季度	一季度	二季度	三季度	四季度
国内生产总值	**−0.7**	**−0.5**	**−0.2**	**−0.5**	**−0.7**	**−1.0**	**−1.2**	**−0.6**	**−0.3**	**0.5**
按需求构成分类										
国内需求	−2.2	−1.0	−1.7	−2.3	−2.5	−2.3	−2.1	−1.4	−0.4	0.1
居民消费支出	−1.4	−0.7	−1.3	−1.3	−1.6	−1.5	−1.3	−0.6	−0.3	0.3
政府支出	−0.5	0.2	−0.3	−0.6	−0.6	−0.7	−0.1	0.1	0.7	0.4
固定资本形成	−4.1	−3.0	−2.7	−3.9	−4.1	−4.8	−5.3	−3.4	−2.3	0.1
国外需求										
出口	2.5	1.3	2.8	3.3	2.8	1.9	0.1	1.5	0.8	2.6
进口	−0.9	0.1	−0.7	−0.8	−1.0	−0.8	−1.9	−0.1	0.6	1.9
按产业构成分类										
农业、林业、渔业	−4.9	−0.2	−2.0	−4.4	−6.3	−6.7	−2.6	−0.9	0.4	2.4
工业(除建筑业)	−1.1	−0.5	−0.7	−0.9	−0.8	−1.4	−1.7	−0.9	−0.8	1.6
制造业	−1.5	−0.5	−0.9	−1.5	−1.3	−1.9	−1.9	−0.4	−0.7	2.0
建筑业	−4.2	−3.9	−3.6	−3.6	−3.8	−5.3	−5.2	−4.9	−3.7	−1.5
贸易零售、交通、旅馆、餐饮	−0.8	−0.7	0.4	−0.3	−1.1	−1.8	−2.4	−1.4	−0.7	0.5
信息、通信	0.3	−1.5	1.6	1.0	0.2	−1.4	−1.9	−1.8	−2.4	−1.4
金融不动产、租赁	−0.6	−0.7	−2.0	−0.6	−0.7	0.9	0.7	−0.9	−0.3	−0.9
公共管理、教育卫生及其他服务	0.1	0.1	0.3	0.0	−0.2	0.2	0.3	0.4	0.6	0.6

注:本表为经季节调整后的数据。

资料来源:欧盟统计局。

2.2.03　欧元区国内生产总值及其构成对经济增长的贡献

单位：百分点

指　标	2012 年	2013 年	2012 年				2013 年			
			一季度	二季度	三季度	四季度	一季度	二季度	三季度	四季度
国内生产总值	**−0.7**	**−0.5**	**−0.1**	**−0.3**	**−0.2**	**−0.5**	**−0.2**	**0.3**	**0.1**	**0.3**
按需求构成分类										
国内需求	−2.2	−1.0	−0.5	−0.8	−0.4	−0.7	−0.3	−0.1	0.6	−0.1
私人消费支出	−0.8	−0.4	−0.2	−0.3	−0.1	−0.3	−0.1	0.1	0.1	0.1
政府消费支出	−0.1	0.1	−0.1	−0.1	0.0	0.0	0.1	0.0	0.1	−0.1
固定资本形成	−0.8	−0.6	−0.2	−0.3	−0.1	−0.3	−0.3	0.0	0.1	0.2
国外需求										
出口	1.1	0.6	0.4	0.4	0.3	−0.3	−0.4	1.1	0.0	0.6
进口	0.4	−0.1	0.0	0.1	−0.1	0.4	0.5	−0.7	−0.4	−0.2
按产业构成分类										
农业、林业、渔业	−0.1	0.0	−0.1	0.0	0.0	0.0	0.0	0.0	0.0	0.0
工业（除建筑业）	−0.2	−0.1	0.1	0.0	0.0	−0.3	0.0	0.1	0.0	0.1
制造业	−0.2	−0.1	0.0	−0.1	0.0	−0.3	0.0	0.1	0.0	0.1
建筑业	−0.2	−0.2	−0.1	−0.1	−0.1	−0.1	−0.1	−0.1	0.0	0.0
贸易零售、交通、旅馆、餐饮	−0.1	−0.1	0.0	−0.1	−0.1	−0.2	−0.1	0.1	0.0	0.0
信息、通信	0.0	−0.1	0.0	0.0	0.0	0.0	0.0	0.0	0.0	0.0
金融不动产、租赁	0.0	0.0	0.0	0.0	0.0	0.0	0.0	0.0	0.0	0.0
公共管理、教育卫生及其他服务	0.0	0.0	−0.1	0.0	0.0	0.1	0.0	0.0	0.0	0.1

注：季度数据为经季节调整后的环比增长率。

资料来源：欧盟统计局。

2.2.04 欧元区工业生产指标

单位:%

年份	月份	工业生产增长速度	制造业增长速度	制造业生产能力利用率
2006年		**4.2**	**4.6**	**83.2**
2007年		**3.9**	**4.3**	**84.8**
2008年		**−1.8**	**−1.9**	**82.1**
2009年		**−14.9**	**−15.9**	**70.8**
2010年		**7.3**	**7.7**	**66.9**
2011年		**3.3**	**4.5**	**80.5**
	1月	5.8	7.6	
	2月	7.5	9.3	
	3月	5.6	6.6	80.9
	4月	5.0	6.4	
	5月	3.9	5.5	
	6月	2.5	3.2	80.9
	7月	3.9	4.8	
	8月	5.6	6.6	
	9月	2.0	2.4	80.0
	10月	0.7	1.4	
	11月	−0.2	0.6	
	12月	−1.9	0.0	79.9
2012年		**−2.4**	**−2.5**	**78.3**
	1月	−2.0	−0.9	
	2月	−1.9	−2.7	
	3月	−1.7	−1.0	79.9
	4月	−2.5	−3.3	
	5月	−2.7	−2.8	
	6月	−1.9	−2.2	78.9
	7月	−2.7	−2.6	
	8月	−1.3	−1.3	
	9月	−2.8	−3.0	77.5
	10月	−3.4	−3.6	
	11月	−4.0	−4.4	
	12月	−2.3	−2.9	77.0

注:工业生产增长速度按同比计算。

资料来源:欧盟统计局数据库和欧洲央行统计月报。

2.2.05 欧元区劳动力市场

单位:%

年份	月份	失业率	男	女	劳动生产率增长率
2007 年		**7.5**	**6.7**	**8.5**	**1.2**
2008 年		**7.6**	**6.9**	**8.3**	**-0.4**
2009 年		**9.5**	**9.3**	**9.7**	**-2.7**
2010 年		**10.0**	**9.9**	**10.2**	**2.4**
2011 年		**10.1**	**9.9**	**10.3**	**1.3**
2012 年		**11.3**	**11.2**	**11.5**	**0.0**
	1 月	10.7	10.5	10.9	
	2 月	10.8	10.6	11.0	
	3 月	10.9	10.8	11.1	0.2
	4 月	11.1	11.0	11.2	
	5 月	11.2	11.1	11.3	
	6 月	11.3	11.2	11.4	0.3
	7 月	11.4	11.2	11.5	
	8 月	11.4	11.3	11.6	
	9 月	11.5	11.4	11.6	-0.1
	10 月	11.7	11.5	11.8	
	11 月	11.7	11.6	11.9	
	12 月	11.8	11.7	11.9	-0.3
2013 年		**12.0**	**11.9**	**12.1**	**0.4**
	1 月	11.9	11.9	12.0	
	2 月	12.0	11.9	12.1	
	3 月	12.0	11.9	12.1	-0.1
	4 月	12.0	11.9	12.1	
	5 月	12.0	11.9	12.1	
	6 月	12.0	11.9	12.1	0.4
	7 月	12.0	11.9	12.0	
	8 月	12.0	12.0	12.0	
	9 月	12.0	11.9	12.1	0.6
	10 月	11.9	11.8	12.1	
	11 月	11.9	11.8	12.1	
	12 月	11.9	11.7	12.0	0.9

注:除年度数据以外,劳动生产率增长率为该月份所在季度数据的同比增长率。

资料来源:欧盟统计局。

2.2.06 欧元区进出口贸易

单位:亿欧元

年度 月度	进出口额	进口额	出口额	出口额减进口额
2007 年	**30058**	**14987**	**15072**	**85**
2008 年	**31755**	**16119**	**15636**	**−483**
2009 年	**25547**	**12706**	**12840**	**134**
2010 年	**30917**	**15529**	**15389**	**−140**
2011 年	**35098**	**17617**	**17481**	**−135**
2012 年	**36696**	**17915**	**18781**	**866**
1 月	3029	1490	1539	48
2 月	3074	1514	1561	47
3 月	3094	1530	1564	34
4 月	3039	1499	1540	41
5 月	3062	1499	1563	63
6 月	3076	1498	1579	81
7 月	3049	1490	1559	69
8 月	3140	1521	1618	97
9 月	3038	1469	1569	100
10 月	3062	1485	1577	92
11 月	3050	1479	1571	92
12 月	2982	1441	1541	101
2013 年	**36217**	**17318**	**18898**	**1580**
1 月	3048	1478	1570	93
2 月	3016	1457	1559	101
3 月	3040	1432	1608	176
4 月	3041	1447	1594	147
5 月	2988	1428	1560	131
6 月	3035	1454	1581	127
7 月	3010	1450	1560	110
8 月	3014	1444	1570	126
9 月	3034	1452	1582	130
10 月	3027	1443	1584	141
11 月	2998	1419	1579	160
12 月	2967	1415	1552	137

注:贸易额不包括欧元区各成员国相互之间的贸易额,为经季节调整后的数据。

资料来源:欧盟统计局数据库。

2.2.07 欧元区外国直接投资

单位:亿欧元

年度　月度	流入	流出	流入减流出
2007 年	**4201**	**5139**	**-938**
2008 年	**1184**	**3391**	**-2207**
2009 年	**2849**	**3519**	**-670**
2010 年	**2727**	**3521**	**-794**
2011 年	**4382**	**5240**	**-858**
2012 年	**3263**	**3299**	**-36**
1 月	461	310	151
2 月	274	160	113
3 月	188	274	-86
4 月	461	362	99
5 月	312	158	154
6 月	-117	383	-501
7 月	398	242	157
8 月	524	302	222
9 月	-89	-20	-69
10 月	116	621	-505
11 月	455	264	192
12 月	281	243	38
2013 年	**851**	**1914**	**-1063**
1 月	134	243	-109
2 月	168	146	22
3 月	25	178	-153
4 月	58	243	-186
5 月	-73	93	-166
6 月	79	284	-205
7 月	79	0	79
8 月	261	270	-10
9 月	-299	48	-347
10 月	201	218	-17
11 月	80	198	-118
12 月	139	-6	145

注:欧元区绝对数指欧元区历年实有成员,2001 年至 2005 年为 11 个成员,2006 年为 12 个成员,2007 年为 13 个成员,2008 年为 15 个成员,2009 年为 16 个成员,2013 年为 17 个成员;外国直接投资额不包括欧元区各成员国相互之间的直接投资额。

资料来源:欧洲央行数据库。

2.2.08 欧元区价格涨跌率

单位：%

年度 月度	消费者价格涨跌率		核心 CPI①		生产者价格涨跌率	
	环比	同比	环比	同比	环比	同比
2007 年		**2.1**		**2.0**		**2.5**
2008 年		**3.3**		**2.4**		**6.0**
2009 年		**0.3**		**1.3**		**-4.9**
2010 年		**1.6**		**1.0**		**2.7**
2011 年		**2.7**		**1.7**		**5.7**
2012 年		**2.5**		**1.8**		**2.8**
1 月	-0.8	2.7	-1.4	1.9	0.8	4.0
2 月	0.5	2.7	0.3	1.9	0.6	3.9
3 月	1.3	2.7	1.3	1.9	0.5	3.6
4 月	0.5	2.6	0.4	1.9	0.2	2.9
5 月	-0.1	2.4	0.0	1.8	-0.3	2.7
6 月	-0.1	2.4	0.1	1.8	-0.5	2.2
7 月	-0.5	2.4	-0.7	1.9	0.3	1.9
8 月	0.4	2.6	0.2	1.7	0.8	2.9
9 月	0.7	2.6	0.7	1.6	0.1	2.8
10 月	0.2	2.5	0.3	1.6	0.0	2.6
11 月	-0.2	2.2	-0.1	1.5	-0.2	2.3
12 月	0.4	2.2	0.5	1.6	-0.2	2.2
2013 年		**1.4**		**1.3**		**-0.2**
1 月	-1.0	2.0	-1.5	1.5	0.3	1.7
2 月	0.4	1.8	0.3	1.4	0.1	1.3
3 月	1.2	1.7	1.5	1.6	-0.3	0.5
4 月	-0.1	1.2	0.0	1.1	-0.6	-0.3
5 月	0.1	1.4	0.2	1.3	-0.3	0.3
6 月	0.1	1.6	0.1	1.3	0.0	0.1
7 月	-0.5	1.6	-0.7	1.3	0.2	0.0
8 月	0.1	1.3	0.2	1.3	0.0	-0.9
9 月	0.5	1.1	0.6	1.2	0.2	-0.9
10 月	-0.1	0.7	0.1	1.0	-0.4	-1.3
11 月	-0.1	0.9	0.0	1.1	-0.1	-1.2
12 月	0.3	0.8	0.2	0.9	0.2	-0.8

注：①为不包括未加工食品和能源的消费者价格。

资料来源：欧盟统计局数据库。

2.2.09 欧元区预警指标和景气指标

年份	月份	先行指标	消费者信心指数	企业家信心指数	制造业采购经理人指数	服务业采购经理人指数
2012 年						
	1 月	99.6	-20.3	-6.3	48.8	50.4
	2 月	99.6	-19.9	-5.0	49.0	48.8
	3 月	99.5	-18.7	-6.9	47.7	49.2
	4 月	99.5	-19.5	-8.5	45.9	46.9
	5 月	99.3	-18.8	-10.7	45.1	46.7
	6 月	99.2	-19.3	-12.2	45.1	47.1
	7 月	99.1	-21.0	-14.4	44.0	47.9
	8 月	99.0	-24.2	-14.8	45.1	47.2
	9 月	98.9	-25.5	-15.5	46.1	46.1
	10 月	98.9	-25.2	-17.8	45.4	46.0
	11 月	98.9	-26.4	-14.7	46.2	46.7
	12 月	99.0	-26.0	-13.8	46.1	47.8
2013 年						
	1 月	99.2	-23.7	-13.3	47.9	48.6
	2 月	99.3	-23.4	-11.1	47.9	47.9
	3 月	99.5	-23.3	-12.2	46.8	46.4
	4 月	99.6	-22.1	-13.7	46.7	47.0
	5 月	99.7	-21.7	-13.0	48.3	47.2
	6 月	99.9	-18.7	-11.2	48.8	48.3
	7 月	100.1	-17.3	-10.6	50.3	49.8
	8 月	100.3	-15.5	-7.8	51.4	50.7
	9 月	100.5	-14.8	-6.6	51.1	52.2
	10 月	100.7	-14.4	-5.0	51.3	51.6
	11 月	100.9	-15.3	-3.9	51.6	51.2
	12 月	101.0	-13.5	-3.4	52.7	51.0

资料来源：OECD 数据库、欧盟统计局数据库和 Markit 公司。

2.2.10 欧元区货币供应量增长速度

单位:%

年度	月度	M1	M2	M3
2007年		**3.8**	**10.3**	**11.4**
2008年		**3.4**	**9.0**	**8.4**
2009年		**12.9**	**2.1**	**-0.4**
2010年		**4.3**	**2.4**	**-0.6**
2011年		**2.3**	**2.4**	**2.3**
2012年		**4.2**	**3.2**	**3.0**
	1月	2.4	2.3	2.0
	2月	2.6	2.8	2.5
	3月	2.7	2.8	2.8
	4月	2.0	2.5	2.4
	5月	3.3	2.8	2.9
	6月	3.5	2.9	3.0
	7月	4.6	3.4	3.5
	8月	4.9	3.1	2.8
	9月	5.2	3.1	2.8
	10月	6.4	4.3	3.9
	11月	6.4	4.4	3.8
	12月	6.4	4.5	3.5
2013年		**7.0**	**3.9**	**2.3**
	1月	6.5	4.4	3.4
	2月	7.0	4.2	3.1
	3月	7.0	4.1	2.5
	4月	8.6	4.8	3.2
	5月	8.3	4.6	2.8
	6月	7.5	4.3	2.4
	7月	7.0	4.0	2.1
	8月	6.7	4.0	2.3
	9月	6.6	3.8	2.0
	10月	6.5	3.2	1.4
	11月	6.5	3.0	1.5
	12月	5.7	2.5	1.0

注:增长速度按同比计算。

资料来源:欧洲央行。

2.2.11 欧洲央行利率

单位:%

年份 日期	隔夜存款利率	欧洲央行基准利率	隔夜贷款利率
2007 年			
3 月 14 日	2.75	3.75	4.75
6 月 13 日	3.00	4.00	5.00
2008 年			
7 月 9 日	3.25	4.25	5.25
10 月 8 日	2.75	3.75	4.75
10 月 9 日	3.25	3.75	4.25
10 月 15 日	3.25	3.75	4.25
11 月 12 日	2.75	3.25	3.75
12 月 10 日	2.00	2.50	3.00
2009 年			
1 月 21 日	1.00	2.00	3.00
3 月 11 日	0.50	1.50	2.50
4 月 8 日	0.25	1.25	2.25
5 月 13 日	0.25	1.00	1.75
2011 年			
4 月 13 日	0.50	1.25	2.00
7 月 13 日	0.75	1.50	2.25
11 月 9 日	0.50	1.25	2.00
12 月 14 日	0.25	1.00	1.75
2012 年			
7 月 11 日	0.00	0.75	1.50
2013 年			
5 月 8 日	0.00	0.50	1.00
11 月 13 日	0.00	0.25	0.75

注:2014 年 1 月 9 日,欧洲央行决定维持现有利率水平不变。

资料来源:欧洲央行统计月报。

2.3.01 日本国内生产总值及其构成增长率（环比）

单位：%

指　　标	2012年	2013年	2012年				2013年			
			一季度	二季度	三季度	四季度	一季度	二季度	三季度	四季度
国内生产总值	**1.4**	**1.5**	**0.9**	**−0.4**	**−0.8**	**0.0**	**1.1**	**1.0**	**0.2**	**0.2**
国内需求	2.3	1.8	0.8	−0.1	−0.3	0.2	0.7	0.9	0.7	0.7
民间需求	2.4	1.2	0.2	0.1	−0.3	0.0	0.6	0.5	0.5	0.6
民间消费	2.0	1.9	0.4	0.4	−0.5	0.4	1.0	0.6	0.2	0.4
家庭消费	1.9	1.9	0.4	0.4	−0.5	0.4	1.1	0.6	0.2	0.4
扣除估算租金	2.0	2.0	0.4	0.4	−0.7	0.4	1.2	0.7	0.2	0.4
民间住宅投资	2.9	8.9	−1.6	3.2	1.8	2.3	1.7	0.9	3.3	4.1
民间企业设备投资	3.7	−1.6	−2.1	0.4	−2.0	−0.9	−0.9	1.0	0.1	0.8
政府需求	1.9	3.8	2.6	−0.8	0.0	0.6	1.1	1.9	1.6	0.8
政府消费	1.7	2.2	1.3	−0.5	0.5	0.8	0.6	0.9	0.2	0.5
政府投资	2.8	11.4	8.7	−1.6	−2.3	0.4	3.2	6.8	7.2	2.1
国外需求										
出口	−0.1	1.6	2.8	−0.5	−4.0	−2.9	4.2	2.9	−0.7	0.4
进口	5.3	3.4	2.0	1.4	−0.4	−1.9	1.1	1.8	2.4	3.5
备注：										
贸易收益/损失	−9.1	−9.8	−7.6	1.2	8.4	1.8	−13.0	−0.2	−4.3	−4.1
国内收入	1.2	1.2	0.6	−0.4	−0.5	0.1	0.7	1.0	0.1	0.0
收入	4.8	16.5	0.2	2.9	0.0	4.3	1.4	16.8	−3.5	−0.5
支付	8.8	14.1	4.1	2.7	−5.1	7.2	6.5	1.8	6.3	−1.2
国民收入	1.2	1.7	0.6	−0.3	−0.4	0.2	0.6	1.8	−0.2	0.0
固定资本形成总额	3.4	2.6	0.1	0.4	−1.5	−0.2	0.3	2.3	2.2	1.6

资料来源：日本内阁府。

2.3.02 日本国内生产总值及其构成增长率(同比)

单位:%

指标	2012年	2013年	2012年				2013年			
			一季度	二季度	三季度	四季度	一季度	二季度	三季度	四季度
国内生产总值	**1.4**	**1.5**	**3.2**	**3.2**	**−0.2**	**−0.3**	**0.0**	**1.2**	**2.3**	**2.6**
国内需求	2.3	1.8	4.1	3.3	1.3	0.6	0.6	1.4	2.3	3.0
民间需求	2.4	1.2	4.6	4.0	1.4	0.0	0.5	0.7	1.5	2.1
民间消费	2.0	1.9	3.7	3.0	0.9	0.7	1.5	1.7	2.2	2.3
家庭消费	1.9	1.9	3.5	2.9	0.7	0.5	1.3	1.7	2.3	2.3
扣除估算租金	2.0	2.0	4.0	3.3	0.6	0.4	1.3	1.8	2.4	2.5
民间住宅投资	2.9	8.9	−0.6	4.7	1.5	5.8	9.3	6.9	8.6	10.4
民间企业设备投资	3.7	−1.6	7.1	8.4	3.8	−4.2	−3.4	−2.6	−0.8	1.0
政府需求	1.9	3.8	2.7	1.0	1.3	2.5	0.8	3.5	5.1	5.9
政府消费	1.7	2.2	2.2	1.3	1.5	1.9	1.4	2.7	2.5	2.2
政府投资	2.8	11.4	4.3	0.2	0.7	4.8	−0.7	8.1	19.0	20.7
国外需求										
出口	−0.1	1.6	1.0	9.2	−4.8	−5.0	−3.3	0.0	3.2	6.8
进口	5.3	3.4	6.7	9.0	5.0	1.0	0.3	0.8	3.2	9.0
备注:										
贸易收益/损失	−9.1	−9.8	−33.0	−16.1	3.3	3.8	−0.3	−2.0	−15.8	−23.0
国内收入	1.2	1.2	2.4	2.8	−0.1	−0.2	0.0	1.2	1.8	1.9
收入	4.8	16.5	3.8	5.5	3.2	7.0	9.1	23.9	19.1	13.5
支付	8.8	14.1	9.8	15.0	−2.1	9.6	10.6	10.6	22.6	14.6
国民收入	1.2	1.7	2.4	2.7	0.1	−0.1	0.3	2.1	2.4	2.1
固定资本形成总额	3.4	2.6	5.5	6.3	2.8	−0.8	−1.3	0.7	4.3	7.1

资料来源:日本内阁府。

2.3.03 日本国内生产总值构成对经济增长的贡献

单位：百分点

指标	2012 年	2013 年	2012 年				2013 年			
			一季度	二季度	三季度	四季度	一季度	二季度	三季度	四季度
国内生产总值	**1.4**	**1.5**	**0.9**	**−0.4**	**−0.8**	**0.0**	**1.1**	**1.0**	**0.2**	**0.2**
国内需求	2.3	1.9	0.8	−0.1	−0.3	0.2	0.7	0.9	0.7	0.7
民间需求	1.9	0.9	0.1	0.1	−0.3	0.0	0.4	0.4	0.3	0.5
民间消费	1.2	1.2	0.2	0.2	−0.3	0.3	0.6	0.4	0.1	0.2
家庭消费	1.1	1.1	0.2	0.2	−0.3	0.2	0.6	0.4	0.1	0.2
扣除估算租金	1.0	1.0	0.2	0.2	−0.3	0.2	0.6	0.4	0.1	0.2
民间住宅投资	0.1	0.3	0.0	0.1	0.1	0.1	0.1	0.0	0.1	0.1
民间企业设备投资	0.5	−0.2	−0.3	0.1	−0.3	−0.1	−0.1	0.1	0.0	0.1
民间存货变化	0.1	−0.3	0.3	−0.3	0.2	−0.2	−0.1	−0.2	0.1	0.0
政府需求	0.5	0.9	0.6	−0.2	0.0	0.2	0.3	0.5	0.4	0.2
政府消费	0.3	0.4	0.3	−0.1	0.1	0.2	0.1	0.2	0.1	0.1
政府投资	0.1	0.5	0.4	−0.1	−0.1	0.0	0.1	0.3	0.3	0.1
政府存货变化	0.0	0.0	0.0	0.0	0.0	0.0	0.0	0.0	0.0	0.0
国外需求										
净出口	−0.9	−0.3	0.1	−0.3	−0.6	−0.1	0.4	0.1	−0.5	−0.5
出口	0.0	0.2	0.4	−0.1	−0.6	−0.4	0.6	0.4	−0.1	0.1
进口	−0.9	−0.6	−0.3	−0.2	0.1	0.3	−0.2	−0.3	−0.4	−0.6
备注：										
贸易收益/损失	−0.3	−0.4	−0.3	0.0	0.3	0.1	−0.4	0.0	−0.2	−0.2
国内收入	1.2	1.2	0.6	−0.4	−0.5	0.1	0.7	1.0	0.1	0.0
国外净收入	0.1	0.5	0.0	0.1	0.1	0.1	0.0	0.7	−0.3	0.0
收入	0.2	0.7	0.0	0.1	0.0	0.2	0.1	0.8	−0.2	0.0
支付	−0.1	−0.2	0.0	0.0	0.1	−0.1	−0.1	0.0	−0.1	0.0
国民收入	0.7	0.5	0.6	−0.3	−0.4	0.2	0.6	1.8	−0.2	0.0
固定资本形成总额	1.2	1.7	0.0	0.1	−0.3	0.0	0.1	0.5	0.5	0.3

注：环比贡献。

资料来源：日本内阁府。

2.3.04 日本工业生产指标

单位:%

年份　月份	工业生产增长率	制造业增长率	制造业产能利用率指数(2010年=100)	服务业活动指数(2005年=100)
2007年	**2.8**	**2.8**	**100.1**	**102.8**
2008年	**-3.4**	**-3.4**	**101.7**	**101.8**
2009年	**-21.9**	**-21.9**	**100.3**	**96.5**
2010年	**15.6**	**15.6**	**100.0**	**97.8**
2011年	**-2.8**	**-2.8**	**99.8**	**97.9**
2012年	**0.6**	**0.6**	**98.5**	**99.3**
1月	0.1	0.2	98.9	94.2
2月	3.0	3.0	98.9	95.3
3月	16.6	16.6	98.9	107.5
4月	15.1	15.1	98.7	97.0
5月	7.6	7.6	98.5	96.9
6月	-0.6	-0.5	98.4	99.3
7月	0.1	0.1	98.3	100.1
8月	-4.1	-4.1	98.2	98.9
9月	-7.6	-7.7	98.2	99.5
10月	-4.7	-4.7	98.3	99.1
11月	-5.5	-5.5	98.3	98.0
12月	-7.6	-7.7	98.2	105.3
2013年	**-0.8**	**-0.8**	**97.2**	**99.9**
1月	-6.0	-6.0	98.0	94.3
2月	-10.1	-10.1	98.0	93.8
3月	-7.2	-7.2	98.0	108.2
4月	-3.4	-3.4	97.2	98.3
5月	-1.1	-1.1	97.0	98.5
6月	-4.6	-4.7	97.0	99.8
7月	1.8	1.9	96.7	101.4
8月	-0.4	-0.4	96.5	99.6
9月	5.1	5.1	96.7	100.9
10月	5.4	5.4	97.1	99.2
11月	4.8	4.8	97.2	98.5
12月	7.1	7.2	97.1	106.1

注:工业生产增长速度按同比计算。

资料来源:欧盟统计局数据库和欧洲央行统计月报。

2.3.05 日本就业人数和失业率

年份 月份	劳动力总数（万人）	就业人数（万人）	失业人数（万人）	失业率（%）
2007年	**6684**	**6427**	**257**	**3.9**
2008年	**6674**	**6409**	**265**	**4.0**
2009年	**6650**	**6314**	**336**	**5.1**
2010年	**6632**	**6298**	**334**	**5.1**
2011年	**6591**	**6289**	**302**	**4.6**
2012年	**6555**	**6270**	**285**	**4.3**
1月	6564	6266	298	4.5
2月	6571	6279	293	4.5
3月	6556	6261	294	4.5
4月	6553	6258	293	4.5
5月	6544	6256	287	4.4
6月	6559	6275	285	4.3
7月	6558	6272	287	4.4
8月	6552	6276	276	4.2
9月	6550	6271	279	4.3
10月	6561	6290	272	4.1
11月	6549	6278	271	4.1
12月	6538	6257	280	4.3
2013年	**6577**	**6311**	**265**	**4.0**
1月	6564	6283	279	4.2
2月	6572	6292	280	4.3
3月	6562	6293	268	4.1
4月	6566	6297	270	4.1
5月	6569	6301	269	4.1
6月	6562	6303	258	3.9
7月	6561	6307	255	3.9
8月	6577	6308	270	4.1
9月	6586	6323	263	4.0
10月	6595	6332	264	4.0
11月	6608	6348	260	3.9
12月	6597	6349	244	3.7

资料来源：日本统计局。

2.3.06 日本消费者价格涨跌率和生产者价格涨跌率

单位:%

年份	月份	消费价格涨跌率		生产价格涨跌率	
		环比	同比	环比	同比
2007 年			**0.0**		**1.8**
2008 年			**1.4**		**4.6**
2009 年			**−1.4**		**−5.3**
2010 年			**−0.7**		**−0.1**
2011 年			**−0.3**		**1.5**
2012 年			**0.0**		**−0.9**
	1 月	0.2	0.1	−0.1	0.3
	2 月	0.2	0.3	0.2	0.4
	3 月	0.5	0.5	0.5	0.3
	4 月	0.1	0.4	−0.2	−0.7
	5 月	−0.3	0.2	−0.4	−0.9
	6 月	−0.5	−0.2	−0.6	−1.5
	7 月	−0.3	−0.4	−0.4	−2.2
	8 月	0.1	−0.4	0.1	−2.0
	9 月	0.1	−0.3	0.3	−1.5
	10 月	0.0	−0.4	−0.4	−1.1
	11 月	−0.4	−0.2	−0.1	−1.1
	12 月	0.0	−0.1	0.4	−0.7
2013 年			**0.4**		**1.3**
	1 月	0.0	−0.3	0.2	−0.4
	2 月	−0.2	−0.7	0.5	−0.1
	3 月	0.2	−0.9	0.1	−0.5
	4 月	0.3	−0.7	0.4	0.1
	5 月	0.1	−0.3	0.1	0.6
	6 月	0.0	0.2	0.0	1.2
	7 月	0.2	0.7	0.6	2.2
	8 月	0.3	0.9	0.2	2.3
	9 月	0.3	1.1	0.2	2.2
	10 月	0.1	1.1	−0.1	2.5
	11 月	0.0	1.5	0.0	2.6
	12 月	0.1	1.6	0.3	2.5

资料来源:日本统计局和日本央行。

2.3.07 日本进出口贸易和外国直接投资

单位:亿日元

年份	月份	进出口贸易			外国直接投资		
		出口额	进口额	出口减进口	流入	流出	流入减流出
2007 年		**839314**	**731359**	**107955**	**171231**	**231286**	**-60055**
2008 年		**810181**	**789547**	**20633**	**160437**	**267510**	**-107074**
2009 年		**541706**	**514994**	**26712**	**127994**	**186719**	**-58725**
2010 年		**673996**	**607650**	**66347**	**119360**	**169846**	**-50487**
2011 年		**655465**	**681112**	**-25647**	**127070**	**214345**	**-87275**
2012 年		**637476**	**706886**	**-69411**	**115317**	**211718**	**-96400**
	1 月	53694	58166	-4472	6443	13659	-7217
	2 月	54397	56902	-2505	6769	14582	-7813
	3 月	54502	60926	-6423	20391	23039	-2648
	4 月	55048	59525	-4477	8433	17281	-8848
	5 月	53945	60172	-6227	10763	21475	-10712
	6 月	53356	57636	-4279	10270	23533	-13263
	7 月	53111	57289	-4179	7538	12928	-5390
	8 月	51751	57032	-5280	7820	14665	-6846
	9 月	52079	62238	-10159	9216	17016	-7800
	10 月	51351	56331	-4980	8791	19824	-11033
	11 月	51206	59270	-8064	6967	11949	-4981
	12 月	52532	60244	-7713	11916	21767	-9852
2013 年		**697868**	**812671**	**-114803**	**127774**	**257485**	**-129711**
	1 月	55119	61400	-6281	5865	13645	-7780
	2 月	55200	66145	-10945	7930	12119	-4189
	3 月	56022	64959	-8937	12465	20980	-8516
	4 月	56800	64052	-7252	10757	24956	-14199
	5 月	58298	66376	-8078	7418	16024	-8606
	6 月	58775	65556	-6781	8160	16783	-8623
	7 月	58316	67713	-9397	12119	48552	-36433
	8 月	59268	68026	-8758	10764	15961	-5197
	9 月	59146	70534	-11388	10837	16223	-5386
	10 月	59918	71262	-11344	8830	17710	-8880
	11 月	59984	73431	-13448	15836	19781	-3946
	12 月	61179	73057	-11878	16793	34749	-17956

资料来源:日本财务省,月度贸易额为季节调整后数据。

2.3.08 日本景气指数

年份	月份	先行指数	同步指数	滞后指数	消费者信心指数	企业家信心指数
2012 年						
	1 月	102.7	106.7	105.3	39.6	45.7
	2 月	103.9	107.3	107.0	39.1	45.3
	3 月	104.3	108.6	107.2	40.1	48.7
	4 月	104.1	107.9	107.4	40.1	47.6
	5 月	103.3	107.0	107.9	40.7	47.2
	6 月	102.3	105.2	108.1	40.8	46.2
	7 月	101.3	104.2	107.4	40.5	46.6
	8 月	101.3	103.8	107.7	40.6	44.8
	9 月	100.3	102.2	107.1	40.4	45.1
	10 月	100.3	102.1	108.5	39.7	43.7
	11 月	100.0	101.6	107.8	39.0	43.3
	12 月	100.9	103.3	108.5	39.0	43.8
2013 年						
	1 月	103.2	103.5	108.1	43.1	44.3
	2 月	105.2	104.6	108.2	44.2	46.0
	3 月	106.5	105.7	109.9	45.0	49.7
	4 月	107.8	106.3	110.3	44.5	49.4
	5 月	110.2	107.3	111.5	46.0	48.2
	6 月	107.5	107.2	112.0	44.6	49.6
	7 月	108.0	108.4	112.7	44.0	49.4
	8 月	107.4	108.5	113.2	43.4	49.7
	9 月	109.5	109.4	113.4	45.7	49.8
	10 月	110.3	110.9	112.9	41.2	50.8
	11 月	111.6	111.4	114.0	41.9	51.1
	12 月	111.9	112.2	114.8	40.6	51.1

注：经济先行指数、同步指数和滞后指数以 2010 年为 100。消费者信心指数和企业家信心指数以 50 基点为的百分点差值。

资料来源：日本内阁府。

2.3.09 日本利率和汇率

年份 月份	利率			汇率(期末数)	
	官方利率	基本贷款利率	隔夜拆借利率	美元兑日元	欧元兑日元
2007 年	**0.75**	**1.875**	**0.459**	**113.12**	**166.66**
2008 年	**0.63**	**1.675**	**0.103**	**90.28**	**127.96**
2009 年	**0.30**	**1.475**	**0.094**	**92.18**	**132.00**
2010 年	**0.30**	**1.475**	**0.079**	**81.51**	**107.90**
2011 年	**0.30**	**1.475**	**0.075**	**77.57**	**100.71**
2012 年	**0.30**	**1.475**	**0.076**	**86.32**	**114.71**
1 月	0.30	1.475	0.075	76.30	100.49
2 月	0.30	1.475	0.081	80.49	108.65
3 月	0.30	1.475	0.076	82.17	109.80
4 月	0.30	1.475	0.080	80.74	107.24
5 月	0.30	1.475	0.095	78.81	97.62
6 月	0.30	1.475	0.076	79.61	98.74
7 月	0.30	1.475	0.090	78.28	95.87
8 月	0.30	1.475	0.093	78.46	98.34
9 月	0.30	1.475	0.078	77.58	100.24
10 月	0.30	1.475	0.089	79.73	103.29
11 月	0.30	1.475	0.091	82.63	106.55
12 月	0.30	1.475	0.076	86.32	114.71
2013 年	**0.30**	**1.475**	**0.068**	**105.37**	**145.05**
1 月	0.30	1.475	0.082	90.92	123.69
2 月	0.30	1.475	0.083	92.36	121.65
3 月	0.30	1.475	0.058	94.04	120.73
4 月	0.30	1.475	0.071	97.83	128.18
5 月	0.30	1.475	0.073	100.63	131.96
6 月	0.30	1.475	0.070	98.83	128.53
7 月	0.30	1.475	0.073	97.85	130.05
8 月	0.30	1.475	0.072	98.06	130.24
9 月	0.30	1.475	0.062	97.89	131.87
10 月	0.30	1.475	0.072	98.34	135.27
11 月	0.30	1.475	0.071	102.24	139.46
12 月	0.30	1.475	0.068	105.37	145.05

资料来源：日本央行统计月报。

2.4.01 其他主要国家和地区国内生产总值同比增长率

单位:%

年度	季度	加拿大	英国	南非	巴西	印度	俄罗斯	韩国	墨西哥	中国香港	中国台湾	马来西亚	印度尼西亚
2003 年		**1.9**	**2.8**	**3.1**	**1.1**	**8.4**	**7.3**	**2.8**	**1.4**	**3.0**	**3.7**	**5.8**	**4.8**
2004 年		**3.1**	**3.0**	**4.6**	**5.7**	**8.3**	**7.2**	**4.6**	**4.2**	**8.5**	**6.2**	**6.8**	**5.0**
2005 年		**3.0**	**2.2**	**5.3**	**3.2**	**9.5**	**6.4**	**4.0**	**2.8**	**7.1**	**4.7**	**5.3**	**5.7**
2006 年		**2.8**	**2.9**	**5.6**	**4.0**	**9.7**	**7.7**	**5.2**	**4.9**	**7.0**	**5.4**	**5.8**	**5.5**
2007 年		**2.2**	**2.6**	**5.5**	**6.1**	**9.0**	**8.1**	**5.1**	**3.3**	**6.5**	**6.0**	**6.2**	**6.3**
2008 年		**0.7**	**0.5**	**3.6**	**5.1**	**7.1**	**5.9**	**2.3**	**1.5**	**2.3**	**0.7**	**4.7**	**6.1**
2009 年		**−2.8**	**−4.9**	**−1.5**	**−0.2**	**7.4**	**−7.8**	**0.2**	**−6.5**	**−2.6**	**−1.9**	**−1.7**	**4.5**
2010 年		**3.2**	**1.4**	**3.1**	**7.5**	**8.5**	**4.5**	**6.2**	**5.5**	**7.1**	**10.8**	**7.2**	**6.1**
2011 年		**2.6**	**0.9**	**3.1**	**2.6**	**6.5**	**4.3**	**3.6**	**4.0**	**4.9**	**4.1**	**4.9**	**6.5**
2012 年		**1.4**	**0.1**	**2.5**	**1.0**	**4.8**	**3.5**	**2.0**	**3.6**	**1.5**	**1.5**	**5.6**	**6.2**
	1 季度	0.8	0.6	2.7	0.8	6.0	4.8	2.8	4.8	0.7	0.5	5.1	6.3
	2 季度	1.6	0.0	2.9	0.6	5.4	4.3	2.4	4.4	0.9	0.1	5.6	6.4
	3 季度	0.8	0.2	2.2	1.0	5.2	3.0	1.6	3.1	1.5	1.4	5.3	6.2
	4 季度	0.9	0.2	2.1	1.8	4.7	2.1	1.5	3.3	2.8	3.8	6.5	6.1
2013 年		**2.7**	**1.8**	**1.9**	**2.3**	**4.6**	**1.3**	**2.8**	**1.0**	**3.0**	**2.2**	**4.7**	**5.8**
	1 季度	2.9	0.6	1.6	1.8	4.8	1.6	1.5	0.6	2.9	1.4	4.1	6.0
	2 季度	2.2	1.8	2.3	3.3	4.4	1.2	2.3	1.5	3.2	2.7	4.4	5.8
	3 季度	2.7	1.9	1.7	2.1	4.8	1.2	3.3	1.3	2.9	1.3	5.0	5.6
	4 季度	2.9	2.7	2.0	1.9	4.5	1.4	3.9	0.7	3.0	3.0	5.1	5.7

注:印度年度 GDP 增长率为财年增长率。

资料来源:各经济体官方统计网站。

2.4.02 其他主要国家和地区居民消费价格同比上涨率

单位:%

年度	月份	加拿大	英国	南非	巴西	印度	俄罗斯	韩国	墨西哥	中国香港	中国台湾	马来西亚	印度尼西亚
2004 年		**1.8**	**1.3**	**1.4**	**6.6**	**3.8**	**10.9**	**3.6**	**4.7**	**−0.4**	**1.6**	**1.4**	**6.1**
2005 年		**2.2**	**2.1**	**3.4**	**6.9**	**4.2**	**12.7**	**2.8**	**4.0**	**0.9**	**2.3**	**3.0**	**10.5**
2006 年		**2.0**	**2.3**	**4.7**	**4.2**	**5.1**	**9.7**	**2.2**	**3.6**	**2.0**	**0.6**	**3.6**	**13.1**
2007 年		**2.2**	**2.3**	**7.1**	**3.6**	**6.5**	**9.0**	**2.5**	**4.0**	**2.0**	**1.8**	**2.0**	**6.4**
2008 年		**−5.6**	**−3.1**	**0.7**	**3.3**	**4.5**	**1.1**	**3.3**	**0.0**	**−6.8**	**−1.8**	**0.7**	**2.9**
2009 年		**−10.5**	**−10.1**	**−12.8**	**−7.6**	**6.9**	**−9.4**	**−0.6**	**−7.4**	**−8.0**	**−7.9**	**−7.8**	**1.4**
2010 年		**8.9**	**2.1**	**4.9**	**10.6**	**9.7**	**8.3**	**16.5**	**6.1**	**2.9**	**26.9**	**7.2**	**4.7**
2011 年		**3.5**	**−0.7**	**2.4**	**0.4**	**4.8**	**4.8**	**7.0**	**4.0**	**0.9**	**5.0**	**1.2**	**4.0**
2012 年		**1.4**	**−2.3**	**2.1**	**−2.7**	**0.9**	**2.4**	**1.2**	**3.4**	**−0.7**	**0.0**	**4.2**	**4.5**
2013 年		**1.0**	**−0.3**	**1.4**	**1.3**	**0.5**	**0.0**	**−0.3**	**−0.6**	**0.2**	**0.8**	**2.8**	**5.8**
	1 月	−1.1	−3.4	3.2	4.3	2.1	−0.5	1.6	−0.3	0.8	0.9	5.1	10.7
	2 月	1.1	−2.3	−2.3	−0.2	0.3	−3.1	−0.9	0.0	0.0	4.5	−5.3	6.3
	3 月	1.1	−1.7	−1.3	1.2	3.1	0.0	−0.6	0.3	0.0	−1.7	−0.1	10.0
	4 月	0.5	−1.1	7.1	3.6	1.6	1.2	−0.6	−1.3	0.8	−0.9	4.7	10.3
	5 月	−0.5	−2.3	2.2	1.7	−2.3	−0.5	−1.9	−1.3	0.8	−0.9	3.3	6.7
	6 月	0.0	1.4	0.7	4.1	−1.8	1.7	−0.3	−1.6	0.0	1.8	3.7	3.4
	7 月	0.5	−1.4	6.3	0.7	2.6	0.7	−0.3	−1.0	−0.8	0.9	7.7	3.3
	8 月	1.1	−1.7	−0.1	−0.5	0.5	−0.5	3.2	−0.3	−0.8	0.0	3.0	12.9
	9 月	2.7	2.0	−3.4	1.2	2.9	1.5	−0.3	−1.3	−0.8	−0.9	0.9	6.3
	10 月	3.3	2.9	2.0	1.2	−1.3	1.0	1.3	0.3	0.0	0.9	1.6	−0.3
	11 月	2.7	2.0	0.1	1.9	−1.5	2.6	−0.6	−1.0	0.8	0.8	4.3	0.6
	12 月	3.2	2.0	2.9	−2.6	0.0	0.0	1.5	0.0	1.5	4.3	4.7	1.9
2014 年													
	1 月	3.1	2.9	2.4	−3.2	0.0	0.0	1.5	0.7	0.6	0.8	4.0	0.6

资料来源:各经济体官方统计网站。

2.4.03 其他主要国家和地区失业率

单位:%

年度	月份	加拿大	英国	巴西	俄罗斯	南非	韩国	墨西哥	中国香港	中国台湾	马来西亚
2004 年		**7.2**	**4.7**	**11.5**	**7.8**	**27.1**	**3.7**	**3.5**	**6.8**	**4.4**	**3.6**
2005 年		**6.8**	**4.8**	**9.8**	**7.7**	**26.6**	**3.7**	**3.6**	**5.6**	**4.1**	**3.6**
2006 年		**6.3**	**5.4**	**10.0**	**7.3**	**25.6**	**3.5**	**4.0**	**4.8**	**3.9**	**3.3**
2007 年		**6.0**	**5.3**	**9.3**	**6.2**	**23.9**	**3.3**	**3.8**	**4.0**	**3.9**	**3.2**
2008 年		**6.2**	**5.7**	**7.9**	**6.3**	**22.8**	**3.2**	**4.0**	**3.6**	**4.1**	**3.3**
2009 年		**8.3**	**7.7**	**8.1**	**8.4**	**24.0**	**3.6**	**5.5**	**5.2**	**5.9**	**3.7**
2010 年		**8.0**	**7.8**	**6.7**	**7.5**	**24.7**	**3.7**	**5.4**	**4.4**	**5.2**	**3.3**
2011 年		**7.5**	**8.1**	**6.0**	**6.6**	**24.9**	**3.4**	**5.2**	**3.4**	**4.4**	**3.1**
2012 年		**7.3**	**8.0**	**5.5**	**5.5**	**25.1**	**3.2**	**4.9**	**3.3**	**4.2**	**3.0**
2013 年		**7.1**	**7.7**	**5.5**	**5.5**		**3.0**	**4.5**	**3.3**	**4.2**	**3.3**
	1 月	7.0	7.8	5.4	6.0		3.2	5.4	3.4	4.2	3.3
	2 月	7.0	7.9	5.6	5.8		3.5	4.8	3.4	4.2	3.0
	3 月	7.2	7.8	5.7	5.7	25.2	3.2	4.5	3.5	4.2	3.3
	4 月	7.2	7.8	5.8	5.6		3.1	5.0	3.5	4.2	3.0
	5 月	7.1	7.8	5.8	5.2		3.2	4.9	3.4	4.2	3.3
	6 月	7.1	7.8	6.0	5.4	25.6	3.2	5.0	3.3	4.2	2.7
	7 月	7.2	7.7	5.6	5.3		3.2	5.1	3.3	4.3	3.0
	8 月	7.1	7.7	5.3	5.2		3.1	5.2	3.3	4.3	3.1
	9 月	6.9	7.6	5.4	5.3	24.7	3.0	5.3	3.3	4.2	3.1
	10 月	6.9	7.6	5.2	5.5		3.0	5.0	3.3	4.2	3.4
	11 月	6.9	7.4	4.6	5.4		2.9	4.5	3.3	4.2	3.4
	12 月	7.2	7.1	4.3	5.6	24.1	3.0	4.3	3.2	4.1	3.0
2014 年											
	1 月	7.0	7.2	4.9	5.6		3.2	5.1	3.1	4.0	
	2 月	7.0	7.2	5.1	5.6		3.9	4.6	3.1	4.1	

注:①南非失业率为所在月度的季度失业率。

②英国和中国香港月度数据为截至当月的3个月移动平均失业率。

③加拿大、英国、韩国和中国香港为经季节因素调整后的失业率。

资料来源:各经济体官方统计网站。

2.4.04 其他主要国家和地区进出口额

单位:亿美元

年份 月份	加拿大			英国			南非			巴西		
	出口额	进口额	出口减进口	出口额	进口额	出口减进口	出口额	进口额	出口减进口	出口额	进口额	出口减进口
2006 年	**3881.0**	**3498.0**	**383.0**	**4490.2**	**5896.6**	**-1406.4**	**580.0**	**678.0**	**-98.0**	**1373.0**	**911.0**	**462.0**
2007 年	**4204.0**	**3803.0**	**401.0**	**4422.0**	**6219.1**	**-1797.1**	**697.0**	**800.0**	**-103.0**	**1605.0**	**1202.0**	**403.0**
2008 年	**4839.5**	**4383.4**	**456.1**	**4657.4**	**6388.8**	**-1731.4**	**800.7**	**896.3**	**-95.6**	**1979.4**	**1732.0**	**247.5**
2009 年	**3306.9**	**3363.9**	**-57.0**	**3584.1**	**4843.5**	**-1259.4**	**641.2**	**658.1**	**-16.9**	**1522.5**	**1275.5**	**247.0**
2010 年	**3861.8**	**3905.4**	**-43.6**	**4024.9**	**5540.0**	**-1515.1**	**818.3**	**801.3**	**17.0**	**2019.2**	**1914.4**	**104.8**
2011 年	**4548.4**	**4512.5**	**35.9**	**5016.7**	**6732.1**	**-1715.4**	**980.5**	**1002.6**	**-22.1**	**2560.4**	**2369.6**	**190.8**
2012 年	**4547.9**	**4624.6**	**-76.7**	**4721.2**	**6907.0**	**-2185.8**	**872.7**	**1015.9**	**-143.2**	**2425.8**	**2333.7**	**92.1**
2013 年	**4578.4**	**4612.5**	**-34.0**	**5407.2**	**6544.8**	**-1137.6**	**958.4**	**1032.5**	**-74.1**	**2421.8**	**2504.5**	**-82.7**
1 月	381.9	371.2	10.7	421.7	542.1	-120.4	70.7	90.7	-20.1	159.7	209.1	-49.4
2 月	358.8	359.2	-0.4	407.9	515.2	-107.3	80.6	83.5	-2.9	155.5	176.4	-20.9
3 月	398.3	391.5	6.8	469.5	548.5	-79.0	79.4	80.9	-1.5	193.2	200.5	-7.3
4 月	390.7	401.8	-11.2	454.9	524.8	-69.8	83.0	92.8	-9.8	206.3	226.1	-19.8
5 月	399.3	395.5	3.8	556.1	521.3	34.8	80.7	84.8	-4.1	218.2	220.2	-2.0
6 月	379.0	386.3	-7.3	471.6	542.2	-70.7	77.1	78.1	-1.1	211.3	196.8	14.5
7 月	359.8	376.0	-16.2	468.0	544.2	-76.2	87.7	93.3	-5.6	208.1	236.6	-28.6
8 月	373.9	393.2	-19.3	416.3	510.8	-94.5	80.3	90.9	-10.6	214.2	211.1	3.1
9 月	387.2	390.8	-3.6	434.2	576.9	-142.7	76.9	88.1	-11.2	210.0	197.0	13.0
10 月	405.8	408.7	-2.8	459.0	604.6	-145.6	85.0	95.2	-10.1	228.2	240.3	-12.1
11 月	379.3	384.8	-5.5	425.7	596.2	-170.5	84.6	84.4	0.2	208.6	200.0	8.6
12 月	367.3	360.0	7.3	426.5	516.2	-89.8	74.7	72.2	2.5	208.5	190.4	18.0
2014 年												
1 月	356.9	343.0	13.9	438.1	565.3	-127.2	71.3	87.0	-15.7	160.3	210.2	-50.0
2 月										159.3	189.0	-29.7

注:加拿大和英国数据经过季节因素调整。

资料来源:各经济体官方统计网站。

2.4.04 续表1

年份 月份	印度			俄罗斯			韩国			墨西哥		
	出口额	进口额	出口减进口	出口额	进口额	出口减进口	出口额	进口额	出口减进口	出口额	进口额	出口减进口
2006 年	**1162.0**	**1683.0**	**−521.0**	**3031.0**	**1604.0**	**1427.0**	**3254.6**	**3093.8**	**160.8**	**2505.0**	**2565.0**	**−60.0**
2007 年	**1428.0**	**2151.0**	**−723.0**	**3531.0**	**2186.0**	**1345.0**	**3714.9**	**3568.5**	**146.4**	**2719.0**	**2817.0**	**−98.0**
2008 年	**1806.5**	**3013.7**	**−1207.1**	**4914.5**	**3022.9**	**1891.5**	**4222.4**	**4353.8**	**−131.4**	**2911.3**	**3079.9**	**−168.6**
2009 年	**1529.0**	**2350.7**	**−821.7**	**3064.7**	**1916.6**	**1148.1**	**3660.9**	**3227.3**	**433.6**	**2296.4**	**2344.8**	**−48.4**
2010 年	**2142.6**	**3249.7**	**−1107.1**	**4000.2**	**2484.0**	**1516.2**	**4672.1**	**4251.4**	**420.7**	**2983.6**	**3106.3**	**−122.7**
2011 年	**3029.1**	**4644.6**	**−1615.5**	**5219.7**	**3232.1**	**1987.6**	**5554.1**	**5243.5**	**310.6**	**3493.8**	**3610.7**	**−116.9**
2012 年	**2941.6**	**4896.7**	**−1955.1**	**5292.6**	**314.4**	**1427.0**	**5478.8**	**5196.0**	**282.8**	**3707.1**	**3805.0**	**−97.9**
2013 年	**3117.2**	**4663.2**	**−1546.0**	**5233.3**	**3442.9**	**1790.4**	**5596.3**	**5155.8**	**440.5**	**3802.0**	**3909.5**	**−107.5**
1 月	257.8	447.5	−189.8	388.6	216.5	172.1	457.0	452.0	5.0	272.3	308.8	−36.5
2 月	266.7	407.9	−141.2	418.5	265.3	153.3	423.3	404.6	18.7	291.5	298.1	−6.7
3 月	307.4	405.5	−98.1	445.1	287.3	157.7	473.1	439.8	33.4	318.8	309.0	9.9
4 月	241.9	421.0	−179.1	444.8	302.1	142.7	461.6	436.5	25.1	328.6	349.4	−20.8
5 月	246.4	447.1	−200.6	410.2	264.1	146.1	483.1	423.9	59.2	328.4	341.6	−13.3
6 月	237.2	358.8	−121.6	419.1	283.2	135.8	466.9	407.2	59.7	310.2	309.4	0.9
7 月	255.4	380.2	−124.8	438.0	304.8	133.1	458.3	433.8	24.5	322.1	345.1	−23.0
8 月	262.5	368.5	−106.0	426.0	286.2	139.8	463.1	415.9	47.2	326.7	337.6	−10.9
9 月	278.6	342.2	−63.6	448.5	289.3	159.2	446.5	410.6	36.0	313.9	315.1	−1.3
10 月	272.6	378.9	−106.2	435.6	308.5	127.1	504.8	456.1	48.8	350.9	361.2	−10.3
11 月	238.0	336.6	−98.6	467.4	301.9	165.5	479.1	431.1	48.0	317.0	321.4	−4.4
12 月	259.5	364.6	−105.1	491.6	333.6	158.0	479.8	443.5	36.3	320.9	312.1	8.7
2014 年												
1 月	267.5	366.7	−99.1	394.6	206.1	188.6	456.0	448.2	7.8	270.4	311.0	−40.6
2 月	256.9	338.2	−81.3				429.8	420.4	9.3	305.2	303.9	1.3

2.4.04 续表 2

年份 月份	中国香港			中国台湾			马来西亚			印度尼西亚		
	出口额	进口额	出口减进口	出口额	进口额	出口减进口	出口额	进口额	出口减进口	出口额	进口额	出口减进口
2006 年	**3168.0**	**3346.8**	**-178.8**	**2240.2**	**2027.0**	**213.2**	**1606.8**	**1311.5**	**295.3**	**1008.0**	**610.7**	**397.3**
2007 年	**3447.4**	**3682.2**	**-234.8**	**2466.8**	**2192.5**	**274.3**	**1762.1**	**1469.8**	**292.3**	**1141.0**	**744.7**	**396.3**
2008 年	**3630.0**	**3888.9**	**-258.9**	**2556.6**	**2408.2**	**148.4**	**2016.8**	**1589.6**	**427.2**	**1380.3**	**1094.4**	**285.9**
2009 年	**3187.4**	**3476.5**	**-289.1**	**2037.4**	**1746.2**	**291.2**	**1596.1**	**1250.8**	**345.3**	**1165.3**	**960.2**	**205.1**
2010 年	**3907.2**	**4334.4**	**-427.2**	**2746.5**	**2514.0**	**232.4**	**1988.0**	**1647.3**	**340.7**	**1575.8**	**1294.5**	**281.3**
2011 年	**4292.2**	**4840.0**	**-547.8**	**3083.0**	**2816.1**	**266.9**	**2280.9**	**1874.7**	**406.2**	**2007.9**	**1762.0**	**245.9**
2012 年	**4933.7**	**5542.2**	**-608.5**	**3011.7**	**2704.9**	**306.8**	**2273.9**	**1966.2**	**307.7**	**1885.0**	**1902.2**	**-17.2**
2013 年	**5355.5**	**6222.8**	**-867.3**	**3054.5**	**2700.7**	**353.8**	**2282.8**	**2060.5**	**222.2**	**1835.5**	**1873.7**	**-38.2**
1 月	393.2	428.6	-35.4	256.7	252.0	4.7	187.5	176.8	10.8	153.5	157.1	-3.6
2 月	335.3	381.3	-46.1	197.3	188.0	9.3	169.4	142.9	26.5	145.7	152.0	-6.2
3 月	497.2	569.5	-72.2	272.1	240.1	32.0	193.1	177.4	15.7	153.1	151.7	1.4
4 月	444.5	504.3	-59.8	250.4	227.4	23.0	183.0	179.6	3.4	149.4	162.7	-13.3
5 月	441.7	522.5	-80.7	263.0	218.7	44.3	184.9	175.4	9.5	157.6	166.2	-8.7
6 月	415.3	508.8	-93.4	264.9	231.8	33.1	180.2	166.5	13.7	148.5	157.8	-9.2
7 月	454.1	528.0	-73.8	253.0	220.6	32.4	190.3	181.4	9.0	154.0	177.4	-23.5
8 月	461.6	573.4	-111.8	256.3	210.4	46.0	191.7	170.0	21.7	135.2	132.3	2.9
9 月	466.7	537.9	-71.3	252.4	229.0	23.5	194.7	168.0	26.7	152.3	154.3	-2.1
10 月	485.0	540.4	-55.4	267.1	225.9	41.2	211.1	185.2	25.9	158.4	157.6	0.8
11 月	471.9	551.5	-79.6	257.3	213.8	43.5	194.5	164.1	30.3	158.3	150.6	7.7
12 月	455.3	535.6	-80.3	263.8	241.6	22.2	202.3	172.8	29.5	169.4	154.0	15.5
2014 年												
1 月	437.1	505.8	-68.7	243.1	213.4	29.7	193.6	174.4	19.2	143.9	152.1	-8.2
2 月	328.7	414.3	-85.7	212.9	197.2	15.7						

资料来源:各经济体官方统计网站。